MYSTISCHE ORTE IN MÜNCHEN

Christopher Weidner

MYSTISCHE ORTE IN MÜNCHEN

Mit Fotos von Christopher Weidner

pichler verlag

INHALT

MYSTISCHE ANFÄNGE 10

Heinrich und das weiße Gold 13
Stadt aus dem Nichts 16
Am wilden grünen Fluss 20
Drachenkraft 25
Löwenmacht 30
Die Herzschlagader der Stadt 32
Magische Zahlen im Grundriss 35
Onuphrius – der Genius Loci 38

DAS MAGISCHE HERZ DER STADT 44

DER MARIENPLATZ 48
Die Himmelskönigin 49
Das Wurmeck 57
Die Schäffler und der Drachentöter 58
Vom Metzgersprung 63
Skurrile Gesellen 66

DIE DREI HÜGEL 72

SANKT PETER 76
Licht und Dunkel 76
Bei den Mönchen 79
Der Heilige Berg 80
Der Wettermacher 81
Der Alte Peter und der Teufel 85
Sankt Peter in München 87
Ein Ort der Erkenntnis 89

DIE FRAUENKIRCHE 90
Die welschen Hauben 92
Zahlenmystik 93
Brautportal mit Sonnenuhr 96
Das Riesentor 100
Der Teufelstritt 103
Kraftorte 108
Ein Rundgang 111
Schutzmantelmadonna und Erbschleicherin 114
Der heilige Benno 117
Ein Ort der Liebe 119

DER ALTE HOF 120
Die Raumsprache des Alten Hofs 122
Das Affentürmchen 123
Zentrum spiritueller und weltlicher Macht 126
Agnes Bernauer 127
Ein Ort der Ordnung 129

DIE VIER VIERTEL 130

KRAFTVOLLES ANGERVIERTEL 134
Am Viktualienmarkt 134
Die Heilig-Geist-Kirche 136
Die Hammerthaler Muttergottes 139
Die Wadler-Spende 142
Am Sankt-Jakobs-Platz 143
Faustürmchen 147

WUNDERVOLLES HACKENVIERTEL 148
Allerheiligenkirche am Kreuz 151
Maria am Birnbaum 153
Hundskugel 155
Herzogspitalkirche 157

GEHEIMNISVOLLES KREUZVIERTEL 160
Der Schöne Turm 161
Die Sage vom unseligen Goldschmied 162
Wo in München das letzte Stündlein schlug 164
Das Karlstor am Stachus 165
Die Michaelskirche 168
Der Märchenkönig und seine Guglmänner 176
Am Promenadeplatz 180
Der Jungfernturm 184

MACHTVOLLES GRAGGENAUER VIERTEL 186
Die Residenz 188
Der Grottenhof 189
Marco Bragadino 192
Vier Löwen vor der Residenz 194
Der Hofgarten 199
Am Platzl 203

Personenregister 208
Sachregister 211
Anmerkungen 216

VORWORT

Dieses Buch ist eine Einladung, durch München zu spazieren wie durch ein großes Buch voller Bilderrätsel, Zeichen und Wunder. Befreit von den Zwängen kulturhistorischer Akkuratesse, beschert es magische Momente und ganz eigene, einzigartige Erfahrungen. Es führt an ausgewählte Plätze, die aufgrund ihrer Geschichte und Geschichten, der Sagen und Legenden, die sich um sie ranken, eine unerhörte Faszination ausüben, ja mehr noch, die uns auf eine geradezu »mystische« Weise berühren. Dort, wo sich die Stadt noch die Aura ihrer Vergangenheit bewahrt hat, bringt sie uns zum Staunen, zum Nachdenken, zum Schmunzeln, jagt uns einen Schauer über den Rücken oder durchzuckt uns als Blitz der Erkenntnis. Dabei handelt es sich um Orte, die nicht nur den verschütteten Zugang zur Vergangenheit, sondern auch zu uns selbst wieder freizulegen vermögen. Sie können Gefühle in uns auslösen, die uns auf eine geradezu körperlich spürbare Weise durchströmen – weil das Mystische keine Trennung macht zwischen dem, was wir »da draußen« sehen und dem, was wir in unserem Innern empfinden. Wir lieben das Mystische, denn so wenig es sich auch fassen lässt, so sehr beflügelt es unsere Fantasie. Die Kraft des Mystischen schafft einen positiven Raum des Möglichen in unserer so rational durchstrukturierten Welt.

Das vorliegende Buch beschränkt sich auf Plätze in der Altstadt und bietet auch hier nur eine Auswahl aus jener Fülle, die diese Stadt auf engstem Raum immer noch zu bieten hat – trotz der enormen Kriegsschäden und Bausünden, die das einstige Antlitz der Stadt vielerorts radikal verändert haben. Doch das Mystische in seiner Zeitlosigkeit lässt sich nicht vertreiben. Immer wieder taucht es auf und treibt, oft an ganz unvermuteten Stellen, seine Blüten. Man muss nur wissen, wo.

Heinrich und das weiße Gold
Stadt aus dem Nichts
Am wilden grünen Fluss
Drachenkraft
Löwenmacht
Die Herzschlagader der Stadt
Magische Zahlen im Grundriss
Onuphrius – der Genius Loci

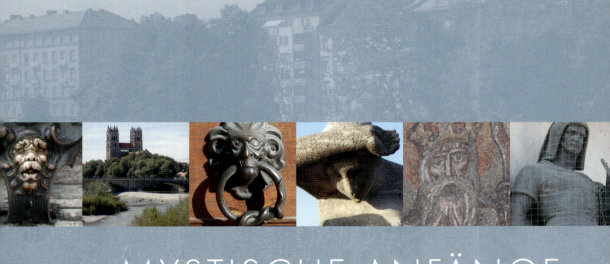

MYSTISCHE ANFÄNGE

Münchens Lage ist atemberaubend. Augenfällig wird das, wenn man bei schönem Wetter auf den Turm des Alten Peter steigt und seinen Blick schweifen lässt. An manchen Tagen, wenn der Föhn über die Alpen bläst, scheinen die Berge zum Greifen nahe. Am südlichen Horizont sind die Gebirgsketten von Karwendel und Benediktenwand zu sehen, im Westen ragt der markante Gipfel der Zugspitze in die Höhe. Sanft und harmonisch gehen die hohen Berge dann in das lieblich anmutende Voralpenland über, ein von den Urgewalten der Gletscher geschaffenes Hügelland mit zahlreichen Seen und Hochmooren. Kurz vor München glitzern verheißungsvoll der Starnberger und der Ammersee, und hinter den letzten Moränenwällen beginnt endlich die weite Fläche der Schotterebene, in deren Herz die bayerische Landeshauptstadt prangt wie ein Juwel.

Kaum zu glauben, dass dieses Oberbayern – eine der schönsten Gegenden Deutschlands – einmal ganz anders ausgesehen hat. Und eine sehr lange Zeit war es dort sogar richtig ungemütlich. Noch bis vor 10 000 Jahren bedeckten die Gletscher der letzten Eiszeit das Land von den Alpen bis in die Ebene hinein mit ihrem eisigen Panzer. Nur peu à peu zogen sich die Gletscherzungen Richtung Berge zurück und hinterließen eine morastige und unwirtliche Gegend. Undurchdringliche Wälder und Sümpfe bedeckten das Land und hielten die Menschen davon ab, sich dort niederzulassen. Die ersten zaghaften Siedlungsspuren im Münchner Umland stammen daher erst aus der Jungsteinzeit zwischen dem 4. und 2. Jahrtausend vor Christus, als das Klima langsam trockener wurde und die Urwälder sich lichteten. Hügelgräber und Keramikfunde aus der darauffolgenden Bronzezeit belegen die zunehmende Kultivierung der Landschaft.

Dann kamen die Kelten. Ab dem 5. Jahrhundert prägten sie mit ihren Wallanlagen, Viereckschanzen und Grabhügeln das Land. Doch sie mieden die allzu große Nähe von unbezähmbaren Flüssen wie der Isar mit ihren Steilhängen und unberechenbaren Läufen, und so blieb der Standort, an dem heute das Herz von München schlägt, auch zur Zeit der Kelten eine Einöde. Die Römer lösten die Kelten ab und befestigten das Land an vielen Stellen. Sie gründeten Städte und bauten Handelsstraßen über die Alpen bis zur Donau und von Westen nach Osten vom Allgäu bis nach Salzburg. Letztere musste auch die Isar überqueren, doch immer noch blieb der Standort des heutigen Münchens unberührt: Stattdessen wurde weiter südlich bei Grünwald eine Brücke samt Befestigung gebaut, eine andere etwas weiter nördlich beim heutigen Oberföhring. Das Land dazwischen interessierte offensichtlich auch die Römer nicht. Und so suchen wir römische Relikte in München vergebens.

Ab dem 2. Jahrhundert nach Christus änderten sich die Herrschaftsverhältnisse, und mit der Völkerwanderung endete auch die Vorherrschaft der Römer. Ab dem 5. Jahrhundert entwickelte sich aus den Römern, den Kelten und den von Norden eindringenden Germanen langsam ein bunt gemischtes Volk, das wir Bajuwaren oder einfach Baiern nennen, die Vorfahren der heutigen Bayern.

In dieser Zeit taucht aus mythischem Nebel das erste bairische Herzogsgeschlecht auf, die Agilolfinger, darunter der legendäre Herzog Theodo, auf den sich später die Wittelsbacher berufen sollten, um ihren eigenen Stammbaum bis in die sagenhaften Anfänge Bayerns hinein zu verästeln. Während im ausgehenden 8. Jahrhundert Tassilo III., der letzte Agilolfinger, in anderen Teilen des Landes Klöster gründete und dadurch die kulturelle Entwicklung der Baiernder vorantrieb, blieb die Münchner Gegend weiterhin »wüst und leer«. In dieser Zeit jedoch entstanden ringsherum vereinzelte kleine Siedlungen, die nach ihren Sippenchefs benannt wurden. So zum Beispiel Sendling, benannt nach einem nicht näher bekannten Sendilo im 6. Jahrhundert, Schwabing nach einem Svapo im 8. Jahrhundert und Menzing nach einem Manzo im 9. Jahrhundert. Inzwischen hatte Karl der Große die Baiern seinem Reich einverleibt. Aber immer noch ist dort, wo heute das Leben am Marienplatz pulsiert, nichts als Wildnis zu finden.

Herrschergeschlechter kamen und gingen, die Luitpoldinger lösten die Karolinger ab, die Sachsen die Luitpoldinger, und schließlich kamen die Welfen an die Macht. Sie sollten später das Schicksal des Lands auf eine Weise bestimmen wie kein anderes Herzogsgeschlecht zuvor. Doch bevor der welfische Löwe die Bühne der Geschichte betritt, kommt es noch zu einem kurzen Intermezzo der Babenberger. Gleichwohl interessierte sich immer noch niemand ernsthaft für das wilde Stück Land am Isarhochufer. Bis zum Jahr 1156.

HEINRICH UND DAS WEISSE GOLD | In der einen Hand das gezückte Schwert, in der anderen den schützenden Schild, jederzeit bereit, seine Stadt zu verteidigen: So blickt Heinrich der Löwe vom Alten Rathaus hinab ins Tal Richtung Isar. Und so sieht die Geschichtsschreibung den Begründer der Stadt bis heute: als stolzen Recken, dem das Schwert schon mal locker in der Hand saß. Die feine Art der Diplomatie dagegen war seine Sache nicht.

Geboren wurde Heinrich der Löwe als Spross des Adelsgeschlechts der Welfen vermutlich im Jahr 1129 in Schwaben am Bodensee, gestorben ist er am 6. August 1195 in Braunschweig. Schon zu Lebzeiten polarisierte der Welfenherzog, galt als arrogant und starrsinnig: ein Machtmensch durch und durch, der zwar mit starken Führungsqualitäten gesegnet, aber nur auf seinen Vorteil bedacht war. Dabei nahm er es billigend in Kauf, sich Freundschaften durch seine Unnachgiebigkeit zu verscherzen.

Vom Alten Rathaus her überblickt Heinrich der Löwe stolz das Tal.

Im Jahr 1152 wurde sein Vetter Friedrich zum deutschen König gewählt und betrat als Barbarossa, der Rotbart, die Bühne der Geschichte. Friedrich hatte Großes vor und benötigte dazu die Streitmacht des Welfen Heinrichs, der ungeachtet seines jugendlichen Alters damals der mächtigste Mann im ganzen Reich war. Um sich Heinrichs Gunst zu sichern, belehnte Friedrich den Herzog im Jahr 1156 mit Bayern und erfüllte diesem damit einen großen Wunsch. Denn schließlich hatte dieses Land einst den Welfen gehört, bevor sie es durch politische Ränke an die Babenberger verloren. Friedrich teilte Bayern in eine östliche und eine westliche Hälfte. Die östliche, Ostland oder Austria genannt, ließ er den Babenbergern und erhob es zu einem eigenständigen Herzogtum – ein wichtiges Datum in der Geschichte Österreichs. Die westliche Hälfte überließ er Heinrich.

Der territoriale Machtgewinn war ganz in Heinrichs Sinn. Doch sollte er anfangen mit einem Land, das eine einzige Wildnis darstellte und auch als ziemlich rückständig galt? Insbesondere der Süden zeichnete sich durch seine Unwirtlichkeit aus. Eine Goldader aber durchzog das Land: die Salzhandelsstraße von Salzburg nach Augsburg, die mehrere Flüsse überqueren musste. Wer damals eine Brücke sein Eigen nennen konnte, war also ein gemachter Mann, denn dort wurden Zölle erhoben und zumeist auch Handelsplätze errichtet, an denen das weiße Gold zu Geld gemacht wurde. Die Brücken über den Inn, die Salzach und den Lech waren bereits in Heinrichs Besitz, es fehlte ihm nur noch der Übergang über die Isar. Dieser verlief auf der Höhe von Oberföhring, nördlich des heutigen Münchens, auf dem Gebiet des Babenberger Bischofs Otto von Freising, der sich dort einen kleinen Markt eingerichtet hatte.

Nun will es die Überlieferung, dass Heinrich im Jahr 1158 in einer Nacht-und-Nebel-Aktion die Brücke des Bischofs niederbrannte und die Händler zwang, einen anderen Übergang über die Isar zu nutzen. Etwa fünf Kilometer stromaufwärts, dort, wo heute die Ludwigsbrücke über die Isar führt, errichtete er eine neue Brücke, ganz in der Nähe einer bis dahin unbekannten mönchischen Siedlung am Westufer der Isar. Diesen Ort befestigte der Herzog und machte ihn zu einem Handelsplatz mit Markt- und Brückenzöllen und sogar einer eigenen herzoglichen Münzstätte.

Natürlich ließ Otto von Freising, eine der wichtigsten Persönlichkeiten dieser Zeit und ein bedeutender Geschichtsschreiber, sich das nicht gefallen und beschwerte sich bei seinem Neffen Friedrich Barbarossa, der mittlerweile zum Kaiser gekrönt worden war. In einer Urkunde vom 14. Juni 1158 wird unter der Ägide des Kaisers auf dem Reichstag in Augsburg eine Vereinbarung aufgesetzt, wonach Heinrich seinen Markt samt Brücke behalten darf, dafür aber dem Bischof ein Drittel aller Zolleinkünfte abgeben muss. Auch das Münzrecht wurde neu geregelt: Ein Drittel ging an den Bischof, zwei Drittel bekam der Herzog. Im Gegenzug erhielt der Herzog auch ein Drittel der Einkünfte aus den Freisinger Münzstätten. Eine fast schon salomonische Schlichtung, die als »Augsburger Schied« in die Geschichte eingehen sollte. Darin ist vom »forum apud munichen«, dem »Marktplatz bei den Mönchen«, die Rede. Munichen, die spätere bayerische Landeshauptstadt München, wird hier erstmals schriftlich erwähnt. Noch heute feiert München alljährlich an diesem Tag die Gründung der Stadt.

»*München trat 1158 durch einen wirtschaftspolitischen Gewaltakt ins Licht der Geschichte*«,[1] schreibt Michael Schattenhofer in seiner Wirtschaftsgeschichte Münchens. »*Dem Herzog ging es vor allem um die Zolleinnahmen*«,[2] meint er und zeichnet damit ein Bild, das Heinrich als gewaltbereiten und nur auf die Vermehrung seines Reichtums bedachten Machtmenschen beschreibt.

Dabei wird immer wieder auf dessen mangelnde Loyalität gegenüber seinem Vetter, dem Kaiser Friedrich Barbarossa, verwiesen. Im Jahr 1176 verweigerte Heinrich als militärisch stärkster Mann dem Kaiser die Gefolgschaft bei dessen Feldzügen gegen die aufmüpfigen norditalienischen Städte, woraufhin der Kaiser eine vernichtende Niederlage einstecken musste. In der Folge entzog ihm Barbarossa nicht nur das Herzogtum Bayern, sondern auch Sachsen. Der Löwe hatte den Bogen gründlich überspannt. Erst 1181 unterwarf sich Heinrich dem Kaiser, und es kam nach einem dreijährigen Exil in England auch zu einer Aussöhnung. Heinrich kehrte nach Braunschweig zurück, wo er 1195 starb.

Ob Münchens Geschichte tatsächlich mit einer Gewalttat begonnen hat, ist übrigens umstritten. Nirgendwo im »Augsburger Schied«, so Freimut Scholz in seinem Buch *Die Gründung der Stadt München*[3], sei die Rede davon, dass Heinrich eine Brücke niedergebrannt habe! Erst in einer Urkunde aus dem Jahr 1180 werde von der Zerstörung des Oberföhringer Markts durch Heinrich berichtet. Ob es dabei um die Zerstörung der Brücke gegangen sein mag oder um eine ganz andere Auseinandersetzung: An der Streitbarkeit und dem Durchsetzungsvermögen des Welfenherzogs ändert es wohl wenig. Und auch nichts an der Tatsache, dass München seine Entstehung Heinrich dem Löwen zu verdanken hat.

STADT AUS DEM NICHTS | Als Heinrich der Löwe beschloss, die von Salzburg nach Augsburg führende Salzhandelsstraße umzuleiten und einen neuen Markt für das kostbare Gut zu gründen, fiel seine Wahl auf eine Stelle am westlichen Isarhochufer, auf die zuvor noch nie das Licht der Geschichte gefallen war. Wahrscheinlich befand sie sich in der Nähe einer kleinen mönchischen Siedlung, nach der der neue Markt später benannt werden sollte, »apud munichen« – bei den Mönchen. Möglicherweise gab es dort sogar schon einen kleinen Umschlagplatz für landwirtschaftliche Erzeugnisse, vergleichbar den Ständen, wie sie heute am Straßenrand zu finden sind. Auch kreuzten sich dort bereits zwei Wege: Einer führte von einer Isarfurt den Hang hinauf Richtung Laim, der andere folgte einem Pfad entlang dem Hochufer von Schäftlarn nach Freising. Alles in allem dürfen wir uns diese Wege eher wie Trampelpfade vorstellen, auf denen man relativ unbeschadet durch das recht unwirtliche Terrain vorankam. Die beiden Wege kreuzten sich am Fuße einer markanten Erhebung am Hochufer der Isar, die deutlich aus dem unwegsamen Gestrüpp herausragte: am sogenannten Petersbergl, wo heute Münchens älteste Pfarrkirche Sankt Peter steht. Ihr Turm, von den Münchnern liebevoll der »Alte

Peter« genannt, gehört zu den markantesten Wahrzeichen der Stadt. Die beiden Wege lassen sich auch heute noch ziemlich genau im modernen Straßenbild verfolgen: Die Kaufingerstraße zeichnet die Ost-West-Verbindung nach, während die Sendlinger Straße und die Richtung Norden anschließende Weinstraße dem Verlauf des Wegs am Isarhochufer entlang entspricht. Wo genau jedoch die mönchische Siedlung sich befand, ist nicht ganz eindeutig geklärt.

Wir wissen nicht genau, wann der Welfe Heinrich, Herzog von Sachsen und nun auch von Bayern, seine Landvermesser dorthin schickte, um mit Pfosten und Seilen die Umrisse seiner neuen Stadt festzulegen. Erst im Jahre 1156 hatte Heinrich das Herzogtum Bayern von seinem Vetter, dem späteren Kaiser Friedrich Barbarossa, erhalten. Im Jahr 1158 ist der neu gegründete Markt »apud munichen« bereits Gegenstand der Auseinandersetzung mit dem Bischof von Freising und findet in der Schlichtungsurkunde, dem bereits genannten »Augsburger Schied«, erste Erwähnung. Irgendwann also in diesen zwei Jahren muss die Wahl auf diesen Standort, die Vermessung des Geländes und die anschließende Gründung der Stadt stattgefunden haben.

Warum aber wurden die ersten Pflöcke ausgerechnet in dieser Einöde eingeschlagen? Immerhin existierten in nicht allzu großer Entfernung bereits Siedlungen, die sich ebenso gut als Standort für einen neuen Markt geeignet hätten. Da ist vor allen Dingen die schon seit dem 8. Jahrhundert bestehende Siedlung Sentilinga, das heutige Sendling, aber auch das nördlicher gelegene Svapinga, ebenfalls eine bajuwarische Siedlung dieser Zeit, heute besser als Schwabing bekannt. Doch über diese Ortschaften konnte der Herzog nicht einfach verfügen, denn sie unterstanden zum Teil dem Bischof von Freising, befanden sich also nicht in weltlicher, sondern in geistlicher Hand. Deshalb musste Heinrich sich schon sehr genau überlegen, wo er den neuen Mittelpunkt setzen sollte, wenn er sich keinen weiteren Ärger einhandeln wollte. Das Gebiet, in dem heute das Herz Münchens schlägt, bot sich einerseits an, weil es nach dem Aussterben der Wolfratshauser Vögte, die bisher darüber verfügt hatten, lehensrechtlich in seinen Besitz gefallen war.[4] Auch aus topografischer Sicht lag die Stelle günstig: nicht unmittelbar an der ungezähmten Isar, die regelmäßig die Niederungen überschwemmte, sondern auf einem geräumigen Plateau vier bis fünf Meter oberhalb des Flusslaufs, der heutigen »Altstadtterrasse«. Etwas weiter westlich wird sie von einer weiteren Höhenstufe begrenzt, die sich von Sendling über die markante Theresienhöhe weiter nach Norden erstreckt. Die neue Siedlung des Herzogs bezog also respektvollen Abstand zur Isar, war aber auch nicht zu exponiert, sondern besetzte eine siedlungsfreundliche Mittellage.

München ist also nicht aus einem Dorf heraus entstanden, dem man einfach eine neue wirtschaftliche Bedeutung zugewiesen und damit zu größerer Blüte verholfen hatte. München ist eine Neugründung auf unbesiedeltem Gebiet, genauer gesagt an einer Stelle, an der sich zwei Wege kreuzten. Zu finden ist dieser Punkt noch heute: in der südwestlichen Ecke des Marienplatzes, unweit vom Eingang eines großen Kaufhauses aus den 1950er Jahren, an dessen Architektur sich die Geister noch heute scheiden. Dort ist eine Tafel in den Boden eingelassen, die im Jahr 1972, pünktlich zu den Olympischen Spielen, an die Eröffnung der Fußgängerzone erinnert. Früher muss sich an dieser Stelle ein Brunnen befunden haben, wie wir aus alten Gemälden und Stadtmodellen wissen, vermutlich der älteste Brunnen der Stadt.

Wir können davon ausgehen, dass die Erbauer der Stadt nicht nur das nötige geometrische Wissen mitbrachten, um deren Grundrisse festzulegen, sondern ebenso über ein topografisches Feingefühl verfügten, das sie erkennen ließ, ob ein Platz auch aus spiritueller Sicht gut geeignet war. Die Gründung einer Stadt war ein heiliger Akt, ein schöpferischer Vorgang, bei dem es viele Aspekte zu berücksichtigen galt, die weit über pragmatische Belange hinausreichen. Es ging um heilige Geometrie, die als Voraussetzung für den Erfolg einer Stadt betrachtet wurde, weil sich in ihr nicht nur der menschliche Wille, sondern auch die göttliche Absicht widerspiegelte. Erlauben wir uns für einen Augenblick den Gedanken, dass die Menschen im 12. Jahrhundert auf der Suche nach einem idealen Standort für eine neu zu gründende Stadt andere als nur rein pragmatische Gesichtspunkte für wichtig erachteten. Neben den natürlichen Bedingungen wie Bodenbeschaffenheit, Vegetation und Verkehrsanbindung, die wir auch heute noch berücksichtigen, lieferten die an einem Standort vorherrschenden Eindrücke auch eine Vorstellung von der geistigen Dimension eines Ortes, seiner mystischen Qualität, die für den Wohlstand der künftigen Siedlung mindestens ebenso wichtig war wie die rein praktischen Gründe. Der Wuchs der Pflanzen, die Farbe und sogar der Geschmack des Erdbodens, die Geräusche an einem Standort, vielleicht sogar die im Augenblick der Beobachtung vorbeifliegenden Vögel vermittelten den Stadtgründern wichtige Eindrücke, die ihnen verrieten, mit was für einem Ort sie es auf einer spirituellen Ebene zu tun hatten.

Eingebungen und Träume konnten ebenso ausschlaggebend für die Wahl des richtigen Standorts sein. Dass dies den Menschen des Mittelalters überhaupt nicht fremd war, zeigen Legenden wie die Gründung Wessobrunns durch Tassilo III., dem die Stelle des künftigen Klosters in einem Traum offenbart wurde, den er unter einem Lindenbaum hatte. Er sah drei Quellen in der Form eines Kreuzes zusammenfließen. Wenig später entdeckte sein Getreuer Wezzo genau diese Stelle im Wald. Der Traum wurde als Fingerzeig Gottes begriffen, und an den Quellen des Wezzo entstand wenig später Wessobrunn.

Die Landschaft wird zum Zeichen, und wer ihre Symbole zu deuten weiß, der erblickt das mystische Wesen eines Ortes. Aus den Kulturen des Fernen Ostens kennen wir Lehren wie das chinesische Feng Shui oder das indische Vastu, in denen die spirituelle Dimension sogar den Ausschlag für Glück und Wohlstand eines Standortes gibt. Die Gestalt der Landschaft verrät dabei viel über die Kräfte, die in ihr walten. Griechen, Römer und Etrusker verließen sich bei der Gründung ihrer Städte stets auf Priester, die bei der gründlichen Inspektion des Ortes neben den natürlichen Gegebenheiten auch auf Omen achteten, die als Botschaften über das Wohl und Wehe des Vorhabens verstanden wurden. Ähnliche Traditionen müssen auch noch im Mittelalter in unseren Breiten lebendig gewesen sein. Stefan Brönnle berichtet beispielsweise, dass das Zähringer Adelsgeschlecht in Mitteleuropa seine Stadtgründungen nach Kriterien vollzog, die durchaus mit denen des indischen Vastu in Einklang stehen.[5]

Natürlich waren es im 12. Jahrhundert nicht mehr heidnische Priester und Auguren, die man zu Rate zog, um den Willen der Götter zu erforschen. Heinrich verfügte zum damaligen Zeitpunkt noch kaum über eigene Erfahrungen im Gründen von Städten. Überhaupt setzte die große Welle der Stadtgründungen gerade erst ein, der junge Herzog gehörte damit zu den Pionieren.

Wen also könnte er in Sachen Stadtgründung um Rat gefragt haben? War es sein Schwiegervater Berthold von Zähringen, der bereits 1124 Freiburg gegründet hatte? Der Architekt und Stadtplaner Klaus Humpert stellte beim Vergleich der Grundrisse von vielen mittelalterlichen Städte immer wiederkehrende Gesetzmäßigkeiten fest und kam zu dem Schluss, dass diese Städte, darunter auch Freiburg und München, keineswegs »organisch gewachsen« sind, sondern vielmehr von vornherein streng geplant waren. Das heißt, dass noch vor dem Setzen des ersten Mauersteins der Verlauf von zukünftigen Straßen und Plätzen nach ganz bestimmten geometrischen Vorgaben festgelegt wurde.[6] Er zeigt in seinem Buch *Entdeckung der mittelalterlichen Stadtplanung* auch am Beispiel von München, dass hier mit geometrischen Standardkonstruktionen Mittelpunkte bestimmt, Bögen geschlagen und Strecken abgesteckt wurden, um Straßen, Plätze und Häuserfluchten in die Landschaft zu zeichnen.

Eine Mitwirkung des Zähringers an der Gründung Münchens lässt sich historisch nicht nachweisen, und der Münchner Historiker Freimut Scholz hält diese Möglichkeit sogar für unwahrscheinlich.[7] Doch wen sonst könnte Heinrich seinerzeit um Rat gefragt haben?

Ein wahrer Hort der Bildung waren damals die Klöster. Insbesondere die Benediktiner hatten sich seit der Gründung ihres Ordens im 6. Jahrhundert immer wieder einen Namen bei der Planung und Durchführung großartig angelegter Monasterien gemacht. Berühmt ist beispielsweise der Plan von St. Gallen aus dem 9. Jahrhundert, der das große städtebauliche Geschick der Mönche zeigt. Das sächsische Reichskloster in Corvey unter Abt Wibald galt damals als eines der bedeutendsten Klöster auf deutschem Boden. Heinrich war Vogt des Klosters, und Freimut Scholz vermutet wegen Parallelen im Grundriss zwischen München, Corvey und Höxter, aber auch aufgrund eines in Bayern ungewöhnlichen Fußmaßes, das bei vielen Projekten des Wibald von Corvey zum Zuge kam, eine Zusammenarbeit mit dem Abt bei der Gründung der Stadt an der Isar. Schriftliche Belege gibt es dafür nicht, doch die Indizien sprechen für sich, wie wir im Kapitel »Magische Zahlen im Grundriss« noch sehen werden.

AM WILDEN GRÜNEN FLUSS | Wir können uns heute kaum mehr ein Bild davon machen, wie die Landschaft außerhalb von Städten damals ausgesehen hat, weil wir umgeben sind von einer Kulturlandschaft – durch und durch von Menschenhand gestaltet. Echte, wilde Natur, wie sie der Mensch früher erlebte, ist zumindest in unseren Breiten nirgends mehr anzutreffen. Ganz anders noch im Mittelalter. Da ist das Wilde gegenwärtig, und mit ihm sind es seine Gefahren. Der Wald, die Wüste, das Meer, die Berge – das sind unbestimmte Orte, die nur eines gemeinsam haben: Es sind Gegenwelten zu Zivilisation und Kultur. Es können Orte des Unheils sein, bevölkert von zwielichtigen Wesenheiten, deren Charakter ebenso unberechenbar ist wie die Natur selbst. Es können aber auch Orte des Heils sein, an denen nach bestandenen Abenteuern Schätze zu finden sind. Wer sich der Wildnis aussetzt, der kann zum Helden werden – oder Erleuchtung finden. Viele suchten die Abgeschiedenheit der Wildnis auf, gingen in die Einöde, fanden ihr Seelenheil und kehrten als Heilige zurück. In der mythologischen Bildersprache spielt das Element Wasser eine besondere Rolle, wenn es darum geht, das Urchaos sinnlich zu fassen, wie in der Heiligen Schrift. Die Formlosigkeit des Flüssigen, das erst Gestalt annimmt, wenn es in ein Gefäß gegossen, also in seiner Freiheit eingeschränkt wird, passt gut zum Grundgedanken des Chaos als reinem Möglichkeitsraum. Auch für die Erbauer Münchens war das Wasser ein natürlicher Gegner: Wenn die unbezähmbare Isar über die Ufer trat, bedrohte sie die angestrebte Ordnung. Zugleich aber war sie Lebensspenderin, weil ihr Wasser für den Erhalt der Siedlung lebensnotwendig war. Zahlreiche kleine Bäche wurden von ihr gespeist, die man brauchte, um Gärten zu bewässern, Mühlen anzutreiben und nicht zuletzt auch, um die Stadt-

mauern mit einem Wassergraben umgeben zu können. Die Nähe zur Isar war stets Fluch und Segen zugleich. Sie brachte das Leben, aber auch Tod und Zerstörung.
Die gefährliche Seite des Wassers wird in Mythen in der Gestalt von unheimlichen Wassergeistern greifbar, allen voran den Nixen. Diese werden einerseits als unglaublich schön beschrieben, andererseits gelten sie auch als heimtückisch und spielen den Menschen übel mit, wenn sie sich gereizt fühlen. Manchmal betören die weiblichen ihrer Art die Menschenmänner und ziehen sie auf den Grund ihrer Flüsse und Seen. Auch unartige Kinder locken sie in ihr nasses Grab. Manchmal aber warnen sie auch vor Gefahren, oft vergeblich. In älteren Quellen werden Nixen meist als schöne, junge Frauen mit blasser oder grünlicher Haut beschrieben, die Haare können grün und golden schimmern oder ganz und gar grün sein. Entgegen der landläufigen Vorstellung besaßen Nixen ursprünglich keine Schwanzflosse, an Land gingen sie barfuß.

Auch die Isar hat eine solche Nixe, und es heißt, dass sie an späten Sommertagen den Wanderer in den Isarauen mit ihrer süßen Stimme anzulocken versucht. Besonders zwischen Harlaching und Thalkirchen soll ihr eigentümlicher Gesang zu vernehmen sein. Der Sage nach ist es das Edelfräulein von der Burg zu Grünwald, die einst einen Spielmann, der sich in sie verliebt hatte, aus reiner Eitelkeit abwies und ihn stattdessen dazu aufforderte, sein Leben für sie zu riskieren. Sie warf eine goldene Kette in die Fluten der Isar, dort, wo sie besonders reißend war. Ohne zu zögern stürzte sich der junge Mann hinterher – und ertrank. Für diesen Frevel wurde das hochmütige Fräulein bestraft. Es heißt, dass sie drei Tage nach dem Tod des Spielmanns spurlos verschwand. Zur selben Zeit erklang der unheimliche Singsang zum ersten Mal an den Ufern des grünen Flusses.[8] Vor diesem Wassergeist hatten die Isarflößer tatsächlich große Angst, und

Den Lockruf der Nixe, eine verwunschene Prinzessin, soll man noch heute an stillen Sommerabenden in den Isarauen vernehmen können.

Vorseite: Die grüne Isar in der Nähe der Reichenbachbrücke. Durch Renaturierungsmaßnahmen soll der Fluss seiner ursprünglichen Form und Kraft wieder etwas nähergebracht werden.

immer wenn sie in Großhesselohe vorbeikamen, wo die Nixe in einer Höhle hausen sollte, lauschten sie ganz angestrengt, ob sie sie singen hörten. Denn es hieß, wer immer ihre Stimme vernähme, wäre bei seiner nächsten Fahrt dem Tode geweiht. Bei der Marienklause im Stadtteil Harlaching standen bis ins 19. Jahrhundert Marterl, die an das Schicksal unzähliger Flößer erinnerten, die der Gesang der Nixe ins Verderben gestürzt hatte. Zum Schutz vor dem bösen Geist trugen die Flößer geweihte Gegenstände bei sich oder bekreuzigten sich ohne Unterlass, bis sie die gefährliche Stelle passiert hatten. Manche beteten laut vor sich hin, um den Lockruf der Nixe zu übertönen, andere stopften sich lieber gleich Wachs in die Ohren. Dessen ungeachtet scheint der Wassergeist immer wieder seine Opfer gefunden zu haben.

Manche finden es daher passend, den Namen der Isar von einem keltischen Wort abzuleiten, das so viel wie »die Reißende« bedeutet. Die Bezeichnung ist sicherlich zutreffend, denn gerade zur Schneeschmelze führt der Fluss so viel Wasser mit sich, dass er von einem Tag auf den anderen seinen Lauf ändern und ganze Kiesbänke verschieben kann und die Flößerei so zu einem riskanten Unternehmen macht. Wahrscheinlicher aber ist, dass der Name der Isar von einem noch älteren indogermanischen Wort abstammt, das einfach »fließendes Gewässer« bedeutet.

Zweifellos ist die Isar die Lebensader Münchens und, wenn man so will, der Schicksalsfluss der Stadt. Ob als zu überwindender Strom, als Transportweg oder als Energielieferant und natürlich als Erholungsgebiet für den geplagten Städter: Die Geschichte der Stadt ist untrennbar mit diesem Fluss verbunden.

Die Isar grub sich ihr Bett über die Jahrtausende durch die Münchner Landschaft, anfangs als kilometerbreiter Strom, der sich nach dem Ende der Eiszeit stetig verkleinerte und schließlich seinen jetzigen Lauf fand. Er hinterließ dabei terrassenartige Vertiefungen, die noch heute das Münchner Stadtbild bestimmen. Knapp 300 Kilometer von ihrem Ursprung in den Tiroler Bergen entfernt ergießt sie sich bei Deggendorf in die Donau. Heute ist die Isar gut ins Stadtbild integriert und man kann sich kaum noch vorstellen, welche Ehrfurcht der heute gut regulierte Fluss den Menschen einst abnötigte. Erst wenn wieder einmal das Hochwasser die vertrauten Uferwege unter reißenden Wassermassen verschwinden lässt, gewinnen wir einen Eindruck davon, was gemeint war, wenn eine Urkundennotiz aus dem Jahr 1381 von einem *»frei gewaltig wazzer«*[9] spricht. Es lässt erahnen, was es für die Menschen damals bedeutete, wenn die Isar sich nach den engen Gebirgstälern, in denen sie tüchtig Fahrt aufgenommen hat, ungebändigt in die Ebene ergießt. Kein Wunder, dass München sich zunächst Richtung Westen, also auf der dem Fluss abgewandten Seite, ausdehnte, während die Landstriche zwischen der Stadt und dem Fluss erst im 19. Jahrhundert besiedelt wurden, in einer Zeit, in der man glaubte, sich die wilde Isar endlich untertan gemacht zu haben. Das allerdings geschah erst im Jahr 1959 mit der Errichtung des Sylvensteinspeichers, einer Talsperre an der Oberen Isar. Seitdem lässt sich der Wasserpegel des Flusses unter Kontrolle halten.

Doch die mythische Kraft der Isar bleibt davon unberührt. Dank der aktuellen Renaturierungsmaßnahmen bekommt die Isar gerade in der Innenstadt ein Stück ihres ursprünglichen Flairs zurück und bietet uns doch einen anderen Zugang zu dem, was der Fluss einst für München gewesen ist: ein ungezähmter Wildwasserfluss.

DRACHENKRAFT | Die Isar ist grün. Das liegt an dem im Fluss gelösten Kalk, der das Licht der Sonne auf besondere Weise reflektiert. An sonnigen Tagen windet sie sich durch die Auenlandschaft wie eine smaragdfarbene, glitzernde Schlange. Bevor die Isar befestigt und kanalisiert wurde, hatte sie sich immer neue Wege durch ihr Bett aus Kies gesucht, vor allem nach der alljährlichen Schneeschmelze im Frühling, die zu Hochwasser führte. Daher war an ein Leben direkt am Fluss gar nicht zu denken. Erst als München sich immer mehr ausdehnte, entstand die Notwendigkeit, die Isar zu bändigen, um wertvollen Siedlungsraum zu erschließen. Im 19. Jahrhundert entstanden so die Isarvorstadt und das Lehel. Seither fließt der grüne Fluss quasi mitten durch die Stadt, von vielen kaum bemerkt, weil der Verkehr über die zahlreichen Brücken und durch die Tunnel von S- und U-Bahnen stetig fließen kann. Der Fluss stellt kein Hindernis mehr dar und ist so sehr zu einem selbstverständlichen Bestandteil der Stadt geworden, dass einige Stadtplaner ihm wieder mehr Bedeutung im urbanen Raum verleihen wollen. Cafés sollen die vernachlässigten Uferpromenaden aufwerten, mehr Plätze zum Verweilen sollen geschaffen werden. Schon die 2012 abgeschlossenen Renaturierungsmaßnahmen haben die Uferzonen in der Stadt nicht nur hochwassertauglicher gemacht, sondern auch ihre Schönheit deutlich gesteigert. Auf steinernen Treppen, die bis ins Wasser reichen, kann man an einigen Stellen der Isar wieder ganz nahe sein.

Vielleicht entsteht auf diese Weise wieder ein Bewusstsein für die Lebensader der Stadt, die sich nun nicht mehr in respektvollem Abstand vor den Toren der Stadt ihren Weg bahnt, sondern mitten durch die City führt. Dann kann der Fluss seine mystische Kraft im Leben des Menschen entfalten. Oder wie es der Bluessänger und »Isarindianer« Willy Michl ausdrückt:

»Er (der Mensch) kann lernen, woher er kommt und wohin er geht. Die Isar zeigt ihm, dass alles ein Kreis ist. Was sagt der Fluss? Ich bin ein Wasser, dort droben am Lafatscher Joch komm' ich raus. Und ich lauf zu meiner Donau, dort muss ich hin. So ist das. Und was der Mensch hinbaut oder nicht hinbaut, das ist mir gleichgültig.«[10]

Darum fordert der Isarindianer eine freie, wilde Isar. Die bisherigen Renaturierungsmaßnahmen betrachtet er sogar als Täuschung der Bevölkerung und die Isar als einen der am meisten gequälten Flüsse Europas. Er erinnert daran, dass die Isar nur gebändigt ist.

»Du musst die Schleusen aufmachen, wenn der Sylvenstein voll ist. Sonst laufe ich oben drüber und werde alles niederreißen. Und wenn ich im Kanal fließen muss, kann ich meine heilige Wirkung halt nicht entfalten. Drüben, in der freien Isar hat es einst Wild, Vögel und Fische gegeben. Und wenn ich ein Hochwasser mache, dann ist daraus wieder Leben entstanden.«[11]

Damit ruft uns Willy Michl ins Bewusstsein zurück, dass die Zerstörung, vor der wir uns so fürchten, Teil der Natur ist.
Die Münchner hatten stets große Angst vor der Zerstörung ihrer Stadt durch Naturkatastrophen. Auf dem Gelände des Marienhofs hinter dem Neuen Rathaus verliefen bis vor dem Zweiten Weltkrieg noch zwei Straßenzüge. Nach der vollständigen Zerstörung durch ein alliiertes Bombengeschwader wurden diese nicht mehr aufgebaut, und so ist der Marienhof bis heute eine Freifläche geblieben. In einer dieser Straßen stand einst die erste Synagoge Münchens. Nach der Vertreibung der Juden durch Herzog Albrecht III. errichtete dessen Leibarzt im Keller der ehemaligen Synagoge die sogenannte Gruftkirche, die der Heiligen Jungfrau Maria gewidmet war.
Dort ließ jeder neue Kurfürst, der an die Macht kam, einen Goldring weihen, der dann in einer feierlichen Prozession bis zum Walchensee bei Murnau getragen und dort den Fluten übergeben wurde. Mit dieser Gabe glaubten die Münchner, das Ungeheuer besänftigen zu können, das in den Tiefen des Bergsees vermutet wurde, der nur durch eine Wand des Kesselbergs vom Tal getrennt war. *»Seine schwarzen Wasser sind von unergründlicher Tiefe und er steht mit dem Weltmeere in Verbindung«*, weiß Joseph Maria Mayer in seinem Münchner Stadtbuch aus dem Jahr 1868.[12] Dort lebt ein gewaltiger Waller, der seinen Schwanz fest in seinem Maul hat. Würde er gereizt werden und deshalb seinen Schwanz eines Tages vor Wut loslassen, dann könnte er mit der dadurch freigesetzten Wucht den Felsen des Kesselbergs sprengen. Dann würden sich die Wassermassen bis nach München

ergießen und die Stadt überfluten. Durch die Opfergabe des geweihten Rings hofften die Bürger nun, dieses Unheil abwenden zu können.

Der Waller, der seinen Schwanz im Maul hat, erinnert an den Ouroboros, die Schlange, die sich selbst in den Schwanz beißt und für den Kreislauf des ewigen Werden und Vergehens aller Dinge steht. Diese Schlange wird häufig auch als ein anderes Fabelwesen dargestellt: als Drache.

Der Drache steht für das Wirken der Naturkräfte. Wenn der Mensch eine Stadt gründet, dann verbannt er diese Kräfte aus den Stadtmauern und muss dafür sorgen, dass diese im Zaum gehalten werden. Denn das Chaos wirkt noch immer und lauert am Rande des vom Menschen geschaffenen Kosmos. Es kann jederzeit über ihn hereinbrechen – wie das Hochwasser der Isar oder die Fluten des Walchensees.

In vielen Sagen hausen in Höhlen, Wäldern, Mooren und Seen Drachen, die sich immer wieder bis an die Mauern der Stadt wagen, die Menschen bedrohen und ihr Land verwüsten. Nur ein Tribut kann sie besänftigen. Daher brachten die Menschen in heidnischen Tagen Opfer, sehr wahrscheinlich sogar menschliche. Die Jungfrauen, die in Legenden vor die Höhle des Drachen gebunden wurden, um dann vom edlen Ritter befreit zu werden, sind eine beredte Erinnerung an diese grausamen Praktiken. Zugleich wird dadurch klar: Leben und Sterben gehören zusammen, Fruchtbarkeit ist das Ergebnis von Zerstörung, neues Leben kann aus dem Chaos entstehen. Wir fürchten den Drachen, aber wir müssen lernen, mit ihm zu leben. Die Isar, die grüne Schlange, lauerte lange Zeit wie ein Drache vor den Toren der Stadt. So ist es nicht verwunderlich, dass der Kampf gegen den Drachen auch in München an vielen Stellen der Stadt immer noch gegenwärtig ist und eine wichtige Rolle in den Münchner Sagen spielt. Zunächst aber ist es wichtig, sich darüber klar zu werden, dass wir nicht über ein bösartiges Monster sprechen, zu dem der Drache im Zuge der christlichen Umdeutung alter Mythenstoffe geworden ist, sondern um ein Sinnbild für die allgegenwärtige Kraft des Chaos, wie es in der Natur herrscht und einerseits die menschliche Ordnung bedroht, andererseits aber auch für die der Natur innewohnende Lebenskraft steht. Der Drache ist nicht gut oder böse – er ist einfach, was er ist, und als solcher muss er gebändigt werden, wenn der Mensch Ordnung in die Welt bringen möchte und von der Natur profitieren will. Wer einmal einen Garten gehegt hat oder als Bauer die Früchte des Feldes kultivieren wollte, der weiß, dass dies einen fortwährenden Kampf gegen die Tendenz der Natur bedeutet, alle ordnenden Anstrengungen des Menschen über kurz oder lang einfach wieder zunichtezumachen. Gleichzeitig brauchen wir aber die Kräfte der Natur, weil nur sie für die Fruchtbarkeit und das Wachstum der Pflanzen sorgen und damit unser Überleben garantieren.

Im Feng Shui, der chinesischen Lehre vom richtigen Umgang mit den Kräften der Natur, dreht sich alles darum, die Balance zwischen dem Aufrechterhalten der Ordnung und dem Zulassen von chaotischen Kräften zu finden. Auch in dieser Lehre stellt man sich die Natur als von unzähligen Drachen bevölkert vor. Der Unterschied zu unserer westlichen Idee vom Drachen besteht darin, dass der chinesische Drache zwar auch ein unberechenbares Wesen besitzt, aber nicht negativ bewertet wird, wie zahlreiche Sagen von Glücksdrachen belegen. Er gilt als Verkörperung der Naturkraft, dem sogenannten Qi, das in den Formen der Berge, in den Flüssen und Seen, in den Wolken und im Regen zu Hause ist. *»Es wird gelehrt, dass an bestimmten Orten ›Drachen-Adern‹ existieren, unsichtbare Linien, die vom Himmel in die Berge und über die Erde laufen.«*[13] Diese ähneln in ihrer Funktion den Energiekanälen im menschlichen Körper, die in der Akupunktur eine tragende Rolle spielen. *»Dies führt zu der Erkenntnis, dass die kosmische Energie, indem sie durch die Drachen-Adern hinabströmend sich verteilt, die ganze Schöpfung durchdringt.«*

Ziel des Feng Shui ist, sich dieser Kraft zu bedienen, ohne sie dabei zu zerstören – der Drache soll auf sanfte Weise und im Einklang mit seinem inneren Wesen gebändigt werden. Dieses innere Wesen kommt vor allen Dingen in seiner Gestalt zum Ausdruck: Er bewegt sich grundsätzlich wellenförmig über die Erde, durch Gewässer und sogar durch die Lüfte. Diese wellenförmige Bewegung ist im Feng Shui der Inbegriff des positiven Qi.

Der Drache als positiver Ausdruck der Natur ist in der abendländischen Bilderwelt verschwunden. Übrig geblieben ist nur noch das Ungetüm, die Ausgeburt der Hölle. Aber wenn wir genau hinsehen, finden wir noch einige Hinweise darauf, dass dies nicht immer so gewesen ist. Ein Fingerzeig ist dessen Bezeichnung als »Lindwurm«. Wenn man es genau nimmt, ist der Lindwurm sogar vom klassischen Drachen schon äußerlich zu unterscheiden: Er besitzt keine oder nur sehr kurze Flügel, hat in der Regel nur zwei Pranken, dafür einen langen, schlangenartigen Körper, ein Hinweis darauf, dass man sich ihn nicht primär als fliegendes Ungeheuer, sondern eher als riesige Schlange auf dem Erdboden kriechend vorgestellt hat. Damit kommt er seinem chinesischen Verwandten optisch schon sehr nahe. Die genauere Betrachtung seines Namens bestätigt das: Lindwurm ist zusammengesetzt aus dem Wort »lind«, das so viel wie »weich, beweglich« bedeutet und sich in einigen Wendungen wie »gelinde gesagt«, aber auch in Wörtern wie »lindern« oder »Linde« – dem Baum mit dem weichen, biegsamen Holz – erhalten hat. »lint« ist darüber hinaus das althochdeutsche Wort für »Schlange«. Und der »Wurm« bezeichnet bis heute kleine, wirbellose Tierchen, bedeutete aber früher auch

Schlange. Der Lindwurm ist also mehr oder weniger eine sich windende Riesenschlange und weniger der Feuer speiende Drache, wie er in modernen Fantasy-Romanen sein Unwesen treibt. Gerade im Alpenraum ist der Lindwurm in der volkstümlichen Überlieferung noch sehr gegenwärtig, allen voran der berühmt-berüchtigte Tatzelwurm, ein besonders aggressives Ungeheuer, das gerne einsame Wanderer im Gebirge angreift und das Vieh auf der Weide anfällt.
Könnte es bei aller Parallelität zwischen dem abendländischen Lindwurm und dem fernöstlichen Drachen nicht auch eine ursprünglich ganz ähnliche Auffassung von seinem Wesen gegeben haben? Tatsächlich sind im Volksglauben noch Erinnerungen an das Gute der Schlangenkraft vorhanden. Ein Beispiel dafür ist das Märchen vom Natterkrönlein, wie es Ludwig Bechstein aufgeschrieben hat und das mit folgenden Worten beginnt:

»Alte Großväter und Großmütter haben schon oft ihren Enkeln und Urenkeln erzählt von schönen Schlangen, die goldene Krönlein auf ihrem Haupte tragen; diese nannten die Alten mit mancherlei Namen, Otterkönig, Krönleinnatter, Schlangenkönigin und dergleichen, und sie haben gesagt, der Besitz eines solchen Krönleins bringe großes Glück.«[14]

Diese besonderen Schlangen wohnen gerne in der Nähe des Menschen, vielleicht in einem Stall oder unter dem Haus, und garantieren, wenn sie von den Besitzern wertgeschätzt und gepflegt werden, den Wohlstand in Haus und Hof.
Der Lindwurm, der Drache und die Schlange können mythologisch gleichgesetzt werden. Auch die Schlange ist in nahezu allen Kulturen ein zwiespältiges Wesen. Wie der Drache steht die Schlange, von der man annahm, dass sie sowohl männlich als auch weiblich sei und sich ganz aus sich selbst heraus erschaffen könne, am Beginn der Welt. Im orphischen Schöpfungsmythos windet sich eine Schlange um das große Weltenei und brütet das Universum aus. Sie kriecht auf dem Boden und wohnt in Erdlöchern und Höhlen und steht so Mutter Erde besonders nahe. Unter der Erde hütet sie einen Schatz, wie der Lindwurm Fafnir im Nibelungenlied. Wenn sie sich wie ein Phallus aufrichtet, steht sie für die ungezügelte Zeugungskraft der Natur, wie zum Beispiel die Schlangenkraft der Kundalini in der indischen Tradition des Tantra.[15] Vielleicht hat sich in den volkstümlichen Vorstellungen von der Schlange als Hüterin geheimer Schätze und als gute Seele eines Ortes etwas von der immer noch in China gültigen Idee des Drachen als Naturkraft erhalten, die man sich gewogen stimmen muss.
Was nur wenige wissen: München ist eine Stadt der Drachen. An vielen Stellen ist er zu entdecken: als Lindwurm vom Wurmeck des Neuen Rat-

hauses, in Gestalt der Grundübel der Menschheit an der Mariensäule oder als durch den heiligen Georg besiegtes Ungeheuer zum Beispiel in der Frauenkirche. Davon soll im Einzelnen noch ausführlich die Rede sein. In all diesen Fällen geht es um die Besiegung des Chaosdrachen. Und damit sind wir wieder bei Heinrich dem Löwen.

LÖWENMACHT | Wie wir schon gesehen haben, fällt das historische Urteil über ihn in aller Regel schlecht aus. Nur wenige wollen in ihm mehr sehen als einen rücksichtslosen Machtpolitiker, der nur seine eigenen Ziele verfolgte und sich dabei nicht scheute, seine Verbündeten zu brüskieren, Recht zu brechen und über Leichen zu gehen. Hochmut kommt vor dem Fall, das will uns die Geschichte des Welfenherzogs aus diesem Blickwinkel lehren, wenn wir den tiefen Sturz des einst mächtigsten Mannes neben dem Kaiser im Jahr 1180 betrachten. Heinrich fiel in Ungnade, weil er dem Kaiser die Gefolgschaft bei dessen Italienfeldzügen verweigerte, obwohl, so die Legende, Friedrich Barbarossa sogar vor ihm auf die Knie gegangen sein soll. Der Kaiser, der sich zuvor dem unbeliebten Welfen gegenüber stets loyal verhalten hatte, änderte daraufhin seine Strategie und ließ Heinrich fallen. Die Folgen sind bekannt: Heinrich verlor seine Herzogtümer, auch Bayern. Dieses ging an die Wittelsbacher, die es über 700 Jahre nicht mehr aus der Hand gaben und es erst mit dem Niedergang der Monarchie Anfang des 20. Jahrhunderts verloren.
Heinrich der Löwe regte jedoch nicht nur die Kritik, sondern auch die Fantasie der Menschen an. Sein Selbstbewusstsein, seine Angriffslust und seine Fortschrittlichkeit, gepaart mit einer gewissen Abenteuerlust, verleihen ihm bis heute Charisma, das sich auch in Sagen und Legenden niederschlug. Vor allem sein Beiname »der Löwe« öffnete der Vorstellungskraft Tür und Tor in einer Zeit, in der zwischen Geschichte und Geschichten nicht immer klar unterschieden wurde. So findet sich auch in München in exponierter Lage eine Erinnerung an das Tier, das dem Stadtgründer seinen Namen gab: An der Fassade der Stadtsparkasse im Tal, gleich beim Alten Rathaus, ist das Steinrelief eines Löwen zu sehen. Das Relief befand sich bereits auf dem Vorgängerbau an dieser Stelle und gilt als eines der ältesten Wahrzeichen der Stadt. Genaueres über seinen Ursprung lässt sich nicht sagen, doch immer schon wurde es mit Heinrich dem Löwen in Verbindung gebracht.
Franz Trautmann, ein Sammler von Münchner Altstadtsagen, erzählt uns, dass dieses Relief einst die Pfalz des Herzogs in München zierte, die dort gestanden haben soll, wo heute das Alte Rathaus steht.[16] Nichts davon kann bewiesen werden, nicht einmal, dass Herzog Heinrich sich jemals in München, seiner eigenen Gründung, hatte blicken lassen.

Eine Sage aus der Sammlung der Brüder Grimm[17] beschreibt ausführlich, wie Heinrich zu seinem Beinamen kam: »*Vorzeiten zog Herzog Heinrich, der edle Welf, nach Abenteuern aus*« – so beginnt die Geschichte. Doch die Reise verläuft anders als geplant, und nach einem Schiffbruch und der Entführung durch einen Greifen findet er sich auf einer Insel wieder und »*in einem weiten, wilden Wald*«. Und dort, wie könnte es anders sein, trifft der Recke auf ein Wesen, das uns schon ausführlich beschäftigt hat.

Das Löwen-Relief ungeklärten Ursprungs an der Fassade der Stadtsparkasse ist eines der ältesten Wahrzeichen der Stadt München.

»*Da sah er einen fürchterlichen Lindwurm wider einen Löwen streiten, und der Löwe schwebte in großer Not, zu unterliegen. Weil aber der Löwe insgemein für ein edles und treues Tier gehalten wird und der Wurm für ein böses, giftiges, säumte Herzog Heinrich nicht, sondern sprang dem Löwen mit seiner Hilfe bei. Der Lindwurm schrie, dass es durch den Wald erscholl, und wehrte sich lange Zeit; endlich gelang es dem Helden, ihn mit seinem guten Schwerte zu töten. Hierauf nahte sich der Löwe, legte sich zu des Herzogs Füßen neben den Schild auf den Boden und verließ ihn nimmermehr von dieser Stunde an.*«[18]

Nach vielen weiteren Abenteuern fand der Herzog Heinrich in Begleitung seines Löwen in seine Heimat zurück und regierte lange und glücklich in seinen Herzogtümern Sachsen und Bayern. Als er in hohem Alter verstarb, legte sich der Löwe auf seines Herrn Grab und wich nicht, bis er selbst verschied. Wegen dieser großen Treue wurde ihm zu Ehren eine

Säule errichtet, auf der er heute noch zu sehen ist: die berühmte Löwenstatue auf dem Platz vor der Burg Dankwarderode in Braunschweig.

Wie ist der Kampf zwischen Drache und Löwe vor diesem Hintergrund zu verstehen? Dass sich Heinrich der Löwe mit dem König der Tiere verbündete, liegt nahe, steht der Löwe doch mit seiner goldenen Mähne für das hellste Gestirn am Himmel, die Sonne. Der Drache wiederum, der in dunklen Höhlen und im Inneren der Erde lebt, verkörpert die dunkle Nacht und ist entsprechend ein Tier des Monds. Licht und Dunkel sind nur zwei weitere Metaphern für den Gegensatz zwischen Kosmos und Chaos. Der Sieg des Lichts über die Finsternis, wie er in den Worten des Schöpfergotts zum Ausdruck kommt – »Es werde Licht« –, wiederholt sich in dieser Sage. Da Heinrich nicht nur aktiv in diesen Kampf eingreift, sondern sein Einsatz überhaupt erst den Sieg des Lichts ermöglicht, wird er zum Geburtshelfer des Kosmos. Der Löwe ist daher nicht nur ein passender Beiname für den mutigen, vielleicht sogar hochfahrenden Herzog, sondern auch für den Städtegründer, der bereits Braunschweig zu einer mächtigen Residenzstadt ausgebaut hatte und zwei Jahre nach München die Stadt Schwerin gründen sollte.

Wir erinnern uns: Für die Menschen im Mittelalter war jede Stadtgründung eine Wiederholung der Kosmogenese. Wie bereits angedeutet, ist auch München als gegründete Stadt nicht nur einfach Ausdruck von Heinrichs Machtwillen. In ihrem Grundriss finden sich bis heute die Spuren einer heiligen Geometrie, deren Hintergrund wir nun besser verstehen können: Sie manifestiert die Absicht des Menschen, den Kosmos der Stadt gegen das Chaos der Natur nachhaltig abzugrenzen.

DIE HERZSCHLAGADER DER STADT | Wie wir gesehen haben, geht es bei der Stadtgründung um die Wiederholung des kosmologischen Schöpfungsakts, der in vielen Mythologien mit dem Bezwingen des Chaos in Gestalt eines Drachen symbolisiert wird. Das Chaos wird dadurch nicht vernichtet, sondern an den Rand des Kosmos »verbannt«, wo es weiterhin wirken kann, denn es ist zugleich Ausdruck der unbändigen Kraft der Natur, die durch die »Drachenadern« der Erde fließt und alles am Leben erhält. Der Schöpfungsakt beinhaltet also zweierlei: Das Chaos muss verdrängt und zugleich nutzbar gemacht werden. Wir können uns auch vorstellen, dass die durch die Erde strömende Drachenkraft »angezapft« werden muss, damit sie für den Menschen in kontrollierbare Bahnen fließen kann.

Unter diesem Gesichtspunkt symbolisiert die Bestimmung des künftigen Mittelpunkts durch das Einschlagen eines Pflockes, von dem alle Messungen ausgehen werden, genau diesen Akt der Kontrolle der Drachenkraft.

Der um diesen Pflock gezogene Kreis markiert den Rahmen, innerhalb dessen die ursprünglich wilde Drachenkraft zum Wohle des Menschen gezähmt werden soll. Dabei entsteht ein Kreis mit einem Punkt in der Mitte – das alte Symbol für die Sonne, deren Tier der Löwe mit seiner goldenen Mähne ist.

Diese »Pfählung« des Drachen ist ein altes Motiv. Wir kennen es vom heiligen Georg, der seine Lanze in den Rachen des Lindwurms stößt, oder vom heiligen Michael, der mit seinem Stab die Schlange Satan in den Abgrund stürzt. Diese stehen letztlich in einer alten Tradition von Drachenbezwingern, zu denen neben dem babylonischen Marduk, dem hebräischen Jahwe natürlich auch der nordische Siegfried gehört, aber auch der griechische Iason im Kampf gegen den das Goldene Vlies bewachenden Drachen, Perseus im Kampf gegen das Meeresungetüm Ketos und der gegen die lernäische Hydra kämpfende Herakles. Sogar die heilige Margarete gehört als weibliche Drachenbändigerin dazu.

Von besonderer Bedeutung ist in unserem Zusammenhang der Mythos von Delphi, dem wohl berühmtesten Orakel der Antike. Es wird erzählt, dass Zeus zwei Adler von je einem Ende der Welt losfliegen ließ. Sie trafen in Delphi aufeinander, dem Mittelpunkt der Welt. Diese Stelle markierte fortan ein großer Stein, der vom Himmel gefallen war: der *Omphalos* oder Nabel der Welt. Es heißt, dass Gaia eine geflügelte Schlange zur Welt gebracht hatte, Python genannt. Dieser besaß die Gabe der Hellsichtigkeit und wurde von Gaia als Wächter dieses Ortes eingesetzt.

Apollon, der Gott der Sonne, wollte sich des Orts bemächtigen, um sein eigenes Heiligtum zu errichten. Der Drache versperrte ihm den Weg und es kam zum Kampf, in dem Python unterlag. Das Blut des Drachen floss über die Erde und verlieh dem Ort die prophetischen Kräfte, derentwegen er in der Folge immer wieder aufgesucht wurde. Delphi unterstand seit dieser Zeit dem Schutz des Gottes Apollon, der damit Gaia als Herrin des Orts ablöste.

Sonnengott gegen Erddrachen, Errichtung eines Ortes um einen Nabel der Welt – im Mythos von Delphi sind alle wesentlichen Elemente angesprochen, die einen Platz zu einem heiligen Ort machen. Was dort in mythologische Bilder gekleidet ist, wird bei der Gründung einer Stadt wiederholt. Die in der Erde strömenden Kräfte werden mit einem Pflock »angezapft«. Zugleich entsteht dadurch die Weltachse als Verbindung zwischen Himmel und Erde, oben und unten. Um diesen Nabel der Welt dreht sich künftig der neue Kosmos, und von ihm aus strebt die neu gegründete Stadt in alle Himmelsrichtungen.

Für München ist dieser Mittelpunkt der Welt bereits als Schnittpunkt der beiden alten Wege bestimmt worden, einer davon die bedeutsame Salz-

Der Blick vom »Alten Peter« zeigt die geschwungene Linie des Tals, der ehemaligen Salzhandelsroute, wie sie von der Isar nach München führt.

handelsstraße, die von Osten nach Westen durch den Ort zieht und zuvor die Isar überqueren musste. Der wilde grüne Fluss, der die Niederungen unterhalb der Stadt mit seiner Naturgewalt beherrscht, ist die natürliche Verkörperung der Drachenkraft. Doch die Isarbrücke Heinrichs des Löwen, die sich dort befunden haben muss, wo heute die Ludwigsbrücke steht, unterbricht den Fluss und setzt ein Zeichen. Aus Sicht des Feng Shui zweigt sie etwas von der unbändigen Kraft des Flusses ab und leitet diese über den Weg auf die Stadt zu. Dieser Weg, der sich vom Isartal hinauf auf die vor den Überschwemmungen sichere Altstadtterrasse bewegt, ist damit so etwas wie der Zubringer der Drachenkraft. Er ist heute noch im Straßenbild gut zu erkennen: »Im Tal« heißt die Straße, die vom Isartor bis zum Turm des Alten Rathauses führt, der genau an der Stelle steht, an der sich früher das Stadttor der ersten Stadtmauer befand, die Heinrich der Löwe errichten ließ.

Diese Talstraße ist also ein wesentlicher Teil der Stadtplanung, nicht nur, weil auf diesem Weg die Händler von Osten kommend mit ihren Gütern nach München kamen, sondern auch weil bildhaft gesprochen die Kraft des Drachen auf diesem Weg Zugang zur Stadt findet. Vor dem Hintergrund verwundert es nicht, dass das Tal in einer sanften S-Schwingung gestaltet ist, die deutlich zu erkennen ist, wenn man vom Alten Rathaus Richtung Isartor blickt. Wir erinnern uns: Die Lebenskraft, im Feng Shui Qi genannt, bewegt sich am liebsten wie eine Schlange vorwärts. Vorbild ist dabei der natürliche Lauf eines Baches, der sich an die Gegebenheiten der Natur anpasst. Das sanfte Hin und Her lässt das Wasser friedlich fließen und ermöglicht, dass sich an den geschwungenen Ufern fruchtbares Sediment ablagern kann. Das Gegenstück dazu ist die schnurgerade Linie, in der das Qi ungebremst strömen kann und daher an Geschwindigkeit zunimmt, bis es wie ein abgeschossener Pfeil zu einer lebensbedrohenden Kraft wird, die alles mit sich reißt.

Das Tal ist die wichtigste Zufahrtsstraße für das alte München gewesen. Wenn es keine Planung war, so war es mindestens eine glückliche Fügung aus geomantischer Sicht, dass die nach München einströmende Lebenskraft von Anfang an dem Weg einer Schlangenlinie folgte.

Diese Linie, die sich schließlich durch das Talburgtor, den heutigen Rathausturm, in die Stadt hineinbewegt, können wir als die große Drachenkraftlinie Münchens bezeichnen, als die Herzschlagader der Stadt.

MAGISCHE ZAHLEN IM GRUNDRISS | Neben Klaus Humpert hat vor allen Dingen der Münchner Stadtforscher Freimut Scholz in seinem Buch *Die Gründung der Stadt München*[19] Belege dafür erbracht, dass München sorgfältig und auf der Basis geometrischer Grundlagen geplant und errichtet wurde. Dabei spielt der als »axis mundi« bezeichnete Punkt in der südwestlichen Ecke des Marienplatzes eine entscheidende Rolle.

Sticht man an diesem Punkt mit dem Zirkel ein und schlägt einen Kreis durch den Turm des Alten Rathauses, das alte Untere Tor im Osten der Stadt Heinrichs des Löwen, stellt man fest, dass zwei weitere der alten Stadttore ebenfalls auf diesem Kreis liegen: das alte Innere Sendlinger Tor im Süden und das Hintere Schwabinger Tor im Norden, beide liegen auf der Süd-Nord-Achse. Die beiden anderen Stadttore, das Vordere Schwabinger Tor im Nordosten und das Obere Tor, der alte Westausgang der Stadt, liegen auf einem größeren Kreis, der seinen Mittelpunkt ebenfalls an der Kreuzung der beiden Urwege hat. Auch wenn keines dieser Stadttore mehr steht, ist ihre Position sehr genau bekannt, sodass kein Zweifel besteht: Ihre Lage in der Stadtbefestigung ist nicht zufällig, sondern bewusst nach geometrischen Gesichtspunkten festgelegt.

Dies allein ist schon bemerkenswert, doch erstaunlicherweise sind die Distanzen zwischen den einzelnen Toren ebenfalls exakt berechnet. So beträgt die Strecke zwischen dem Oberen Tor im Westen, bekannt als der »Schöne Turm«, und dem Unteren Tor, dem Turm des Alten Rathauses im Osten, genau vierhundert Meter. Natürlich verwendeten die mittelalterlichen Baumeister kein metrisches System, sondern rechneten in Fuß. Doch in welchem Fußmaß? Damals besaß jede Gegend ihr eigenes, was oft Verwirrung stiftete. Freimut Scholz hat herausgefunden, dass die Baumeister Münchens das sogenannte Drusianische Fußmaß verwendet haben müssen, welches exakt ein Drittel unseres heutigen Meters ausmacht, also 0,33 Meter. Wandelt man die 400 Meter in dieses Fußmaß um, erhält man folglich genau 1200 Fuß! Mehr noch: Die Strecke vom Oberen Tor bis zum Mittelpunkt beläuft sich auf 700 Fuß und die vom Mittelpunkt zum Unteren Tor auf 500 Fuß. Damit manifestieren sich drei besondere Zahlen im Plan des alten Münchens: Zwölf, Sieben, Fünf. »Zwölf Zeichen hat der Tierkreis; Fünf und Sieben, Die heil'gen Zahlen, liegen in der Zwölfe«, sinniert Wallensteins Astrologe Seni in Friedrich Schillers *Piccolomini*.

Dass die Stadttore auf zwei konzentrischen Kreisen aufgereiht wurden, belegt, dass die Baumeister Münchens nach Plan vorgingen. Dass dabei aber auch als heilig geltende Zahlen eine Rolle gespielt haben, zeigt, dass ganz bewusst spirituelle Prinzipien in den Grundriss eingeflossen sind.

Die Zahl Zwölf steht für den Kosmos als Ganzes und ist in vielen Kulturen die heilige Zahl schlechthin. Nur einige Beispiele: Es gibt zwölf olympische Götter, zwölf Tierkreiszeichen, zwölf Monate; zwölf Stunden hat der Tag und zwölf Stämme zählte Israel; zwölf Heldentaten musste Herakles vollbringen, Jesus scharte zwölf Jünger um sich und König Artus versammelte zwölf Ritter um seine Tafelrunde; zwölf Tore schließlich zählt das himmlische Jerusalem. Auch im Märchen finden wir die herausragende Bedeutung dieser Zahl, wenn von zwölf Brüdern und zwölf Feen die Rede ist. Die mathematische Symmetrie macht die Zwölf so besonders. Sie lässt sich durch die Zahlen Zwei, Drei, Vier und Sechs teilen. Deshalb wurde sie wohl auch gerne als Basis metrischer Systeme verwendet. Auch der Volksmund kennt die Zahl Zwölf: Machen wir nicht gerne das Dutzend voll? Die Zwölf ist die Zahl der Vollkommenheit, sie schließt den Kreis.[20]

Auch die Sieben ist eine heilige Zahl, Beispiele dafür gibt es zuhauf: Die sieben Tage der Woche, die sieben Wandelsterne der Astrologie, die sieben Himmelssphären, die sieben Töne in der Musik, die sieben Weltwunder; auf sieben Hügeln wurde Rom erbaut; sieben Gaben verteilt der Heilige Geist, sieben Todsünden bringen den Menschen in Versuchung, sieben Sakramente kennt die Kirche und sieben Siegel werden gebrochen, wenn das Jüngste Gericht über die Welt hereinbricht. Auch das Märchen liebt diese Zahl: Wer denkt nicht an die sieben Zwerge hinter den sieben Bergen? Zahlenmystiker sehen in der Sieben die Verbindung aus der Zahl Drei für den Geist und der Zahl Vier für die Materie. Das macht sie zur Zahl der Schöpfung, denn genau sieben Tage brauchte Gott, inklusive Ruhetag, um die Welt zu erschaffen. Damit steht diese Zahl vor allen Dingen mit dem göttlichen Wirken in der Welt in Zusammenhang.[21]

Wofür steht die Fünf? Es ist die Zahl des Menschen: Wir haben fünf Extremitäten, fünf Finger an einer Hand, fünf Sinne. Die Fünf ist die Verbindung aus der männlichen Drei und der weiblichen Zwei und damit die Zahl der menschlichen Liebe. Hat nicht die Rose, die Blume der Liebe, fünf Blütenblätter? Die Fünf ist die Zahl des irdischen Lebens, und ebenso wie dieses ist sie unvollkommen.[22] »Fünf ist des Menschen Seele. Wie der Mensch aus Gutem und Bösem ist gemischt, so ist die Fünfe die erste Zahl aus Grad' und Ungerade«, weiß Wallensteins Astrologe.

München ist also auf einer heiligen Geometrie aufgebaut worden, in der sich die Zahl Gottes und die Zahl des Menschen zur kosmischen Zahl vereinigen. Auf diese Weise wurde die Gründung der Stadt zu einem heiligen Akt, der sorgfältiger Planung und spiritueller Vorbereitung bedurfte. *»Sich in einem Gebiet niederlassen … heißt immer … eine lebenswichtige Entscheidung treffen. Denn es gilt, die Erschaffung der Welt zu übernehmen, in der man leben will, d. h. das Werk der Götter, die Kosmogonie, nachzuahmen«*, so Mircea Eliade.[23] In der Stadtgründung wiederholt der Mensch die Schöpfung der Welt, und so wie am Anfang vieler Schöpfungsmythen die Bezwingung des Drachen steht, setzt der Mensch den Pfahl auf die Drachenlinie, um die Lebenskraft der Natur unter seine Kontrolle zu bringen. Zugleich errichtet er den Mittelpunkt einer neuen Welt, eine Weltachse, um die sich künftig alles drehen soll. Dort ist das Zentrum des Kreises, der sich in der Stadtmauer und ihren Toren widerspiegelt. Und von dort dehnt sie sich in alle vier Richtungen des Himmels aus.

München hat dieses heilige Urmuster bis heute in seinem Stadtbild bewahrt – bis weit über die Grenzen der damaligen Ausdehnung der Stadt hinaus. Wer sich einen Stadtplan von München ansieht, wird feststellen, dass sich das Ursprungskreuz in die entsprechenden Himmelsrichtungen verlängert hat, bis zu den Autobahnen und den Eisenbahntrassen, und dass die Kreise von den Ringstraßen wiederholt werden. Als die Wittelsbacher Heinrich den Löwen 1180 ablösten und künftig für die Stadtplanung zuständig waren, achteten sie ebenfalls auf diese Zusammenhänge. Auch als die Stadt erweitert werden musste und neue Stadtbefestigungen erforderlich waren, berücksichtigten sie die bereits im ursprünglichen Plan festgelegten Proportionen. Klaus Humpert kommt sogar zu dem Schluss, dass München samt seiner Vorstädte und der zweiten Stadtmauerbefestigung schon bei der Erstvermessung geplant worden sein muss, München also von Anfang an größer gedacht war als die leonische Kernstadt.[24]

Auch wenn Scholz und Humpert zum Teil auf andere Ergebnisse kommen, was die Vorgehensweise der Planung angeht, sind sie sich über den Mittelpunkt der Stadt einig: die Kreuzung der beiden Urwege am Fuße des Petersbergl. Heute ist an dieser Stelle nur noch die unscheinbare Gedenktafel zur Eröffnung der Fußgängerzone zu finden. Doch wir wissen aus alten Kupferstichen und aus dem berühmten Sandtner-Modell der

Stadt aus dem 16. Jahrhundert, dass an dieser Stelle einst ein Brunnen war. Abbildungen zeigen diesen von der Figur eines Neptuns gekrönt. Dies ist in mehrerlei Hinsicht bemerkenswert. Zum einen wird dadurch noch einmal das »Anzapfen« der Drachenkraft bildlich umgesetzt, denn der Brunnen bringt das Grundwasser nach oben. Zum anderen erinnert die Zuordnung dieses Ortes zu Neptun/Poseidon, dem griechisch-römischen Gott aller Gewässer, an die chaotischen Urgewässer.

Doch der Brunnen besitzt noch eine tiefere Bedeutung. Brunnen sind in Mythos und Märchen immer auch Zugang zur Unterwelt. Damit wird die uralte Dreiteilung des Kosmos in Himmel, Erde und untere Welt angesprochen, wie wir sie in vielen Kosmologien finden. Die Weltachse reicht nicht nur nach oben, wo sie den Himmel berührt, sondern auch in die Tiefe der Erde. In der nordischen Mythologie wird daraus die Weltesche Yggdrasil, in deren Wipfel die Götter wohnen und an deren Wurzeln in die Unterwelt sich der sagenhafte Urdbrunnen befindet, an dem die Nornen das Schicksal der Götter und Menschen weben. Mehr noch: An den Wurzeln nagt ein gewaltiger Lindwurm – Sinnbild für das Chaos, das die Weltordnung immerzu infrage stellt.

Plutarch berichtet von einer Grube, die Romulus bei der Gründung der Stadt Rom ausgehoben haben soll, und die *mundus* genannt wurde, das lateinische Wort für »Welt« (Plutarch, *Das Leben des Romulus*, 11, 1–2). Diese Vertiefung war halbkugelförmig und gewissermaßen das Gegenstück zur Himmelskuppel. Zugleich war sie der Zugang zur Unterwelt und musste deshalb das ganze Jahr über mit einem Stein fest verschlossen sein. Der Schriftsteller Varro berichtet, dass dreimal im Jahr diese Steinplatte, der *lapis manalis*, der Stein der Manen oder Geister der Verstorbenen, entfernt wurde und damit die Türen in die Unterwelt offen standen. Dieser *mundus* war einer Überlieferung nach der Göttin Ceres geweiht, der großen Göttin der Fruchtbarkeit, die in der Erde wohnt. Über ihm war ein kleiner Tempel errichtet, *umbilicus urbis* genannt, der Nabel der Stadt, der griechische *omphalos*.

München hatte also in diesem Brunnen seinen Nabel der Stadt, heute nur mehr erkennbar an erwähnter Bodentafel. Wer sich heute darauf stellt, darf sich ruhig vorstellen, wie von hier aus alles seinen Anfang nahm. Und vielleicht wird er spüren, wie sich hier die Achse der Welt nach oben und nach unten ausdehnt, während sich die ganze Welt um ihn dreht …

ONUPHRIUS – DER GENIUS LOCI | In der griechischen Mythologie markierte ein phallischer Stein im Apollotempel zu Delphi den Mittelpunkt der Welt. Aus dem alten Rom kennen wir den »Genius Loci« als Verkörperung der besonderen spirituellen Kraft eines Ortes. Der Schutzgeist des Ortes, so dachten die Menschen damals, ist ein heiliges Wesen, das einem Ort von Natur aus innewohnt. In einigen antiken Darstellungen windet sich der Genius Loci als Schlange um einen säulenförmigen Altar, auf dem ihm Opfer dargebracht wurden.[25] Da ist er also wieder, der Lindwurm, Ausdruck der ganz eigenen Lebenskraft eines Ortes.

In der Antike war man der Ansicht, dass jedem Ort ein besonderer Geist innewohnt, und zwar nicht nur natürlichen Orten wie Bergen oder Seen, sondern ganz besonders auch Orten, denen eine soziale Bedeutung zukam, wie Tempeln, Häusern und Städten. Diesen Geist stellte man sich wie eine den Ort gestaltende Kraft vor, die sich dem Menschen in mystischen Offenbarungen zeigen konnte. Der Genius Loci, den die Griechen *daimon* nannten, kennzeichnet das, was den einen mystischen Ort von einem anderen unterscheidet. In ihm und seinen Eigenschaften ist das Besondere des Ortes zusammengefasst.

Mit dem Ende der Antike und im Zuge der Christianisierung erfuhr die Vorstellung vom Genius Loci einen Bedeutungswandel. Die Idee eines Ortsgeists wurde nicht aufgegeben, aber neu bewertet. Geister konnten nun gut oder böse sein, je nachdem, ob sie zu den himmlischen oder höllischen Heerscharen gehörten. So wurden aus den *daimones* schließlich an vielen Stellen Dämonen, und ihre Orte zu Teufelsorten, die vielfach noch heute Namen wie Teufelsberg, Teufelstisch und Teufelstal tragen. Auch in der Münchner Sagenwelt kommen sie vor, allen voran im berühmten Teufelstritt in der Frauenkirche. An anderen Orten findet eine Transformation des Genius zu einer christlich annehmbaren Gestalt statt. Der Genius wird gewissermaßen getauft und tritt nun als Heiliger in Erscheinung. Quellheiligtümer werden zu Gnadenorten, an denen nun nicht mehr Nymphen hausen, sondern an denen die Muttergottes verehrt wird. Viele Wallfahrtsorte gründen auf solchen alten Kraftplätzen.[26] Einiges spricht dafür, dass beispielsweise die Peterskirche in München ursprünglich auf einem solchen heidnischen Ort errichtet wurde. Das Überbauen alter Kultplätze deutet den Ort um, aber bricht nicht mit den älteren Schichten. Der oder die Heilige schlüpft nun in die Rolle des früheren Lokalgottes und trägt nicht selten dessen Charakterzüge. Wallfahrten zu Kirchen lösen die früheren kultischen Prozessionen ab.

Auch München hat einen Stadtheiligen. Münchenkenner denken vielleicht an den heiligen Benno, doch der nahm diesen Platz erst in der Zeit der Gegenreformation ein. Tatsächlich war der erste Stadtheilige ein anderer. An der Fassade eines Gebäudes am Marienplatz mit der Hausnummer 17 prangt ein riesiges Mosaik. Es zeigt einen großen, hageren Mann, der in einer Hand einen langen, dünnen Baumstamm hält, in der anderen ein Doppelkreuz. Auf seinem Kopf trägt er eine Krone, ansonsten ist er nur mit einem Lendenschurz aus Blättern bekleidet und trägt einen langen, zotteligen Bart. Es ist der heilige Onuphrius, der erste Stadtheilige Münchens. Sein Abbild zierte der Überlieferung nach schon seit vielen Jahrhunderten jedes Hauses, das an dieser Stelle errichtet wurde. Das moderne Mosaik an dem Gebäude, das erst nach dem Zweiten Weltkrieg gebaut wurde, steht also in einer sehr langen Tradition.

Wer war dieser nicht allzu bekannte Heilige mit dem seltsamen Namen? »Onuphrius« ist die lateinische Variante eines altägyptischen Vornamens und bedeutet »das ewig gute Wesen«. Die Geschichte dieses Heiligen spielt im 4. Jahrhundert in Afrika, wo er als Sohn eines Nomadenkönigs aufwuchs. Nachdem sein Vater ermordet worden war, bewahrte ihn ein Freund der Familie vor dem gleichen Schicksal, indem er ihn in einem Eremitenkloster in Ägypten versteckte. Eines Nachts erwachte Onuphrius erfüllt von einer heiligen Sehnsucht, packte sich etwas Nahrung ein und ging hinaus in die Stille der Nacht. Eine innere Stimme leitete ihn immer tiefer in die Wüste hinein. Dort erschien ihm als schimmernde Lichtgestalt sein Schutzengel und brachte ihn zu einer Höhle, wo er einen heiligen Mann antraf, der den Königssohn willkommen hieß. Von ihm wurde Onuphrius in die *»höheren Stufen der Vollkommenheit«* eingeweiht.[27] Schließlich führte der Eremit den jungen Mann zu einem verfallenen Haus. Dort lebte Onuphrius fortan als Einsiedler, *»und kein menschlich Wesen kam seit der Zeit mehr vor sein Auge«*. Er ernährte sich von den Datteln einer Palme, die wie ein Dach über die Ruine wuchs, in der er hauste. Außerdem brachten ihm Engel täglich Brot und Wasser und sonntags sogar das heilige Abendmahl. Sechzig Jahre später gelangte ein Pilger an die Hütte des Onuphrius, der zunächst einen schrecklichen Anblick bot: *»Eine riesige Gestalt, überwachsen von Haaren, die den ganzen Leib bedecken und ihn fast einem wilden Tiere ähnlich machten.«* Dem Mann namens Paphnutius erzählte der Wüstenheilige seine Lebensgeschichte, um schließlich vor den Augen des Besuchers zu sterben.

Doch wie kam Onuphrius auf den Marienplatz? An der Stelle der heutigen Hausnummer 17 soll in den Gründungsjahren Münchens eine Kapelle gestanden haben, in der Reliquien des Heiligen aufbewahrt wurden. Heinrich der Löwe selbst soll die Hirnschale des Heiligen von seinem Kreuzzug mitgebracht und Onuphrius zum ersten Patron der Stadt München erhoben haben. Andere Quellen berichten, dass im 15. Jahrhundert ein Münchner Bürger namens Heinrich Pirmat vor seiner Pilgerreise ins Heilige Land gelobte, an sein Haus, das an der Stelle der vormaligen Kapelle stand, ein Bild des Eremiten malen zu lassen, wenn er heil zurückkäme. Er hielt Wort, und seither blickt Onuphrius von dort gütig über den Platz und wacht über den östlichen Zugang zur Stadt.

So weit die Legende. Interessant ist, dass die Münchner in ihm partout den heiligen Christophorus erkennen wollten, und weil an dieser Stelle des Marktplatzes wohl vornehmlich Eier verkauft wurden, nannten ihn die Münchner fast liebevoll »den Christoffel vom Eiermarkt«. Wahrscheinlich konnten die Menschen damals mit Onuphrius nichts anfangen, und mit dem knorrigen Stab in der Hand hat er ja durchaus eine gewisse Ähnlichkeit mit dem bekannteren und sehr beliebten Christophorus. Der wurde als Schutzpatron der Kreuzfahrer und Pilger daher gerne in der Nähe von Stadttoren verewigt, ganz wie unser Onuphrius am Talburgtor, wo die gen Osten Richtung Jerusalem aufbrechenden Pilger ein letztes Gebet an ihn richten konnten und um Schutz und Segen auf dieser schwierigen und oft lebensgefährlichen Reise baten. Aus dieser Tradition heraus erklärt sich auch der sich bis heute lebendige Glaube, dass man an dem Tag, an dem man das Bildnis des Heiligen betrachtet, vom plötzlichen Tod verschont bleibe. Onuphrius fand übrigens auch Eingang in das Münchner Sagengut. Dort tritt der verwilderte, hünenhafte Mann als freundlicher Riese in Erscheinung, der den Münchnern wenigstens zweimal zu Hilfe eilte, als ihre schöne Stadt von Feuersbrünsten bedroht wurde. Er soll mit Riesenschritten

Der heilige Onuphrius gilt gemeinhin als erster Stadtheiliger Münchens. Als Mosaik prangt er angeblich seit Jahrhunderten an den unterschiedlichen Häusern am Marienplatz 17.

durch das Talburgtor marschiert sein und Wasser aus der Isar geschöpft haben, um es aus großen Eimern über das Feuer zu schütten. Wahrlich ein »gutes Wesen«.

Gerade diese merkwürdigen Geschichten vom »guten Riesen«, die so gar nicht zur ursprünglichen Heiligenvita passen wollen, lassen hinter der Darstellung des Onuphrius noch andere Ebenen der Deutung aufscheinen. Tatsächlich ähnelt der Heilige jenem besonderen Wesen, das vom Mittelalter bis in die frühe Neuzeit als »Wilder Mann« durch die Köpfe der Menschen spukte. So wurden die riesenhaften Einzelgänger genannt, die in ihrer Vorstellung die entlegenen Waldgebiete und Bergregionen fernab der menschlichen Zivilisation bewohnten. Man stellte sie sich mit ungeheuren Kräften ausgestattet vor, über und über behaart, ansonsten nackt und nur mit Laub und Moos bedeckten Blößen. Anders als Fabelwesen wie bocksfüßige Satyrn oder fischschwänzige Nixen ähnelten sie in allem den Menschen, nur dass sie eben verwildert waren. Ihr Lebensstil glich daher eher dem von Tieren. Oft wurden sie mit einem ausgerissenen Baumstamm abgebildet, der ihnen entweder als Stock oder als Keule diente.

In vielen Mythologien streifen wilde Menschen durch Wälder, und noch heute geistern Berichte von halbmenschlichen Wesen durch die Presse wie dem Yeti im Himalaya oder Bigfoot in den USA und in Kanada, wo er auch Sasquatch genannt wird, was in der Sprache der Ureinwohner »stark behaarter Mann« bedeutet.

In Mitteleuropa sind Begegnungen mit diesen geheimnisvollen Wesen unter anderem aus dem Harz überliefert, wo sie in den Sagen der Bergwerksleute auftauchten und das Vorkommen von Edelmetallen anzeigten. Dort wurde auch eine ganze Stadt nach ihnen benannt: Wildemann. Immer wieder tauchen sie in der Heraldik auf, vornehmlich als Schildhalter. Aber auch in Bayern scheinen sie sich zu Hause gefühlt zu haben: In den Alpen wurden einige Gipfel nach ihnen benannt wie der Wilde Mann in den Allgäuer Alpen.

Auch in den Münchner Hausbergen geht der Wilde Mann um. Aus dem bewaldeten Rücken des Laber in den Ammergauer Alpen ragt, wie die Flosse eines Haifisches, ein Zacken hervor. Es ist das sagenumwobene »Ettaler Manndl«. Nicht weit vom Kloster Ettal erhebt sich dieser 1633 Meter hohe Gipfel über das Land und ist so etwas wie das Wahrzeichen des bayerischen Voralpenlands. Von ihm erzählt man sich folgende Sage: In Wirklichkeit ist dieser Felszacken ein uralter Riese, ausgestattet mit ungeheuren Kräften. Wie ein Wächter steht er da und beobachtet, was sich in den bayerischen Landen zu seinen Füßen alles zuträgt. Sind die Menschen gottesfürchtig und fleißig, ist er zufrieden. Doch wenn die Moral unter den Menschen immer mehr abnimmt, schaut er nur eine Weile lang zu, bis er sich schließlich zornig erhebt, aus den Bergen ins Tal hinabsteigt und mit seinen mächtigen Schritten das Land zum Zittern bringt. Ohne Erbarmen stampft er alles nieder, was böse und gemein ist, und die Gottlosen zermalmt er mit seinen steinernen Fäusten. Erst wenn wieder Recht und Ordnung eingekehrt sind, beruhigt er sich und nimmt seinen Platz als Wächter in den Bergen wieder ein.

Dass in den Bergen Riesen zu Hause sind, ist ein uraltes Thema vieler Berggegenden, ob in den Mittelgebirgen oder in den Alpen. Nach der nordischen Schöpfungsgeschichte, wie sie in der *Edda* überliefert ist, beherrschen diese mächtigen Wesen einst die ganze Welt. Aus dem Leib des Urriesen Ymir erschufen die Götter die gesamte Welt: aus seinen Knochen die Berge, aus seinem Schädel den Himmel und aus seinem Blut das Meer. Sie warfen das Gehirn des Riesen an den Himmel, und es wurde zu Wolken. Aus den Haaren schufen sie die Wälder.

Ob Riesen oder Drachen: Sie alle sind Verkörperungen der Natur, mit der sich der Mensch arrangieren muss. Diese Wesen sind dem Menschen an sich nicht feindlich gesonnen, zeigen jedoch ihr abweisendes, ja sogar ihr zerstörerisches Gesicht, wenn der Mensch die Ehrfurcht vor der Natur verliert.

Symbolisch steht der Wilde Mann wie der Drache für die wilde Natur, die auf der einen Seite mit ihrer ungezügelten, chaotischen Kraft auch als die Ordnung des Menschen bedrohend wahrgenommen wurde. Andererseits versinnbildlicht der im Einklang mit der Natur lebende Wilde auch erstrebenswerte Eigenschaften wie Naturnähe und Rücksicht im Umgang mit den natürlichen Ressourcen, deren Ausbeutung durch Bergbau und Rodung schon in der frühen Neuzeit als problematisch empfunden wurde. So versinnbildlicht der Wilde Mann auch so etwas wie das verloren gegangene Paradies, das sorglose Leben mitten im Reichtum der Natur.

Die Gestalt des heiligen Onuphrius wurde zur Projektionsfläche für die damals sicher noch lebendigen Vorstellungen von den wilden Menschen, seine äußere Ähnlichkeit mit diesen riesenhaften Wesen legt es nahe. Der Wilde Mann könnte so etwas wie den Pakt zwischen Mensch und Natur verkörpern, die Bestätigung, dass wir als Menschen mit der Natur leben und uns auf ihre Bedingungen einlassen müssen, wenn wir erfolgreich sein wollen. Onuphrius steht deshalb genau richtig in der Nähe der alten Stadtmauer, also an der Grenze zwischen Natur und Kultur, zwischen innen und außen. Wie ein Hüter der Schwelle erinnert er den Vorbeigehenden daran, dass er sein glückliches Leben in der Geborgenheit der Stadt nur der Gunst der Natur zu verdanken hat. In diesem Sinne ist Onuphrius nicht nur der erste Stadtheilige, sondern auch als »ewig gutes Wesen« die Manifestation des Genius Loci Münchens.

DER MARIENPLATZ
Die Himmelskönigin
Das Wurmeck
Die Schäffler und der Drachentöter
Vom Metzgersprung
Skurrile Gesellen

DAS MAGISCHE HERZ
DER STADT

Straßen sind das Gedächtnis einer Stadt. Wenn man aus der Vogelperspektive auf München blickt, kann man noch heute die Umrisse des ältesten Stadtkerns aus der Zeit seiner Gründung am Straßenverlauf erkennen: Im Osten markieren Sparkassenstraße und Viktualienmarkt die Hangkante der Altstadtterrasse. Im Süden wird der Stadtkern vom Rosental und im weiteren Verlauf vom Färbergraben begrenzt, dessen Namen schon andeutet, dass dort einst der Stadtgraben verlief. Dann wendet sich der Straßenverlauf nach Norden und geht über in die Augustinerstraße, die an der Frauenkirche vorbei in die Schäfflerstraße übergeht, die wiederum der einstigen nördlichen Stadtgrenze folgt. Die alte Stadtmauer verlief quer über die Nordseite des Marienhofs bis zum Hofgraben, der in der nordöstlichen Ecke zur Pfisterstraße wird und auf die Sparkassenstraße trifft. Damit schließt sich der Kreis.

Deutlich erkennen wir auch die Kreuzung der beiden Hauptstraßen: Von Osten nach Westen führt die alte Salzhandelsstraße über das südliche Ende des Marienplatzes und folgt dann der Kaufingerstraße. Von Süden kommend führt die Rosenstraße auf den Marienplatz, um sich dann als Weinstraße wieder von ihm Richtung Norden zu verabschieden.

Diese Kreuzung markiert den Ausgangspunkt der vier Münchner Altstadtviertel, die sich nach dem rasanten Aufstieg Münchens zur Wirtschaftsmetropole bereits im 13. Jahrhundert auf die heutige Innenstadt

ausdehnten: im Südosten das Angerviertel mit dem Viktualienmarkt, im Südwesten das Hackenviertel, im Nordwesten das Kreuzviertel mit dem Promenadeplatz und im Nordosten das Graggenauer Viertel mit der Residenz.

Bleiben wir zunächst im innersten Kreis Münchens. Drei natürliche Erhebungen umschloss die leonische Stadtmauer, jede von ihnen mit einem wichtigen Gebäude besetzt: ein herausragendes ist das Petersbergl mit der Kirche Sankt Peter in der Südhälfte der Stadt. Schräg gegenüber liegt das Frauenbergl in der Nordhälfte, auf dem sich die Zwillingstürme der Frauenkirche erheben. Im spitz auslaufenden Nordosten schließlich erhebt sich der Alte Hof, die ehemalige Festung der Stadt.

Im Übrigen hatte München von Anfang an fünf Stadttore. Das ist deshalb bemerkenswert, weil jede Lücke in der Stadtmauer eine Schwachstelle darstellte, die einer besonderen Absicherung bedurfte. Neben den vier Toren an den Ausfallstraßen, im Osten das Untere Tor, im Süden das Innere Sendlinger Tor und im Westen das Obere Tor folgte im Norden auf das Hintere Schwabinger Tor das Vordere Schwabinger Tor, gleich neben dem Alten Hof.

Dieser kaum vier Hektar umfassende Urkern Münchens bildet das magische Herz der Stadt. In diesem eng umgrenzten Areal ist alles angelegt, was die Magie Münchens von Anfang an ausmachte.

DER MARIENPLATZ

Viele Großstädte haben ihre Mitte längst verloren oder nie wirklich besessen, doch München hat seinen Mittelpunkt von Anfang an behalten: Der Marienplatz ist Verkehrsknotenpunkt, Touristenmagnet, Versammlungsplatz, bürgerliche und politische Mitte der Stadt – und verrät viel über ihr Wesen.

Seinen Namen hat der Marienplatz allerdings erst Mitte des 19. Jahrhunderts erhalten. Zunächst hieß er einfach nur »Platz« oder »Markt«. Sehr einfallsreich war das nicht, aber genau das beschrieb seine ursprüngliche Funktion: Dort wurde gefeilscht und gehandelt. Zunächst drehte sich hier alles um das »weiße Gold«, das Salz, dem München seinen wirtschaftlichen Aufstieg zu verdanken hatte. Darüber hinaus etablierte sich hier im Laufe der Zeit ein reges Marktgeschehen: in der einen Ecke wurden Eier und Kräuter angeboten, in der anderen Fische, und wieder in einer anderen Getreide und Wein.

Als die Bedeutung von Getreide zunahm und sich, so weit das Auge reichte, Getreidesack an Getreidesack reihte, wurde der Platz nach dem süddeutschen Begriff für Kornspeicher oder Getreidemarkt auch »Schrannenplatz« genannt. Als schließlich das Marktgeschehen auf das Gelände des ehemaligen Heilig-Geist-Spitals verlegt wurde und damit der berühmte Münchner Viktualienmarkt entstand, wurde der Platz am 9. Oktober 1854 »Marienplatz« getauft. Damit wurde die Bedeutung der Muttergottes als Schutzherrin Münchens und als Patrona Bavariae hervorgehoben, die schon seit dem 17. Jahrhundert auf der berühmten Mariensäule über dem regen Geschehen thront.

Lange Zeit war der Marienplatz auch oberirdisch einer der wichtigsten Verkehrsknotenpunkte der Stadt, über den Fiaker und Trambahnen zuckelten, Automobile tuckerten und sich dazwischen Fußgänger und Radfahrer mühsam ihren Weg suchten – ein heilloses Durcheinander an manchen Tagen. Ordnung in dieses Chaos kam mit den Olympischen Spielen im Jahr 1972, als das Herz Münchens in eine Fußgängerzone verwandelt wurde. So präsentiert sich der Marienplatz als gute Stube der Stadt mit dem Flair einer italienischen Piazza.

1315 verlieh Kaiser Ludwig der Bayer München die Marktfreiheit und machte zur Auflage, dass der Platz »auf ewige Zeiten« unbebaut bleiben müsse. Tatsächlich aber befanden sich dort die Münze, der Pranger, eine Kapelle der Patrizierfamilie Gollier und das Dinghaus mit einem Gerichtssaal. Nach und nach wurden diese Gebäude jedoch abgerissen, und im Jahr 1481 war der Marktplatz eine große freie Fläche. Er diente nun auch als Festraum für Turniere, Schauspiele und Versammlungen der Bürgerschaft.

DIE HIMMELSKÖNIGIN | Dann kam das Jahr 1638 und damit die Errichtung der Mariensäule. Wo zuvor noch ungehindert der Verkehr rollte, gab es auf einmal einen senkrechten Kontrapunkt, der die Aufmerksamkeit der Menschen in die Höhe lockte. Dort oben in fast 14 Metern Höhe stand nun eine, die mit stoischer Ruhe auf das geschäftige Treiben blickte, unübersehbar und strahlend wie die Sonne selbst: die Himmelskönigin, die Jungfrau Maria samt Christuskind, streckt seither ihr Szepter in den Himmel.

Wie kam es zu diesem Bruch mit der lang anhaltenden Tradition, wonach der Platz frei bleiben sollte? Die Mariensäule ist eine Votivsäule, und es war der Kurfürst Maximilian I., der sie errichten ließ. Wir befinden uns im Dreißigjährigen Krieg, ein furchtbares Gemetzel zwischen sich verhärtenden Glaubensfronten. Unfasslich viele Menschen sind ihm zum Opfer gefallen, nicht nur durch die endlosen Schlachten zwischen den Truppen der Katholischen Liga und der vom Schwedenkönig Gustav Adolf und seinem Feldherrn Wallenstein angeführten Protestantischen Union, sondern auch durch das grausame Morden, Brandschatzen und Plündern marodierender Söldner, unter denen vor allen Dingen die Landbevölkerung zu leiden hatte. Eine apokalyptische Zeit, die noch jahrzehntelang das ganze Land traumatisierte.

Im Mai 1632 stand der Schwedenkönig vor den Toren Münchens, und die Stadt war praktisch wehrlos. Der Adel, der Klerus und die reichen Bürger der Stadt hatten das Weite gesucht und ihr Vermögen in Sicherheit gebracht. Was für eine andere Wahl hatten die Zurückgebliebenen, als bei Gustav Adolf um Gnade zu bitten? München wurde den Schweden kampflos übergeben. Der Preis freilich war sehr hoch: 450 000 Gulden mussten die Münchner berappen, eine damals gewaltige Summe, welche die Finanzkraft der Stadt bei Weitem überstieg. Weniger als ein Drittel kam zusammen, und für die fehlende Summe nahmen die Schweden bei ihrem Abzug 42 Münchner als Geiseln, die erst nach dreijähriger Gefangenschaft aus Augsburg zurückkehrten. Aber der protestantische König hielt Wort, und so wurde München nicht geplündert und blieb verschont.

In dieser Zeit legte der sich außerhalb seiner Residenzstadt befindliche Kurfürst Maximilian das Gelübde ab, »ein gottgefälliges Werk anzustellen, wenn die hiesige Hauptstadt München … vor des Feinds endlichem Ruin und Zerstörung erhalten würde«.[28] Doch bevor der Kurfürst sein Gelübde erfüllen konnte, sollten noch mehrere Jahre vergehen: Die Pest wütete 1634 in der Stadt und raffte ein weiteres Drittel der Bevölkerung dahin. Als der Kurfürst im Jahr 1635 schließlich nach München zurückkehrte, machte er sich sogleich an die Einlösung des Gelöbnisses und beschloss

die Errichtung eines öffentlichen Denkmals mitten auf dem Hauptplatz der Stadt, an weithin sichtbarer Stelle. Das Denkmal wurde der Muttergottes geweiht, die Maximilian, ein glühender Marienverehrer, damit zur Landes- und Stadtpatronin erklärte. In seinen Augen war es die »Patrona Bavariae«, die München errettet hatte. 1638 war es endlich so weit, und eines der wichtigsten Wahrzeichen Münchens erhielt seinen Platz im Herzen der Stadt, wo es mit einer großen Messe eingeweiht wurde.
Der Jesuit Jakob Balde, der die Enthüllung der Mariensäule als Zuschauer miterlebte, kleidete den mystischen Schauer, der die Menschen damals ergriffen haben muss, in folgende Worte:

»Hier hat der Fürst ihr, der gelöbnistreue,
Aus Marmor aufgerichtet den Altar,
Aufragt die Säule zu des Himmels Bläue,
Wie kaum in Rom je eine schlanker war,
Und auf der Säule Blume steht das neue,
Goldblanke Bild mit aufgelöstem Haar.
Die Krone schmückt das Haupt, das milde, süße,
Und huldigend kost der Mond um ihre Füße.«[29]

Überall in der Stadt ist sie zu entdecken, auf Fassaden gemalt, in Nischen gestellt, an Hausecken angebracht: die Muttergottes mit dem Christuskind im Arm, ihr Haupt von Sternen umkränzt, ihr Fuß auf der Mondsichel ruhend – die »Himmelskönigin«.
»Und es erschien ein großes Zeichen im Himmel: ein Weib, mit der Sonne bekleidet, und der Mond unter ihren Füßen und auf ihrem Haupt eine Krone mit zwölf goldenen Sternen. Und sie war schwanger und schrie in Kindesnöten und hatte große Qual zur Geburt«, so steht es im Buch der Offenbarung am Anfang von Kapitel 12. Auch wenn an dieser Stelle nicht von Maria, der Mutter Jesu, gesprochen wird, wurde diese schon bald mit der Frauengestalt aus der Apokalypse gleichgesetzt. Inoffiziell wurde Maria seit dem 12. Jahrhundert als Himmelskönigin bezeichnet, offiziell trägt sie den Titel jedoch erst seit der 1954 von Papst Pius XII. herausgegebenen Enzyklika *Ad Caeli Reginam*.
Der Titel an sich ist jedoch keine christliche Erfindung, sondern ein Beiname, den schon einige vorchristliche und damit heidnische Göttinnen trugen. Ihr Kult wird im Alten Testament sogar als Frevel erwähnt, etwa bei Jeremias, wo geschildert wird, wie der nicht weiter namentlich genannten Himmelskönigin mit Speise- und Trankopfern gehuldigt wird. Aus anderen Quellen wissen wir, dass die sumerische Inanna als »Herrin des Himmels« gerufen wurde, als *»große Königin des himmlischen Hori-*

zontes und des Zenit«,³⁰ und auch die akkadische Ishtar wurde so genannt. In vielen alten Kulturen ist der Himmel ein weibliches Wesen, zum Beispiel die altägyptische Göttin Nut, die als Verkörperung des Himmelszelts mit einem sternenübersäten Leib dargestellt wird, der sich über den Erdenkreis spannt.

Der Mond, auf den die Jungfrau tritt, ist eines der zentralen Symbole dieser älteren Himmelsköniginnen, steht er doch als Gestirn für die Verbindung zwischen Himmel und Erde, weil er durch sein Zunehmen und Abnehmen die Wachstumsprozesse auf der Erde versinnbildlicht und zugleich mit seinen Phasen als Zeitmesser für die Rhythmen des Lebens dient. Der Mond mit seinem Zyklus von 28 Tagen findet darüber hinaus seine Entsprechung im monatlichen Zyklus der Frau, was ihn zum Stellvertreter der Muttergöttin machte, denn sie ist die Herrscherin über die Fruchtbarkeit der Erde und das Werden und Vergehen alles Lebendigen. Es gibt noch weitere Parallelen zwischen den alten Muttergottheiten und der Muttergottes: Abbildungen zeigen beispielsweise die ägyptische Isis, wie sie ihr Kind Horus genau so auf dem Schoße trägt wie später die Maria das Christuskind.³¹

Viele Symbole, die in der Darstellung Marias als Himmelskönigin zu finden sind, sind demnach Reminiszenzen an diese alten, astralen Muttergöttinnen, die einst in Konkurrenz zum Gott Israels standen und von seinen Propheten bekämpft wurden. Die Attribute werden natürlich christlich umgedeutet, um mögliche heidnische Bezüge zu verschleiern. Die zwölf Sterne auf der Krone, die durchaus als Anspielung auf die zwölf Tierkreiszeichen der Astrologie verstanden werden können, werden als die zwölf Stämme Israels oder die zwölf Apostel gedeutet. Der Mond, der sich zu ihren Füßen befindet und daher auch so etwas wie eine Mondbarke sein könnte, auf der die Himmelskönigin über das Meer der Nacht reist, wird nun von Maria getreten, nicht zuletzt, um anzudeuten, dass sie den alten Mondkult überwunden hat. Des Weiteren erfährt das Bild der apokalyptischen Frau ikonografische Ergänzungen, die den Sieg der Maria als Sinnbild der Kirche über allen Unglauben noch deutlicher herausstellen: Sie tritt nicht nur auf den Mond, sondern auch auf eine Schlange – die alte Widersacherin der Menschen, die Eva einst im Paradies verführte und so die Erbsünde in die Welt brachte.

So eifrig auch die Himmelskönigin zu einem rein christlichen Symbol umgestaltet wurde: In ihr lebt unverkennbar die Mystik der allumfassenden Muttergöttin weiter, wie sie in den antiken Kulturen gepflegt wurde und die sehr wahrscheinlich auf älteste religiöse Schichten der Menschheit zurückgeht. Dass die Attribute der Großen Mutter, wie sie auch genannt wird, bis heute in Maria weiterleben, zeugt von dem tiefen Bedürfnis der

Menschen nach mütterlicher Geborgenheit in der Welt. Dieses Bedürfnis findet seinen ganz besonderen Ausdruck in den Zeilen des der Patrona Bavariae gewidmeten Lieds aus dem 17. Jahrhundert, das zeitgleich zur Errichtung der Säule entstand:

O himmlische Frau Königin, / Der ganzen Welt ein' Herrscherin!
Du Herzogin von Bayern bist, / Das Bayernland Dein eigen ist.
Darum liebreiche Mutter, / reich uns dein milde Hand, / halt deinen
Mantel aus gespannt / und schütze unser Bayerland!
Dich München gar im Herzen hat / dein Dom steht mitten in der Stadt.
Auf hoher Säule ragt dein Bild, / du Schutzfrau Bayerns wundermild.
Das liebe Kind auf deinem Arm / des ganzen Volkes sich erbarm![32]

Wie stellen wir uns heute Engel vor? In aller Regel denken wir dabei an weibliche Lichtgestalten, die nichts als Liebe und Frieden ausstrahlen können. Wie anders begegnen uns da die vier Engel am Fuße der Mariensäule! Auf den ersten Blick barocke Putten, die allerdings in voller Rüstung sind. Sie tragen Waffen und Schilder, die sie auch aktiv einsetzen: Jeder der sogenannten Heldenputten ist gerade in den Kampf gegen ein Ungeheuer verwickelt.

Nun muss man diese martialische Darstellung der himmlischen Wesen im Zusammenhang der Zeit sehen, in der sie entstanden sind. Es war Krieg, und die Menschen fühlten sich von allen Seiten bedroht. Gott und seine himmlischen Heerscharen wurden zur Verteidigung in höchster Not angerufen, und entsprechend stellte man sich die göttliche Unterstützung auf diese Weise vor. So stehen die vier Ungeheuer, gegen die die Engel zu Felde ziehen, für die vier Grundübel, denen sich die Menschen damals hilflos ausgesetzt sahen.

An der südöstlichen Ecke erhebt ein Engel sein Schwert gegen eine große Schlange, in der christlichen Tradition ein durch und durch negativ besetztes Symbol. Satan, der Widersacher Gottes, wird immer wieder mit der Schlange in Verbindung gebracht, der großen Verführerin, die im Paradiesgarten Eva dazu rät, gegen Gottes Gebot vom Baum der Erkenntnis zu essen. Die Schlange belügt die arglose Eva: »Ihr werdet keineswegs des Todes sterben, sondern Gott weiß: an dem Tage, da ihr davon esst, werden eure Augen aufgetan, und ihr werdet sein wie Gott und wissen, was gut und böse ist« (1. Mose 3,4). Im zeitgeschichtlichen Zusammenhang war dies eine Anspielung auf den Ungehorsam gegen den einen wahren Glauben, und daher steht die Schlange für die Ketzerei, genauer gesagt für den Protestantismus, die böse Schlange Luther, die den Menschen mit klugen Worten den Unglauben einflößt.

Im Uhrzeigersinn folgt der Kampf eines Engels gegen einen Drachen. Bemerkenswert ist, dass dieser Engel der einzige ist, der kein Schwert, sondern eine Lanze führt. Damit wird er deutlich in die Tradition der Drachentöter gestellt, zu denen der heilige Georg und natürlich der Erzengel Michael gehören. Sie werden zumeist im Kampf gegen den Lindwurm mit einem Speer ausgerüstet. Der Drache an der Mariensäule verkörpert ein weiteres Grundübel der Menschheit, den Hunger. Der Drache stellt, wie wir gesehen haben, in der Vorstellung des Mittelalters in erster Linie eine Bedrohung dar. Drachen hausen in Höhlen und verstecken sich in Wäldern. Dann und wann fallen sie über die Felder und Herden her, versengen mit ihrem Feueratem die Früchte des Feldes und töten das Vieh, berauben also den Menschen seiner Lebensgrundlagen. Hunger ist die Folge.

Dann ist da der Engel, der sein Schwert gegen einen Löwen richtet. Aber ist der Löwe nicht der König der Tiere? Ist er nicht sogar das Wappentier der Wittelsbacher und das Symboltier des Stadtgründers? Und steht er in christlicher Tradition nicht auch für den Erlöser selbst? Warum also muss er bekämpft werden? Symbole sind vielschichtig. Je nach Zusammenhang können sie eine völlig andere Wertigkeit annehmen, so auch im Fall des Löwen. Grundsätzlich ein positives Symbol von Herrschaft und Macht, ist er ebenso ein gefährliches Tier, von dem es in der Bibel bei Petrus heißt: »Seid nüchtern und wacht; denn euer Widersacher, der Teufel, geht umher wie ein brüllender Löwe und sucht, wen er verschlinge« (1. Petrus 5,8). Die Stärke des Löwen wird zur zügellosen Aggressivität des Feinds. Von daher verkörpert der Löwe an der Mariensäule nichts Gutes, sondern den Krieg als Grundübel der Menschheit. Und damit wir in diesem Löwen auch deutlich das Böse erkennen können, lässt der Künstler dessen Hinterleib in einer Schlange enden.

Das letzte der vier Tiere an der nordöstlichen Ecke der Mariensäule ist besonders bemerkenswert. Auf den ersten Blick erkennen wir einen Hahn mit weit aufgerissenen Augen. Doch bei genauerem Hinsehen stellen wir fest, dass er wie der Löwe einen Schlangenleib aufweist. Das macht ihn zum Vertreter einer ganz besonders bösartigen Gattung von Monstern, dem Basilisken. Sein Name bedeutet »kleiner König«, und tatsächlich galt er als König der Schlangen und überhaupt als giftigste Schlange, die auf der Erde zu finden ist: Schon sein Zischen, sein Geruch und vor allem sein Blick sind so tödlich, dass selbst andere Schlangen die Flucht vor ihm ergreifen. »*Wo auch immer er sich hinwendet*«, beschreibt ihn der Gelehrte Petrus Candidus im 15. Jahrhundert, »*bewirkt er Zerstörung: Bäume und Kräuter verbrennen, Felsen brechen, Gold verdirbt, denn so groß ist die Macht seines Giftes.*«[33] Weil der Basilisk eine Vorliebe für feuchte und dunkle Orte hegt, ist er in Kellern, aber auch in Brunnen anzutreffen, wo er das

Wasser vergiftet und Krankheit und Tod über die Menschen bringt. So ein Scheusal kann selbstredend nur auf besonders widernatürliche Weise zur Welt gekommen sein. Hildegard von Bingen beschreibt die Geburt eines Basilisken folgendermaßen: Wenn eine Kröte trächtig ist und dann ein Schlangenei sieht, setzt sie sich zum Brüten darauf, bis ihre Jungen zur Welt kommen, die aber gleich sterben. Dann bebrütet sie das Ei weiter, bis Leben sich darin regt, welches schließlich unter den Einfluss Satans, der teuflischen Schlange, gerät. Sobald die Kröte dies bemerkt, flieht sie. Das Junge aber schlüpft aus dem Ei und gibt sogleich einen Hauch aus eisiger Kälte und heftigem Feuer von sich. Bis zum völligen Auswachsen gräbt es sich fünf Ellen tief in den Boden, dann steigt es wieder hervor und tötet mit seinem Atem alles, was ihm in den Weg läuft. Wo ein toter Basilisk vermodert, verbreitet er Unfruchtbarkeit und Pestilenz.[34]

Damit ist auch der Schlüssel zur Bedeutung des Basilisken an der Mariensäule gegeben: Er steht für die Pest als das vierte und vielleicht schlimmste Übel, das die Menschheit in jenen Tagen heimsuchte.

Im Kampf gegen den Basilisken wird häufig ein Spiegel empfohlen. Da der Blick des Fabelwesens tödlich ist, hält man ihm ein blank poliertes Metall vor, das seinen Blick zurückwirft und ihn selbst tötet. Der Engel an der Mariensäule scheint dies zu beherzigen, denn als einziger der vier Heldenputten wendet er seinen Blick von dem Ungeheuer ab und schützt sich vor den Augen des Basilisken mit seinem Schild, während er zum – hoffentlich – tödlichen Schlag ausholt.

Auch für das Ensemble der vier Heldenputten gibt es eine biblische Stelle, die auf sie verweist. So heißt es, angelehnt an die lateinische Übersetzung, in Psalm 90, Vers 13: »Über die Schlange und den Basilisken wirst du schreiten und den Löwen und den Drachen wirst du zertreten.«

Die Betrachtung der Muttergottes dort oben im Himmel und der Kampf der Engel gegen das Böse unten auf der Erde dürfte die Menschen damals tief bewegt haben. Bald wurde die Mariensäule zur Kultstätte und zum Ziel von Wallfahrten und frommen Andachten. Zu jeder Tages- und Nachtzeit fand man kniende und betende Menschen rund um die Säule. Regelmäßige Prozessionen wurden veranstaltet, jeden Samstagabend Litaneien gesungen und Kreuzgänge von den umliegenden Gemeinden aus organisiert.[35] Die Mariensäule wurde zu dem spirituellen Mittelpunkt der Stadt unter freiem Himmel. Als im Jahr 1680 die Pest Bayern wieder einmal bedrohte, versammelten sich Münchner Bürger jeden Donnerstag an der Säule, um die Jungfrau Maria um Schutz vor dem Schwarzen Tod anzuflehen. Und als Max Emanuel 1683 gegen die Türken zu Felde zog, tat er dies von der Mariensäule aus. Prunkvolle Feierlichkeiten wurden von den Fürsten zu Füßen der Himmelskönigin zelebriert, um ihrer Liebe zur

Muttergottes gebührenden Ausdruck zu verleihen. Erst 1803 wurde dem religiösen Treiben Einhalt geboten mit der Begründung, die Verehrung der Muttergottes unter freiem Himmel bilde »unter dem Gewühle beschäftigter Schrannen-Knechte« einen »seltsamen Kontrast«. Dies wäre der Erhabenheit einer Andacht unwürdig. Nur noch zur Fronleichnamsprozession wurde an der Säule das Evangelium vorgetragen.

Die Heldenputti kämpfen an der Mariensäule gegen die Grundübel der Menschheit, wie hier gegen die Ketzerei in Gestalt einer Natter.

In jenen Zeiten trug sich auch eine tragische Geschichte zu, die zum Inbegriff der frommen Andacht an der Mariensäule geworden ist. Es war im Jahr 1812, als ein junges Bauernmädchen den Auszug des bayerischen Heeres vom Marienplatz aus in die Napoleonischen Kriege in Russland erlebte. In den Reihen der Soldaten befand sich auch ihr Ehemann und Vater ihres Sohnes, den sie an diesem Tag bei sich hatte. Am Fuße der Mariensäule standen die beiden und beobachteten, wie sich die Truppen formierten und sich schließlich in Bewegung setzten. Da entdeckte die junge Frau ihren Mann unter den Soldaten und sprach zu ihrem Kind, es solle schön brav an der Säule auf sie warten: Sie wollte ihrem Ehemann

einen allerletzten Abschiedskuss geben, denn sie spürte, dass sie ihn nie mehr wiedersehen würde. Als sie zur Mariensäule zurückkehren wollte, wurde sie von der Menge zu Boden gerissen und schwer verletzt. Passanten trugen die Bewusstlose in das nächstgelegene Spital, wo sie erst nach vielen Tagen wieder zu Sinnen kam. Kaum war sie genesen, machte sie sich auf die Suche nach ihrem Kind. Doch von diesem fehlte jede Spur. Vielleicht, so mutmaßten einige, war der Junge, der so lange vergeblich auf die Rückkehr seiner Mutter gewartet hatte, den Truppen nachgelaufen. Die junge Frau sah ihren Sohn nie wieder und auch ihr Mann kehrte nicht mehr aus dem russischen Winter nach Hause zurück. Da verlor sie jegliche Freude am Leben und schließlich auch den Verstand. Tag für Tag kehrte sie bei jedem Wetter an die Mariensäule zurück, setzte sich zu Füßen der Muttergottes und betete stumm und einsam vor sich hin. Als »Beterin an der Mariensäule« bekannt, lebte sie nur von den Almosen, die Vorübergehende ihr gaben, und starb schließlich im Jahr 1854 völlig verwahrlost und verarmt.

DAS WURMECK | Lange Zeit hatte die Mariensäule keine bauliche Konkurrenz auf dem Marktplatz. Die umgebenden Häuser traten vor der strahlenden Erscheinung der Muttergottes hoch über den Köpfen der Menschen in den Hintergrund. Doch das änderte sich, als man im 19. Jahrhundert den Neubau eines Rathauses beschloss, weil die Räumlichkeiten im Alten Rathaus zur Verwaltung der zunehmend größer werdenden Stadt einfach nicht mehr ausreichten. An der Nordseite des Platzes wurden nach und nach die Häuser aufgekauft, und in Etappen wurde ein neuer Verwaltungskomplex errichtet, ganz im Stil der Zeit, die sich gerne an historischen Bauten orientierte. Während das Königshaus sich am liebsten mit Baukunst im Stil der klassischen Antike umgab, wollte die Bürgerschaft bewusst einen Gegensatz schaffen und wählte die Gotik, weil in dieser Zeit das Bürgertum seine erste Hochblüte erlebt hatte. Das Ergebnis ist das sich heute in seiner unüberschaubaren Fülle an Figurenschmuck, filigraner Ornamentik, Türmchen und Erkerchen präsentierende Gebäude, das 1909 fertiggestellt wurde. Heute verschwindet die im Vergleich dazu eher schlichte Patrona Bavariae fast vor der überbordenden Fassade des Neuen Rathauses mit seinem berühmten Glockenspiel und Turm, von dessen Spitze nun das Münchner Kindl weit über die Stadt in die Ferne blickt. So enttäuscht mancher Tourist auch sein mag, dass die dem Auge des Betrachters dargebotene Gotik im Grunde nur das Produkt historisierender Fantasie ist und von keiner fernen Vergangenheit erzählt, so bewusst haben die Erbauer des Rathauses Erinnerungen an die Stadtgeschichte in die Gestaltung einbezogen. Das prominenteste Beispiel dafür ist das Wurmeck am westlichen Ende der Fassade, dort, wo der Marienplatz auf die Weinstraße trifft.

Der Drache am Wurmeck erinnert an eine alter Münchner Sage: Ein Lindwurm soll vor langer Zeit die Stadt heimgesucht und seinen tödlichen Pesthauch durch die Gassen geblasen haben.

An diesem Eck kriecht ein gewaltiger Drache das Rathaus hinauf, die Flügel weit aufgespannt, die mächtigen Pranken in den Sandstein gekrallt und mit aufgerissenem Rachen nach den Münchnern züngelnd, die in Panik vor seinem giftigen Atem nach links und rechts zu entkommen versuchen. Diese Darstellung geht auf eine alte Münchner Sage zurück, nach der vor Zeiten ein riesiger Lindwurm über die Stadt flog und seinen tödlichen Pesthauch in die Gassen blies. »*Da begann ein großes Sterben, das vor keiner Türe haltmachte und Arm und Reich, Alt und Jung, gleichermaßen unbarmherzig dahinraffte*«, erzählt Gisela Schinzel-Penth.[36] Der Lindwurm aber landete auf dem Marktplatz, um die Verwüstung genauer zu betrachten. Gegenüber von dem heutigen Wurmeck – an der Fassade berichtet ein Fresko davon – befand sich damals die Hauptwache Münchens. Dort hatten sich einige Männer zusammengefunden, die todesmutig eine Kanone luden und auf das Ungeheuer zielten. Mit einem einzigen Schuss gelang es, den Pestwurm zur Strecke zu bringen. Auch diese Szene finden wir links von den fliehenden Münchner Bürgern am Wurmeck dargestellt.

In Erinnerung an dieses schreckliche Ereignis wurde das Eck am Marktplatz, vor dem wir jetzt stehen, Wurmeck genannt, und das Bild eines Drachens schmückte das entsprechende Haus an dieser Stelle. Tatsächlich finden wir in einem monumentalen Gemälde aus den Tagen des Dreißigjährigen Kriegs, das das turbulente Treiben auf dem Marktplatz sehr plastisch darstellt und auch einen Blick auf die sogenannten Landschaftshäuser gestattet, die vom heutigen Neuen Rathaus verdrängt wurden, an der linken Ecke ein Haus, das als Hauszeichen ein Bild trägt, auf dem der heilige Georg gegen einen Drachen kämpft. Dieses Gemälde ist heute im Münchner Stadtmuseum zu finden und belegt, dass die Tradition des Wurmecks schon damals gepflegt wurde.

DIE SCHÄFFLER UND DER DRACHENTÖTER | Ein weiterer Brauch, der mit dem Pestwurm und seiner Erlegung in Zusammenhang gebracht wird, ist der berühmte Schäfflertanz. Schäffler ist eine andere Bezeichnung für Fassmacher. Die Vertreter dieser Zunft führen zu bestimmten Zeiten einen eigentümlichen Tanz auf, bei dem sie grüne Buchsbaumbögen in verschiedene Formationen bringen. Alle sieben Jahre zwischen Dreikönig und Faschingsdienstag versammeln sie sich auf öffentlichen Plätzen, um die Menschen an den Sieg über die Pest zu erinnern. Zwar ist diese Tradition erst ab dem Jahr 1702 belegt, aber die Überlieferung will es, dass der Tanz auf das Pestjahr 1517 zurückgeht. Die Menschen, die sich nach dem Ende der verheerenden Seuche immer noch in ihren Häusern verkrochen, sollten durch den lustigen Reigen wieder auf die Straße, zurück ins Leben gelockt werden. Rechts von dem Drachen des Wurmecks können wir die Schäffler tanzen sehen, womit das besagte Pestjahr auch mit der Ankunft des Lindwurms in Verbindung gebracht wird.

Auch im Tanz der Schäffler kommt der Lindwurm vor. Mit ihren grünen Bögen bilden die Tänzer anfangs einen Reigen, den sie »Schlange« nennen, denn die sich daraus ergebende Wellenlinie erinnert an den sich windenden Pestwurm und belegt nebenbei, dass man sich den Drachen früher tatsächlich eher als Schlange denn als Feuer speiende Riesenechse vorstellte. Neben den Tänzern tauchen weitere Gestalten auf, die zum Ensemble dieses Brauchs gehören. Wir sehen links ein altes Weiblein mit einem Korb auf dem Rücken. Es ist die »Gretl mit der Butt'n«, eine Marktfrau, die sich dem Zug der Tänzer angeschlossen haben soll und dabei Butter und Eier verkaufte. Heute tritt diese Figur im Tross der Schäffler nicht mehr *in persona* auf, ist aber dennoch vertreten, und zwar als kleines hölzer-

nes Gefäß, das der bunt gekleidete Kasperl, ein weiteres wichtiges Mitglied der Gruppe, an seinem Gürtel trägt. Den Spaßmacher entdecken wir übrigens rechts von den Schäfflern, wie er gerade Schabernack mit einem Mädchen treibt. In seinem Gefäß hat er Ruß, mit dem er die Nasen der Umstehenden schwärzt – eine Art Memento mori bei all dem Frohsinn, denn die schwarze Farbe soll an den Schwarzen Tod erinnern.

Der Schäfflertanz diente zum einen als Ausdruck des Triumphs über die Pest, zum anderen galt der entstehende Rauch während der Schäffler-Arbeit auch als wirkungsvoller Schutz vor der Krankheit.

Es könnte aber auch an eine wichtige Funktion der Schäffler noch während der Pestzeiten erinnern, denn die Fassmacher nutzten Pech, um ihre Bottiche abzudichten. Der beim Erhitzen entstehende Rauch galt als Schutz vor der Pest. Die Menschen begaben sich dorthin, wo die Schäffler Pech zubereiteten, um sich in den Rauch zu stellen, oder man trug das siedende Pech in Pfannen in die Wohnhäuser. So wird berichtet, dass in besagtem Pestjahr ein junger Schäfflergeselle feststellte, dass die Luft wieder rein, aber dennoch keine Menschenseele auf den Straßen zu sehen war. Daraufhin beschlossen die Schäffler, durch die Gassen zu tanzen, um den Menschen Mut zu machen, sich nach der langen Zeit des Sterbens wieder dem Leben zuzuwenden. Der Plan ging auf. Es heißt, dass Herzog Wilhelm IV. von diesem Auftritt so beeindruckt war, dass er sich wünschte, dieser Tanz möge künftig alle sieben Jahre zur Erinnerung an das Erlöschen der Pest aufgeführt werden. Dieser Wunsch wird ihm bis heute erfüllt, zuletzt im Jahr 2012.

Höhepunkt des Tanzes ist das Schwingen des Reifens, wie es die Figuren links und rechts am Eingang zur Schäfflerstraße zeigen, etwas weiter die Weinstraße nordwärts am Marienhof. Die Reifenschwinger lassen dabei einen Holzreifen kreisen, in dem ein volles Weinglas steht. Ziel ist es, nichts von dem guten Tropfen zu verschütten.

Wenn der Schäffler den Holzreif schwingt, symbolisiert er damit den Kreislauf des Lebens, der nun wieder seinen geregelten Lauf nimmt.

Neben dieser mit Spannung erwarteten Demonstration hat dieser Brauch sicher auch einen symbolischen Hintergrund. Ähnlich wie die im Kreis tanzenden Schäffler steht der kreisende Reifen für das Rad des Lebens, das sich nun wieder dreht. Auch der siebenjährige Rhythmus des Tanzes hat seinen Hintersinn, denn die Sieben ist, wie wir bereits erfahren haben, eine der heiligen Zahlen und steht mit dem Rhythmus des Lebens in Verbindung: Die Schöpfung dauerte sieben Tage, nach sieben fetten Jahren folgen die sieben mageren Jahre, nach sieben Posaunenklängen bricht die Endzeit an. Nach der Sieben hat sich also ein Zyklus vollendet und die Zeit wendet sich, damit etwas Neues beginnen kann – so wie nach dem siebten Tag eine neue Woche beginnt. Ursprünglich durften nur ledige Gesellen mit gutem Ruf, die seit mindestens zwei Jahren in München lebten, Tänzer werden. Aus Mangel an Teilnehmern wurde diese Regel 1963 aufgehoben: Auch verheiratete Fassbinder durften teilnehmen, später auch Berufsfremde. Wer nicht so lange warten möchte, bis die Schäffler wieder auftreten, kann sie dennoch tanzen sehen, und zwar jeden Tag: Im Turm des Neuen Rathauses ist der Schäfflertanz Teil des beliebten Glockenspiels, täglich um 11 und um 12 Uhr sowie von Mai bis Oktober zusätzlich um 17 Uhr.

Auch das östliche Rathauseck, dort, wo die Dienerstraße vom Marienplatz abzweigt, weist einen Lindwurm auf. Hoch über unseren Köpfen entdecken wir den heiligen Georg, wie er einen Drachen zur Strecke bringt, indem er ihm mit seiner Lanze in den Rachen sticht. So oder so ähnlich wird der Heilige gerne abgebildet.

In der *Legenda aurea*, einer Sammlung von Heiligenlegenden aus dem 13. Jahrhundert, wird die Geschichte so erzählt:[37]

»Georg … kam einmal in die Provinz Libyen zu einer Stadt, die Silena hieß. Nahe bei der Stadt war ein Teich, so groß wie ein Meer, in dem ein verderbenbringender Drache sein Versteck hatte. Schon oft hatte er das Volk, das in Waffen gegen ihn gezogen war, in die Flucht geschlagen, und wenn er sich den Mauern der Staat näherte, verpestete er alle durch seinen Hauch.« Um den Drachen zu besänftigen, übergaben ihm die Einwohner von Silena täglich zwei Schafe, und als dies nicht mehr auszureichen schien, einen Sohn oder eine Tochter der Stadt, welche das Los bestimmte. Eines Tages fiel das Los auf die Tochter des Königs. Zuerst versuchte sich dieser von der Opferung des eigenen Kinds freizukaufen, doch das aufgebrachte Volk bestand auf der Gleichbehandlung aller Einwohner. Da sah der König ein, dass er seine Tochter nicht retten konnte, segnete sie und schickte sie an den großen Teich. Just in diesem Augenblick kam Ritter Georg vorbei. Die junge Frau flehte ihn an, so schnell wie möglich das Weite zu suchen, denn in Kürze würde ein Drache kommen und ihr das Leben nehmen. Wenn er nicht auch sein Leben verlieren wolle, solle er fliehen. Schon erhob der Drache sein Haupt aus dem See und kam ans Ufer. *»Georg aber bestieg sein Pferd, versah sich mit dem Zeichen des Kreuzes und stürmte mutig gegen den nahenden Drachen, schwang wuchtig seine Lanze und anvertraute sich Gott. Da traf er den Drachen mit voller Wucht, warf ihn zu Boden und rief dem Mädchen zu: ›Wirf deinen Gürtel auf den Hals des Drachen und hab keine Angst, meine Tochter!‹ Als sie das getan hatte, folgte ihr das Tier wie ein zahmer Hund.«* So führten die beiden den Drachen in die Stadt.

In jeder anderen Sage würden wir davon ausgehen, dass der siegreiche Held als Belohnung für die Errettung der Prinzessin selbige zur Frau bekäme, doch verläuft die christliche Legende natürlich anders. Georg verspricht den Drachen zu töten, wenn sich die Bewohner der Stadt zum Christentum bekehren. Das lassen sich diese offensichtlich nicht zweimal sagen, und nach einer Massentaufe wird der Drache endgültig erlegt. Georg selbst reitet von dannen, um schließlich seinem eigentlichen Martyrium entgegenzugehen.

Der Kampf mit dem Drachen wird ungeachtet seines weiteren Lebenslaufs, in dem er zum Märtyrer und Heiligen wird, zu dem bestimmenden Merkmal in der Darstellung des Georg. Die ganze Episode ragt aus der

Vita des Heiligen in ihrer Sagenhaftigkeit so heraus, dass wir ohne zu zögern davon ausgehen können, dass es sich um ein archetypisches Urbild handelt, das hier Eingang gefunden hat, ganz in der Tradition des Marduk als Bezwinger des Chaosdrachen.

Im Sinne der christlichen Auslegung erfuhr der Drache eine eindeutig negative Bewertung, denn er ist Sinnbild des Satans. Damit kämpft Georg im Grunde gegen den Erzfeind Gottes. Er verkörpert den Inbegriff des Gotteskriegers. Kein Wunder also, dass die Wittelsbacher, die sich als Speerspitze der Gegenreformation sahen, ihn zu ihrem Haus- und Hofheiligen erhoben. Im Einsatz für den christkatholischen Glauben identifizierten sie sich so stark mit dem Heiligen, dass beispielsweise Wilhelm V. dem Gesicht der berühmten Georgsstatuette, die in der Schatzkammer der Residenz gezeigt wird, hinter dem beweglichen Helmvisier seine Züge angedeihen ließ.

Landläufig wird von Georg als dem Drachentöter gesprochen. Wenn wir aber die Legende des Heiligen genauer betrachten, fällt auf, dass Georg zunächst den Drachen gar nicht tötet, sondern, ganz ähnlich wie sein Vorläufer Marduk, das Ungeheuer zähmt. Erst später erlegt er den Drachen, um so von den Einwohnern der Stadt die Bekehrung zum Christentum zu erpressen. Ein weiteres Detail erinnert an den Urkampf des kosmischen Helden gegen den Chaosdrachen: So haust der Drache in einem Teich so groß wie ein Meer und lässt dabei an die babylonische Meeresgöttin Tiamat denken oder das alles umfassende Urwasser vor dem Beginn der Schöpfung in der Genesis.

Eindrucksvoll schildert die Legende auch den Gegensatz zwischen dem geordneten Leben in der Stadt, das durch das Chaos von außen bedroht wird. Die Mauern der Stadt sind Sinnbild der Grenze zwischen Kosmos und Chaos. Sie bieten einerseits Schutz, andererseits sind sie nur eine empfindliche Membran, die ununterbrochen der Bedrohung ausgesetzt ist und für die Opfer gebracht werden müssen. Ganz ähnlich müssen die Menschen im Mittelalter die Mauern ihrer Stadt empfunden haben – ein Gefühl, das uns in der heutigen Zeit, in der sich die Städte ungehindert in alle Richtungen ausdehnen, eher fremd geworden ist.

Jede Stadt, aber auch jedes umgrenzte Stück Land, jeder Garten, jedes Feld, besitzt eine Grenze zur wilden, ungezügelten Natur und ist daher stets den in ihr wirkenden chaotischen Kräften ausgesetzt. Diese Grenze muss verteidigt werden, damit das Überleben der Ordnung gesichert wird. Dazu ist es jedoch nicht nötig, den Drachen zu töten. Im Gegenteil: Es geht darum, ein Gleichgewicht an dieser Grenze herzustellen, und dazu genügt es völlig, den Drachen zu besänftigen und zu bändigen, denn der Drache ist Ausdruck der Lebenskraft der Natur, mit der der Mensch kooperieren möchte.

Der heilige Georg sticht am östlichen Rathauseck den Drachen: ein uraltes Symbol für die Bändigung der Erdkräfte, um sich Land nutzbar zu machen.

Interessant ist in diesem Zusammenhang eine genauere Betrachtung des Namens des berühmten Rittersheiligen. Schon Jacobus de Voragine, der Autor der *Legenda aurea*, leitet »Georg« aus dem griechischen »geos« für »Erde« und »orge« für »bauen« ab. Er ist also derjenige, der die Erde bebaut. Vielleicht verbirgt sich hinter dem Ritter Georg ursprünglich der Bauer, der das Feld bestellt und dessen Aufgabe darin zu sehen ist, im fortwährenden Einsatz dem Chaos der Natur etwas Ordnung abzutrotzen, um das Überleben seiner Gemeinschaft zu sichern.

VOM METZGERSPRUNG | Wie bereits erwähnt, befand sich am »Nabel« von München früher ein Brunnen, der im 17. Jahrhundert mit einer Neptunfigur gekrönt war. Dieser Neptunbrunnen, sehr wahrscheinlich der älteste der Stadt, steht heute nicht mehr. Der einstige Marktplatz verfügte über mehr als einen davon, und so befand sich genau schräg gegenüber auf der anderen Seite des Platzes ein weiterer Brunnen, der noch heute steht: der Fischbrunnen.

Er befindet sich in der nordöstlichen Ecke des Platzes und ist ein beliebter Treffpunkt für die Münchner. Wenn man sich auf dem weitläufigen

Der sogenannte Metzgersprung in den Fischbrunnen hinein repräsentierte früher ein Taufritual, durch welches Metzgerlehrlinge auch symbolisch den Status des Gesellen erlangten.

Platz nicht verfehlen möchte, dann verabredet man sich an dem achteckigen Brunnen mit dem kugelrunden Fisch auf einer Säule. Um die Säule gesellen sich wiederum drei Figuren, die aus Eimern Wasser in das Becken schütten und bei näherer Betrachtung merkwürdig gekleidet sind: Sie sind von Kopf bis Fuß in eigenartige Zotteln gehüllt.

Für diesen Standort ist schon seit dem 14. Jahrhundert ein Brunnen belegt, wahrscheinlich ein Ziehbrunnen. Später war dieser Brunnen der erste, der mit Wasser aus Quellen außerhalb der Stadtmauern versorgt wurde und aus dessen vier Messingröhren ununterbrochen Wasser floss. Im 16. Jahrhundert siedelten sich ringsherum die Fischverkäufer an und gaben so dem Brunnen seinen Namen. Vermutlich wässerten sie hier ihren fangfrischen Fisch.

Doch in seiner ursprünglichen Gestalt ist der Brunnen nicht mehr vorhanden. Im 19. Jahrhundert schuf Konrad Knoll den Vorgänger des heutigen Brunnens und schmückte ihn nicht nur mit Löwen und Delphinen, sondern spielte mit einem ganzen Ensemble von Bronzeplastiken auf ein altes Ritual an, das sich hier alljährlich zur Fastnachtszeit abspielte: der sogenannte Metzgersprung. Einst gab es vier lustige Figuren rund um den Brunnen und alle stellten Metzgergesellen dar. Der Brunnen wurde im Zweiten Weltkrieg jedoch fast vollständig zerstört, und von den Burschen sind nur noch drei erhalten. Von mehreren musizierenden Buben sind ebenfalls nur noch drei erhalten, diese haben aber einen neuen Platz am anderen Ende der Stadt gefunden, im Karlstor am Stachus.

Der Metzgersprung ist eine alte Tradition, wonach sich die Metzgerlehrlinge bei der Übergabe ihres Gesellenbriefes kopfüber in das kalte Wasser stürzten und untergetaucht wurden. Ihre Bekleidung beschreibt Friedrich Panzer so: Sie sind »von Fuß auf weiß gekleidet und mit Kalbschwänzen verziert, welche, wenn sie sich schütteln, um den ganzen Leib und um den Kopf herumpudeln«.[38] Der Metzgersprung wird von einem Taufritus begleitet, durch den die Lehrlinge freigesprochen werden und in den Stand eines Gesellen übergehen. Sie springen in den Brunnen und werfen Nüsse, Äpfel und Münzen unters Volk. Wer sich danach bückt, wird unter dem Gelächter der Umstehenden mit Wasser übergossen.

Die schlichte Deutung sieht diese Zeremonie als Akt, sich von den Flausen und Narreteien des Lehrlingslebens reinzuwaschen, um dann als ernst zu nehmendes Mitglied der Zunft zu gelten. Wasser begegnet uns als Element der Reinigung und der Läuterung in vielen Kulturen – das Bad im heiligen Fluss Ganges, das Besprengen mit Weihwasser, das Sakrament der Taufe – und eben auch im Metzgersprung. Der Brunnen in der Stadt übernimmt die Rolle der natürlichen Quelle und steht daher stellvertretend für die Kraft des Neuanfangs und der Geburt. Doch wer neu geboren werden will, neu auftauchen will, der muss erst eintauchen in die Quelle, er muss zurück an den Ursprung, muss in den Brunnen springen.

Dies erinnert an den Sprung in den Brunnen, durch den die Jungfrau in das Reich der Frau Holle gelangt. Interessanterweise findet das Mädchen am Grund des Brunnens nicht den Tod, sondern gelangt in eine andere Welt, auf eine anmutige Wiese, auf der herrliche Blumen blühen und die Sonne am Himmel lacht. Dort wird sie verschiedenen Prüfungen unterzogen. Als Lohn taucht sie über und über mit Gold bedeckt wieder aus dem Brunnen auf, als Zeichen der geglückten Initiation. Der Abstieg in die Unterwelt, die Fahrt in die Anderswelt ist gefährlich, aber sie wird mit der Geburt in ein neues und besseres Leben belohnt. Frau Holle, wohl eine der vielschichtigeren Märchen- und Sagengestalten in unseren Breiten, ist in zahlreichen Geschichten die Hüterin des Kreislaufs von Leben und Tod. Am hessischen Meißner, ein Berg, auf dem Frau Holle ihre

Wohnstätte haben soll, gibt es einen Teich, aus dem die Kinder auftauchen, wenn sie geboren werden.[39]

Im Wasser eingetaucht lösen wir uns auf und mit uns alles, was uns zuvor ausgemacht und gekennzeichnet hat, das Gute wie auch das Schlechte. Wir werden erlöst von allen Abhängigkeiten und Bedingtheiten unseres bisherigen Lebens. Wenn wir wieder auftauchen, sind wir wie neu geboren und frei, endlich der oder die zu werden, die wir im Grunde unseres Herzens sein wollen.

In Traditionen wie dem Metzgersprung klingt wie ein fernes Echo die bewusstseinsverändernde Reise in die Anderswelt nach. Der Überlieferung nach soll dieser Brauch, ähnlich wie der Schäfflertanz, auf die Pestzeit zurückgehen. Danach sollen die Metzger mit dieser lustigen Zeremonie die Münchner Bürger wieder auf die Straßen gelockt haben, nachdem der Schwarze Tod die Stadt verlassen hatte. Dabei soll es manches Mal recht derb zugegangen sein, sodass der Brauch zeitweise verboten wurde.

Der Metzgersprung wird übrigens seit 1995 wieder regelmäßig durchgeführt, allerdings nur noch alle drei Jahre (zuletzt im Jahr 2010) und nicht mehr im Februar, sondern in den wärmeren Sommermonaten, zumeist an einem Sonntag im September. Die freizusprechenden Lehrlinge werden es zu schätzen wissen, dass sie sich nicht mehr bei bitterer Kälte in das eisige Wasser des Fischbrunnens stürzen müssen, um den Gesellenbrief zu erlangen …

Ein weiterer Brauch rankt sich um den Fischbrunnen am Marienplatz. An jedem Aschermittwoch wäscht der Oberbürgermeister, unterstützt vom Stadtkämmerer, im Wasser des Brunnens seine leere Geldbörse. Durch dieses Ritual soll gewährleistet werden, dass der Stadtsäckel das ganze kommende Jahr über nie zur Neige gehen kann. Nach dem Bürgermeister dürfen auch alle anderen Münchner ihre Börsen auswaschen. Die reinigende, lebensspendende, Ressourcen erneuernde Kraft des Wassers wird hier auf eine ganz praktische Weise bildhaft.

SKURRILE GESELLEN | Während das Neue Rathaus mit seinem neugotischen Pomp und dem Glockenspiel alle Aufmerksamkeit auf sich zieht, wirkt das Alte Rathaus am östlichen Ende des Marienplatzes mit seiner tatsächlich noch gotischen Fassade fast unscheinbar. Dabei ist es lange Zeit, bis 1874, das wahre Zentrum der bürgerlichen Macht gewesen. Dort versammelte sich der Rat der Stadt, dort wurden Feste gefeiert, Empfänge gegeben, Urteile verkündet, dort befand sich auch die Schergenstube, also das Stadtgefängnis.

Im Jahr 1460 schlug der Blitz in das Rathaus ein. Das Gebäude, als Rathaus schon seit 1310 an dieser Stelle urkundlich beschrieben, brannte völ-

Die von Jörg von Halsbach geschnitzten Moriskentänzer entstammen wohl einer arabischen Tradition. Diese Art von Tanz hatte das Ziel, durch möglichst individuelle Tanzfiguren die Gunst einer Frau zu erlangen.

lig aus. Diese Katastrophe nutzten die Bürger, um einen neuen Versammlungsort für den Stadtrat zu errichten und beauftragten Meister Jörg von Halsbach, der bereits den Auftrag für den Bau der Frauenkirche bekommen hatte, ein neues Gebäude zu errichten. 1480 stellte er es fertig und überließ den Münchnern ein weiteres Glanzstück spätgotischer Baukunst, dessen Kernstück der Tanzsaal im ersten Stockwerk ist, ein Raum, der die gesamte Länge und Breite des Geschosses einnimmt und von einem meisterlich komponierten Tonnengewölbe überspannt wird.

Nach und nach wurde das Gebäude erweitert, das alte Stadttor zum Rathausturm umfunktioniert und weitere Räumlichkeiten in den Gebäuden an der Nordseite des Petersbergl einbezogen – das sogenannte Kleine Rathaus, bis ein recht verschachteltes System aus Räumlichkeiten entstand, das der Stadtverwaltung im 18. Jahrhundert schließlich zu eng wurde, und die Entscheidung für ein neues Rathaus fiel.

Das Alte Rathaus birgt ein bis heute ungelöstes Rätsel. Es begann damit, dass der damals noch knapp dreißigjährige Bildschnitzermeister Erasmus Grasser im Jahr 1480 den Auftrag erhielt, für den Tanzsaal sechzehn Figuren zu gestalten: die Moriskentänzer.

Der junge und in seiner Zeit wohl nicht unumstrittene, aber sehr gefragte Künstler schuf in der Folge Meisterwerke der gotischen Schnitzkunst, bis heute unerreicht in ihrer Lebendigkeit und einmalig in ihrer handwerklichen Perfektion. Sie gehören zu den kostbarsten Schätzen, die die Stadt vorzuweisen hat. Zehn dieser in grotesken Posen dargestellten Tänzer, geschnitzt aus Lindenholz, fanden auf Konsolen in dem umlaufenden Wappenfries unter dem beeindruckenden Tonnengewölbe des Saals im Obergeschoss des Rathauses ihren Platz, fünf an jeder Seite. Dort überdauerten sie die Jahrhunderte. Heute sind die Originale im Münchner Stadtmuseum zu bestaunen, auch aus der Nähe, während im Rathaus Kopien aufgestellt wurden.

Doch war nicht die Rede von sechzehn Figuren? So bestätigt es der Stadtschreiber in seiner Notiz vom 14. August 1480, in der er die Auszahlung von 150 Pfund und 4 Schilling, eine stattliche Summe für diese Zeit, an Meister Grasser für die Skulpturen festhält. Tatsächlich gibt es im Rathaus aber nur zehn ausgewiesene Plätze. Was also ist mit den sechs übrigen Figuren geschehen? Von ihnen fehlt bis heute jede Spur.

Und was hat es mit den Moriskentänzern auf sich? Wen stellen sie dar? Sie tragen klingende Namen: Orientale, Mohr, Hochzeiter, Burgunder, Frauenhut, Prophet, Bauer, Schneiderlein, Zauberer, Gezaddelter – wie die Figuren eines eigenartigen Maskenspiels. Der Moriskentanz hat seinen Ursprung wohl in den maurischen Gebieten Nordafrikas von den »moriscos«, den Mauren, wurzelt also aller Wahrscheinlichkeit nach in der arabischen Kultur des ehemals besetzten Spaniens. Nach der Rückeroberung Spaniens durch die Christen hielt sich dieser eigenartige Tanz, der sich durch wilde Verrenkungen und fantastische Luftsprünge auszeichnete, als eigene Tradition und kam wohl über Frankreich nach Süddeutschland, wo er im 15. Jahrhundert zu einer beliebten Unterhaltung in den Städten avancierte.

Einen größeren Unterschied zu den damals bedächtigen Schreittänzen bei Hofe konnte dieser verrückte Springtanz nicht darstellen, bei dem sich jeder Tänzer nach seiner eigenen Fasson bewegen konnte unter der einzigen Maßgabe, möglichst alle anderen durch noch höhere Sprünge und noch wunderlichere Bewegungen zu übertreffen.

Mit den Münchner Moriskentänzern besitzen wir die einzige freifigürliche Darstellung dieses Tanzes. Aus anderen zeitgenössischen Abbildungen wissen wir, dass, so willkürlich der Tanz auch zu sein schien, die Personen des Tanzes wohl einem bestimmten Programm folgten. Im Mittelpunkt des Tanzgeschehens taucht immer wieder die Gestalt einer Frau auf, die wie eine Preisrichterin einen Apfel oder einen Ring in der Hand hält. Der wilde Tanz gleicht einem Werbetanz um die Gunst dieser Frau, die denjenigen belohnen wird, der sie mit den ungewöhnlichsten Tanzfiguren beeindruckt hat. Das Ganze wirkte wie eine unterhaltsame Persiflage auf das Liebesspiel der Geschlechter und hatte sicherlich frivole Züge, die so manchem Sittenwächter in dieser Zeit nicht unbedingt gefallen haben dürften. Dies war kein gewöhnlicher Tanz, sondern ein sinnlicher Rausch, angefeuert von ekstatischen Klängen, rhythmischem Stampfen im scharfen Dreierrhythmus und untermalt von Rasseln und Schellen. Entsprechend wurde der Tanz auch vermehrt in den Tagen des Jahres aufgeführt, in denen diese Art von Darbietungen wenigstens geduldet wurde, nämlich in der Fastnachtszeit.

In einigen Darstellungen taucht die Frau auch mit einem Spiegel in der Hand auf, als venusgleiche »Frau Welt«, die ewige lockende und ins Verderben stürzende Verführerin zu weltlicher Sinnenfreude. Der Apfel in ihrer Hand ist das Symbol der Sünde, der Spiegel das Zeichen der *superbia*, des Hochmuts, der zu den sieben Todsünden gehört. Doch warum wird hier in aller Öffentlichkeit das Laster zelebriert – und warum wird es zum Bestandteil des Figurenprogramms eines so ehrenvollen Gebäudes, wie es das Münchner Rathaus war?

Neben dieser weiblichen Person finden wir in anderen Abbildungen aus dieser Zeit immer wieder einen Narren im typischen Kostüm und einen Musikanten, der Flöte und Tamburin zugleich spielt. Gehören diese drei zu den fehlenden sechs Figuren? Und wenn ja, wo standen sie im Tanzsaal? Darüber lässt sich nur spekulieren.

Vielleicht finden wir die Antwort im knapp 150 Kilometer südlich von München gelegenen Innsbruck. Dort tanzen sie auf den Reliefbildern des spätgotischen Prunk-Erkers, der als »Goldenes Dachl« zu den Wahrzeichen der Stadt gehört: sechzehn Moriskentänzer in wahrlich noch derberen Posen als die eher anmutig wirkenden Münchner Pendants. Hunde und Affen tollen zwischen ihren Beinen herum. In der christlichen Symbolik steht der Affe für Schamlosigkeit, der Hund für Triebhaftigkeit.

Auch die lasterhafte Frau mit dem Apfel ist dabei, doch merkwürdigerweise in Gestalt der zweiten Gemahlin Kaiser Maximilians, dem Auftraggeber dieses Kunstwerks. Die Herrscherin als Verkörperung der Sünde? Hinter den Moriskentänzern vom Goldenen Dachl entrollt sich ein Schriftband mit hebräisch anmutenden Zeichen, die bis heute nicht entziffert werden konnten. Ein weiteres Rätsel um die Morisken, das jedoch an dieser Stelle unberührt bleiben muss.[40]

Waren also die sechzehn in Auftrag gegebenen Figuren wirklich auch sechzehn Tänzer? Diese Antwort liegt nahe, wenn wir das Goldene Dachl betrachten. Gut möglich, dass Erasmus Grasser sechzehn Tänzer schuf, von denen aber aufgrund der begrenzten Platzzahl nur zehn aufgestellt werden konnten. Im Tanzsaal erfüllten sie mit Sicherheit eine symbolische Funktion im Raumganzen. Das gesamte hölzerne Tonnengewölbe ist mit sich kreuzenden Blattrankenstäben durchzogen, die ein Kreuzrippengewölbe simulieren. Dort, wo sich diese Stäbe kreuzten, waren Wappen angebracht, ganz in der Mitte der übergroße Doppeladler Kaiser Ludwigs des Bayern. Die Decke zwischen den Stäben war, wie das nächtliche Himmelszelt, mit goldenen Rundnägeln übersät. Wie Planeten die Sonne umkreisen die zehn übrigen Gewölbewappen als Vertreter der Stadt München, des Herzogtums Bayern und verwandter Fürstentümer das Kaiserwappen. Zwei weitere herausragende Kunstwerke aus der Hand des Meisterschnitzers unterstreichen den kosmischen Charakter des Raums: Sonne und Mond, beide als Gesichter dargestellt, die an den beiden Stirnseiten des Raums von der Decke herabblicken.

Die Moriskentänzer sind am Fuß dieses Firmaments zu finden, an ihren Konsolen enden die Stäbe, die den Himmel überspannen. Der Humanist Conrad Celtis dichtete etwa zur Zeit der Moriskentänzer folgendes Epigramm:

»Maurisci ut circum pulchram saltant mulierem
Et vario gestu corpora quisque movet
Omnibus haec pulchra spondet gravitate favorem
Et resonante melo non sua membra movet
Candida per stabilem sic saltant sidera terram«

»So wie Morisken springen um das schöne Weib
und mit verschiedenen Gesten die Körper bewegen
Und allen gewährt Gunst die würdevolle Schöne
und in der Musik die eigenen Glieder nicht rührend,
ruhig verharrend, so springen die Sterne um die Erde.«[41]

Die Zeilen lassen die Deutung zu, dass sich hinter dem lasterhaften Schein des Tanzspiels eine kosmologische Dimension verbirgt und die Morisken Vertreter des um die Erde tanzenden Sternenhimmels sind. Ebenso wie das Firmament sich um die Erde dreht, kreisen die Morisken um die Welt, verkörpert durch die Frau mit dem Apfel. Der Moriskentanz, ein Abbild des kosmischen Reigens, und die Botschaft der Morisken: Alles ist in Bewegung! Ein Gedanke, welcher den Menschen damals nicht fremd war, wie wir noch im 17. Jahrhundert von Christoph Weigel erfahren, der sich auf den antiken Schriftsteller Lukian bezieht: *»Lucianus giebt für / man habe den Ursprung des Tanztens von dem Himmel abgeborgt / weil nicht nur alle himmlische Cörper / sondern auch so gar das grosse Welt-Meer / das Hertz in allen Lebendigen Dingen / und alle bewegliche irrdische Cörper hierinnen in der ersten Bewegung / von derer sie die Regung empfangen / nachahmen / und gleichsam tantzend hin und her wancken.«*[42]

Man stelle sich nun den vollen Tanzsaal vor, vielleicht ein rauschendes Fest wie das Bankett zur Hochzeit von Wilhelm V. und Renata von Lothringen, das 1568 hier stattfand. Welch denkwürdiger Anblick: Die Morisken, die sich als Tänzer oft aus dem fahrenden Volk rekrutierten, also von niederem Stand waren, blicken auf die feiernde Bürgerschaft und den tanzenden Adel herab! Sollten sie durch die Morisken daran erinnert werden, dass die Hierarchien der Stände, die Ordnung zwischen oben und unten keine für immer feststehenden Größen sind?

Sechzehn, das ist die Zahl der Vollkommenheit, denn sie entsteht aus viermal den vier Elementen.[43] Ferner ist sie die Verdoppelung der Acht, die Zahl der Fixsternsphäre, die nach den sieben Sphären der Planeten der klassischen Astrologie folgt.[44] Zugleich ist acht die Anzahl der Speichen des Glücksrads, wie wir es in zahlreichen mittelalterlichen Darstellungen finden – das Rad des Lebens, das sich um die Nabe dreht wie die Tänzer um die Frau Welt.

Reinhard Habeck zweifelt darüber hinaus an, dass die »Verrenkungskünstler und Fratzenschneider« wirklich nur der Volksbelustigung dienten, wie Historiker uns glaubhaft machen wollen, und fragt sich, ob sie nicht ebenso gut »Sinnbilder geheimen Wissens« sein könnten.[45] Tanz als kultisches Ritual, als Beschwörung und magische Handlung ist ein in der Geschichte der Menschheit bis in die heutige Zeit tief verankertes Phänomen, gerade in Verbindung mit ekstatischen Zuständen, wie sie durch Rhythmus und Musik hervorgerufen und in schematischen Kulturen als Tore zu anderen Bewusstseinszuständen genutzt werden. Die Laszivität des Tanzes, seine zum Teil deutlichen sexuellen Anspielungen, Frau Venus im Mittelpunkt des Geschehens – ist dies ein Verweis auf orgiastische Tanzkulte, wie sie in der Antike noch gepflegt wurden, und wie sie im ausgehenden Mittelalter Hexen angelastet wurden, wenn sie sich auf dem Blocksberg zum Hexentanz versammelten?

Gibt es vielleicht eine geheime Botschaft der Morisken? Nicht nur die Figuren selbst scheinen auf archetypische Gestalten hinzuweisen, auch ihre Mimik und ihr tänzerischer Ausdruck vermitteln »*den Eindruck, als würden die Tänzer mit diesen Gesten etwas Wichtiges verdeutlichen wollen.*«[46] Noch haben wir den Schlüssel zur geheimen Körpersprache der Moriskentänzer nicht gefunden, wenn es ihn überhaupt gibt. Aber jeder ist eingeladen, sich selbst ein Bild davon zu machen und sich auf Spurensuche zu begeben. Im Stadtmuseum können wir den geheimnisvollen Tänzern ganz nahe sein.

Was bleibt, ist der überaus bemerkenswerte Umstand, dass den Sinnbildern der Lasterhaftigkeit im Herzen Münchens eine so bedeutende Stellung eingeräumt wurde.

SANKT PETER
Licht und Dunkel
Bei den Mönchen
Der Heilige Berg
Der Wettermacher
Der Alte Peter und der Teufel
Sankt Peter in München
Ein Ort der Erkenntnis

DIE FRAUENKIRCHE
Die welschen Hauben
Zahlenmystik
Brautportal mit Sonnenuhr
Das Riesentor
Der Teufelstritt
Kraftorte
Ein Rundgang
Schutzmantelmadonna und Erbschleicherin
Der heilige Benno
Ein Ort der Liebe

DER ALTE HOF
Die Raumsprache des Alten Hofs
Das Affentürmchen
Zentrum spiritueller und weltlicher Macht
Agnes Bernauer
Ein Ort der Ordnung

DIE DREI HÜGEL

Rom wurde auf sieben Hügeln errichtet, München auf drei. Das ist allerdings kaum noch zu erkennen. Denn die ursprünglichen Hügel wurden im Laufe der Jahrhunderte, in denen immer wieder gebaut, abgerissen und überbaut wurde, allmählich abgetragen. Die bekannteste Erhebung ist das Petersbergl in der südöstlichen Ecke der einstmaligen Heinrichstadt. Besonders vom Viktualienmarkt aus fällt die Anhöhe auf, auf der die älteste Pfarrkirche Sankt Peter steht. In der nordwestlichen Ecke der Altstadt markiert die Frauenkirche den höchsten Punkt einer weiteren Erhebung. Am besten erkennt man das sogenannte Frauenbergl, wie der Frauenplatz auch genannt wird, wenn man sich der Kirche von Norden her nähert, zum Beispiel von der Löwengrube oder dem Durchschlupf der Schäfflerstraße: Dort ist das Gefälle des Hügels gut wahrzunehmen.

Die dritte Erhebung im nordöstlichen Teil der Altstadt wird nicht von einem Sakralbau gekrönt, sondern vom Alten Hof, der ehemaligen Kaiserresidenz von Ludwig dem Bayern. Die ehemals herausragende Stellung der alten Burg kann man heute noch erahnen, wenn man die Treppenstufen zur Sparkassenstraße hinuntergeht, die zugleich den ehemaligen Hofgraben markiert, oder wenn man den Alten Hof Richtung Residenz verlässt, vorbei am Reiterstandbild Ludwigs des Bayern. Es ist wohl kein Zufall, dass man ausgerechnet auf diesen drei im Wortsinne hervorragenden Plätzen drei so bedeutende Gebäude findet, die das Bild Münchens bis heute prägen.

Der Berg ist ein Ort, an dem wir Menschen dem Himmel näher sind. In vielen Mythologien wohnen dort deshalb die Götter höchstpersönlich, wie auf dem griechischen Olymp, oder wir können ihnen dort begegnen wie Moses seinem Gott Jahwe auf dem Berg Sinai. Wer denkt nicht im christlichen Zusammenhang an die Bergpredigt oder den Ölberg, von dem aus Christus in den Himmel aufgestiegen ist? Zugleich erinnert der oft beschwerliche Aufstieg daran, dass wir uns dem Göttlichen mit Demut nähern müssen. Dann aber, wenn wir oben angekommen sind, kommen wir in Berührung mit dem Numinosen, das sich uns in der alles überragenden Position offenbart: Wir sind dem Himmel nahe, es weitet sich der Blick und öffnet sich das Herz. Heilige Berge sind auf der ganzen Welt zu finden, berühmt ist beispielsweise der pyramidenförmige Kailash in Tibet. Oft ist es der »Weltenberg«, das Zentrum der Welt, die »axis mundi«, die Weltenachse, um die sich alles dreht. In der altägyptischen Schöpfungsgeschichte taucht aus dem Urozean die Welt als Hügel auf. Möglicherweise sind die Pyramiden Ägyptens und die Zikkurate Mesopotamiens Nachbildungen dieses kosmologischen Berges als Mittelpunkt und Dach der Welt.

Zwar sind die Münchner Berge eben nur »Bergl«, aber sie gehören zur mystischen Topografie der Stadt genauso wie die Isar als Lebensfluss. Sie müssen für die Menschen von so zentraler Bedeutung gewesen sein, dass sie diese Erhebungen für die wichtigsten Bauwerke reservierten. Zwei davon sind noch heute spirituelle Stätten, und die dritte war das Zentrum der weltlichen Macht.

Dass es drei Hügel sind, mag sicherlich bei der Auswahl des Standorts der neuen Stadt eine Rolle gespielt haben. Immerhin ist die Zahl ebenso heilig wie die Sieben, die wir von den sieben Hügeln Roms kennen. Und dass die Stadtplaner Münchens sich mit heiligen Zahlen auskannten, haben wir bereits gesehen.

Natürlich denken wir im christlichen Zusammenhang in erster Linie an die Dreifaltigkeit aus Vater, Sohn und Heiligem Geist. Ähnliche Dreiheiten finden wir überall auf der Welt, zum Beispiel in der altindischen Mythologie aus Brahma, Shiva und Vishnu. Auch unsere keltischen und germanischen Vorfahren hatten eine Vorliebe dafür, Götter in Dreiergruppen zu sortieren. Eine Erinnerung an eine große dreifaltige Göttin, die einst in unserer Gegend verehrt wurde, könnten die im bayerischen Raum so beliebten »Drei heiligen Madln« sein, eine Trinität aus der heiligen Katharina, der heiligen Barbara und der heiligen Margareta. Rund um München und im gesamten Alpenraum sind außerdem die drei Bethen bekannt, die auf eine keltische oder sogar vorkeltische mythologische Tradition zurückgehen könnten, in der eine dreigestaltige Muttergottheit eine zentrale Rolle spielte.[47]

Aber wir müssen gar nicht so weit gehen, um uns das Besondere der Dreizahl für den Menschen zu verdeutlichen. Sind nicht auch für uns heute noch »aller guten Dinge drei«? Die Drei rundet ab, erzeugt ein Empfinden von Ganzheit.[48]

Auf der Basis der Überlegungen des Religionsphilosophen Frithjof Schuon[49] entwickelten Insa Sparrer und Matthias Varga von Kibéd das Modell der drei Grundbedürfnisse des Menschen, die sie Glaubenspole nennen.[50] Diese drei Grundbedürfnisse sind: Liebe, Erkenntnis und Ordnung. Liebe steht für unser Bedürfnis nach Vertrauen, Mitgefühl, Wertschätzung und Geborgenheit. Erkenntnis spiegelt sich in unserem Bedürfnis nach Klarheit, Wissen, Einsicht und Wahrhaftigkeit. Ordnung schließlich finden wir im Pflichtgefühl, im Bedürfnis nach Gerechtigkeit und dem Wunsch nach Struktur. Kraftzentren wie München und andere bedeutende Städte haben oft im ältesten Kern alle drei Pole verwirklicht.

Jeder der drei Hügel Münchens entspricht einem dieser Pole, und die Gebäude, die sich darauf befinden, verstärken ihre Eigenschaften und machen sie zu wichtigen Kraftpunkten in der mystischen Topografie der Stadt. Dem Ort der Liebe entspricht die Frauenkirche, dem Ort der Erkenntnis Sankt Peter und dem Ort der Ordnung der Alte Hof.

SANKT PETER

Vom Viktualienmarkt aus kann man nicht nur deutlich das »Bergl« erkennen, auf dem das Gotteshaus errichtet wurde, sondern hat zugleich einen schönen Blick auf die Rückseite der Kirche mit dem mächtigen Chor und seinen drei kleeblattartig angeordneten Halbrunden und den Treppentürmchen mit den welschen Hauben, die tatsächlich wie Miniaturausgaben der Turmhauben der großen Schwester, der Frauenkirche, erscheinen. Dahinter ragt einem erhobenen Zeigefinger gleich der »Alte Peter« auf, wie die Münchner den Turm von Sankt Peter liebevoll nennen.

Was vielleicht die wenigsten Besucher dieser Kirche wissen: Hier befinden wir uns wahrscheinlich auf dem ältesten und möglicherweise heiligen Grund der Stadt. Sicher ist, dass die Peterskirche die älteste Pfarrkirche Münchens ist. Dass die im Krieg aufs Schwerste beschädigte Kirche gesprengt werden sollte, konnte in letzter Minute verhindert werden, und nach langer Wiederaufbauzeit wurde Sankt Peter 1954 neu geweiht. Damit erhielt sich München an diesem sowohl stadtgeschichtlich als auch spirituell bedeutsamen Ort eine sakrale Stätte, deren Aura den Besucher noch heute beeindruckt.

Nicht nur die eigenartige Gestalt des Turms, auf die wir noch zu sprechen kommen, lassen Sankt Peter aus der Summe aller Kirchen in München herausragen, sondern die gesamte Anlage besitzt eine eigentümliche Kraft, die von vielen Menschen als einzigartig erlebt wird. Während der Dom zu unserer lieben Frau von einer hellen, heiteren Grundstimmung geprägt wird, umfängt einen in der Peterskirche eine feierliche Ernsthaftigkeit, die einem schwer und dunkel vorkommt.

LICHT UND DUNKEL | Geomantisch orientierte Forscher haben daraus einen Gegensatz stilisiert, der von einer lichten und einer dunklen Hälfte Münchens erzählt, einer weiblichen Yin-Hälfte mit der Frauenkirche im Norden der Altstadt und einer männlichen Yang-Hälfte mit der Peterskirche als geistigem Mittelpunkt der südlichen Altstadt.[51] Beide Hälften werden demnach von der Linie der Kaufinger und Neuhauser Straße getrennt. So wurde das Tal auf der nördlichen Seite das Tal Mariä genannt, während der südliche Teil Tal Petri genannt wurde.[52] Das ist dem Umstand geschuldet, dass entlang der Ost-West-Achse Münchens auch die Pfarrgrenze zwischen Unserer Lieben Frau und Sankt Peter verläuft. Diese Grenze mag für die Menschen früher nicht nur eine Sprengelgrenze gewesen sein, sondern auch eine spirituelle Zugehörigkeit ausgedrückt haben, wenn man bedenkt, dass der südliche Teil der Altstadt vornehmlich von Handwerkern, Händlern, Marktleuten und Bauern bestimmt wurde, während der nördliche Teil schon immer Sitz des Klerus, des Adels und

Seite 77: Die Peterskirche in direkter Nähe des Viktualienmarkts zeichnet sich im Gegensatz zur hellen Grundstimmung der Frauenkirche durch eine feierliche Ernsthaftigkeit aus.

der Reichen war. Noch deutlicher begegnet uns diese Trennung am Marienplatz, dem alten Marktplatz selbst. Noch bevor das Neue Rathaus errichtet wurde, kennzeichneten die nördliche und die südliche Häuserfront Arkadengänge, die den Menschen Schutz vor der Witterung boten.[53] Die nördlichen, und damit der Frauenkirche zugehörigen Arkaden wurden »lichte Bögen« genannt, die südlichen, zur Peterspfarrei gehörenden die »finsteren Bögen«. Natürlich liegt das daran, dass die »lichten Bögen« das Licht der südlich stehenden Sonne ernten konnten, während die »finsteren Bögen« durch ihre Lage das ganze Jahr über im Schatten lagen. Dennoch spricht aus dieser Bezeichnung ein symbolischer Gehalt, der für die Menschen wichtig genug war, um sich sprachlich niederzuschlagen. Entsprechend gab es Menschen, die auf der hellen Seite Münchens lebten, andere wiederum auf der sprichwörtlichen Schattenseite.

Hell und dunkel, Tag und Nacht, Licht und Schatten: Diese Urpolarität des menschlichen Erlebens spiegelte sich auch in der Wahrnehmung der Stadt durch seine Bewohner wider und fand letztlich auch in der Rivalität der beiden großen Kirchen in der Altstadt ihren Ausdruck, die in den Jahren 1271 bis 1273 begann, als die Stadt mit dem Segen des Papstes in der beschriebenen Weise geteilt wurde. Lange Zeit änderte dies nichts an der Vormachtstellung der Peterskirche, bis die Wittelsbacher die Frauenkirche zu ihrer Hofkirche ausbauten und diese Anfang des 19. Jahrhunderts schließlich zur Kathedrale der Erzbischöfe von München und Freising und damit zur Domkirche erhoben wurde.

Interessant bleibt in diesem Zusammenhang, dass die Patrozinien der beiden Kirchen, also die für ihre Namensgebung zuständigen Heiligen, aus symbolischer Sicht eine andere Sprache sprechen. Dem ungestümen Apostel Petrus steht die sanfte Muttergottes Maria gegenüber. Traditionell aber wird dem Dunklen, Nächtlichen, Mondhaften eher das Weibliche zugeordnet, dem Taghellen, Sonnenhaften eher das Männliche. In dieser »Verkehrung« verwirklicht sich ein Prinzip, das gut zu dem eingangs erwähnten Symbol des Tai-Chi, besser bekannt als Yin-und-Yang-Symbol, passt. In der taoistischen Lehre entspricht Yin der Schattenseite und Yang der Sonnenseite. In dem Symbol sehen wir, wie sich die dunkle und die helle Seite als Pole im Wechselspiel von Yin und Yang aufeinander beziehen. Jede Hälfte trägt jedoch ihren Gegenpol als Keim in Form eines Punktes in sich. Dies verweist auf die Durchdringung der beiden Urpole im Vorgang der Schöpfung.[54]

Ob dies alles bei der Gründung der Stadt »gewusst« wurde, bleibt Spekulation. Aus einem spirituellen Blickwinkel aber ergibt sich ein bedeutsamer Zusammenhang für München, der der besonderen mystischen Ausstrahlung dieser Stadt zugrunde liegt.

BEI DEN MÖNCHEN | Kehren wir zurück auf das Petersbergl, die höchste Erhebung in der Münchner Altstadt. Von der Isar kommend, muss dieser die Hangkante deutlich überragende Hügel schon in Zeiten aufgefallen sein, in denen weit und breit noch keine Siedlung in Sicht war. Dieser Umstand hat Stadthistoriker immer wieder dazu veranlasst, an dieser Stelle die sagenhafte Keimzelle Münchens zu suchen. Hier also soll jenes »apud munichen« zu finden sein, die Stelle also, an der Mönche zur Zeit Heinrichs des Löwen siedelten und denen München seinen Namen zu verdanken hat. Auch das berühmte »Münchner Kindl«, das übrigens erst seit den 1920er Jahren so genannt wird, erinnert an den mönchischen Ursprung der Stadt: Es trägt eine schwarze, von goldenen Bordüren eingefasste Kutte und hält in der einen Hand ein rotes Buch, ein Eid- oder ein Evangelienbuch, und hat die andere Hand erhoben, ob zum Schwur oder zur Segnung, ist umstritten.

Angeblich soll es sich bei den ersten Mönchen um Benediktiner aus dem Kloster Schäftlarn gehandelt haben, die sich zur Zeit der Ungarneinfälle im 10. Jahrhundert auf das unbesiedelte Stück Land am Hochufer der Isar zurückgezogen hatten, um den Gräueltaten der Hunnen zu entgehen. Nach dem Sieg über die Ungarn kehrten sie in ihr Stammkloster weiter südlich zurück, behielten aber ihre alte Zufluchtsstätte bei.

Doch wo genau befand sich ihr Klosterhof? Hier auf dem Petersbergl? Auf dem Hügel ist erst seit dem späten 12. Jahrhundert ein Kirchenbau überliefert. Gab es einen Vorgängerbau, vielleicht eine kleine Kapelle, die zu einer mönchischen Siedlung gehörte? Angenommen, an der Geschichte mit der Flucht vor den Ungarn ist etwas Wahres und es ging den Mönchen tatsächlich darum, sich zu verstecken: Erscheint dann eine Zuflucht auf einen derart exponierten Hügel nicht widersinnig?

Sehr ausführlich geht Michael Weithmann dieser Frage nach und kommt zu einem anderen Schluss.[55] Er vermutet den Klosterhof etwas weiter westlich in der Neuhauser Straße, etwa dort, wo sich heute die Michaelskirche und das Jesuitenkolleg befinden, zusammen mit einer südlich davon gelegenen Siedlung. Wir werden dieser ominösen Ursiedlung, die schon vor der Gründung Münchens in dieser Gegend anzutreffen war, im Hackenviertel nachgehen.

Auf dem Petersbergl aber könnte schon damals ein Heiligtum gestanden haben, vermutet Weithmann. Doch was, wenn dieses Heiligtum, möglicherweise eine kleine Kapelle, wiederum auf einem alten heidnischen Kultplatz errichtet wurde, vielleicht germanischer oder sogar keltischer Prägung?

Das Münchner Kindl auf der Spitze des Rathausturms. Das Kindl erinnert hier in seiner Aufmachung auch an den mönchischen Ursprung der Stadt.

Ist es nicht vorstellbar, dass gerade diese auffällige Anhöhe dazu eingeladen hat, eine sakrale Stätte einzurichten? Archäologische Beweise werden wohl schwerlich zu erwarten sein, denn soweit wir wissen, verehrten sowohl Kelten als auch Germanen ihre Götter in Naturheiligtümern, zumeist unter freiem Himmel. Davon ist – naturgemäß – nichts mehr erhalten.

DER HEILIGE BERG | Doch die Geschichte Münchens wird ohnehin gerade in einigen Teilen neu geschrieben. »Schuld« daran sind die Funde, die man unlängst auf dem Gelände des Marienhofs machte. Es handelt sich um Keramiken, die belegen, dass bereits vor der Stadtgründung 1158 eine Siedlung auf dem Gebiet der heutigen Altstadt bestanden haben muss, vielleicht sogar schon um 1100. Noch ältere Besiedlungsspuren wurden in der Altstadt im Alten Hof gefunden: Keramikscherben der Urnenfelderkultur aus der späten Bronzezeit, also etwa 1300 bis 800 vor Christus Danach folgte zeitgeschichtlich die keltische Hallstattkultur, doch archäologische Spuren der Kelten lassen auf dem Gebiet der Münchner Altstadt bis heute auf sich warten. Überhaupt fehlen Funde, die den Zeitraum zwischen Bronzezeit und Hochmittelalter abdecken.[56]

Vielleicht ist München also doch älter, als wir denken oder als es die Geschichtsforschung bislang zulassen möchte. Hinweise wollen einige Forscher im Namen »München« selbst entdecken. Während sich die etablierten Stadthistoriker längst darauf geeinigt haben, dass es sich bei »forum apud munichen« um eine Ableitung aus dem mittelhochdeutschen Wort »munich« für »Mönch« handelt, gibt es Außenseiter, die mit ihren Theorien für heiße Diskussionen sorgen. Da ist zum Beispiel der Sprachwissenschaftler Theo Vennemann, der eine Verwandtschaft mit dem baskischen »mun« herstellen möchte, was so viel wie »Ufer, Böschung, Bodenerhebung« bedeutet, während »ic« einfach eine Örtlichkeit bezeichnet. »Munic« wäre demnach nichts anderes als ein »Ort auf der Uferterrasse«. Vennemann nimmt dabei an, dass es in prähistorischen Zeiten eine ursprüngliche, in weiten Teilen Alteuropas vertretene Bevölkerung gegeben hat, die sich einer Sprache bediente, die er Vaskonisch nennt und von der das Baskische nur den kümmerlichen Rest darstellt. Auch die Isar soll sich aus einem vaskonischen Wort für Gewässer herleiten.[57]

Der Landschaftsmythologe Kurt Derungs wiederum will eine keltische Wurzel des Namens ausfindig gemacht haben.[58] Danach versteckt sich im Wort »München« das keltische oder sogar vorkeltische *mun oder *mon, das »Anhöhe« bedeuten könnte und noch in Wörtern wie im walisischen »mynydd«, »Berg«, enthalten ist. Was ist dann mit den Mönchen? Die Gründungslegende führt aus dieser Perspektive auf eine falsche Fährte und wird zu einer christlichen Umdeutung eines nicht mehr verstandenen Namens. Man mag nun von diesen Erklärungsversuchen halten, was man will, doch eines haben sie gemeinsam: Sie verweisen auf die Bedeutung eines Hügels in dieser Landschaft als Keimzelle für München. Und welcher andere Hügel käme dafür besser infrage als das Petersbergl?

Auf der Suche nach der mystischen Vergangenheit der Stadt hilft uns möglicherweise der Heilige, dem die Kirche auf dem Rücken der Anhöhe geweiht ist: Apostel Petrus höchstpersönlich.

DER WETTERMACHER | Der im Kern gotischen Kirche, wie sie sich uns heute präsentiert, ging ein romanisches Gotteshaus voraus. Dieses wurde wohl schon Mitte des 12. Jahrhunderts errichtet, also zeitgleich mit der Gründung der Stadt. Zwar ist das Patrozinium des Petrus für diese Kirche erst seit dem 13. Jahrhundert beurkundet,[59] doch spricht nichts gegen die Annahme, dass schon die Vorgängerkirche unter dem Schutz des Apostels stand.

Versetzen wir uns in die Zeit der Christianisierung Bayerns zurück. Dieser Prozess erstreckte sich über einen langen Zeitraum und war noch im 11. Jahrhundert nicht abgeschlossen: Berichte über heidnische Rituale in Nordbayern belegen, dass vorchristliche Spiritualität sich noch lange parallel zum neuen Glauben entwickelte und teilweise gleichzeitig ausgeübt wurde. In frühmittelalterlichen Gräbern finden sich neben christlichen Kreuzen auch heidnische Amulette. Die Bajuwaren mögen getauft gewesen sein – an ihren alten heidnischen Bräuchen hielten sie noch lange fest.[60]

Die Kirche verfolgte dabei zwei Strategien der Bekehrung: Zum einen zerstörte man gnadenlos die Kultstätten der Heiden, wie uns das Wirken des heiligen Bonifatius vor Augen führt. Im Jahr 723 fällte er die sogenannte Donareiche, einen Kultbaum der germanischen Chatten in der Nähe des heutigen Geismars in Hessen, und baute aus dem Holz eine Petruskirche. Andernorts ging man glimpflicher mit den heidnischen Traditionen um und folgte den Anweisungen Papst Gregors aus dem Jahr 601, in denen er für die Mission bei den Angelsachsen empfahl, die Heiligtümer dieses Volkes unangetastet zu lassen, wohl aber die Götzenbilder darin zu vernichten und ihnen einen Ersatz für ihre alten Rituale zu bieten.[61]

So wurde an vielen Orten wohl ein Gott des alten durch einen Heiligen des neuen Glaubens ersetzt, den man offensichtlich so auswählte, dass seine Charaktereigenschaften sich mit denen des Heidengottes in Übereinstimmung bringen ließen. Man wollte es den Bekehrten einfach machen, zum neuen Glauben zu wechseln. So kommt es, dass viele Eigenschaften des nordgermanischen Thor und seinem südgermanischen Pendant Donar offensichtlich im heiligen Petrus aufgingen.[62] Es ist demnach kein Zufall, dass Bonifatius ausgerechnet eine Petruskirche aus der Donareiche zimmerte.

Welche Parallelen haben die beiden? Donar ist ein Gott der Stärke und verfügt über einen magischen Hammer, mit dem er sowohl Zerstörung als auch Segen bringen kann. Er ist der Donnergott, und als solcher bringt er Regen und Fruchtbarkeit. Von allen germanischen Göttern war er wohl der populärste und besonders bei der Landbevölkerung beliebt. Die Römer setzten ihn mit ihrem obersten Gott, dem Blitze schleudernden Jupiter gleich.

Gibt es denn Belege dafür, dass auf dem Petersbergl jemals eine Kultstätte für einen heidnischen Gott zu finden war? Die Peterskirche wird schriftlichen Quellen nach erst um das Jahr 1225 das erste Mal erwähnt, muss aber schon früher bestanden haben, denn eine andere Urkunde erwähnt einen Pfarrer ab dem Jahr 1167 in München. Die meisten Historiker gehen heute davon aus, dass der erste Kirchenbau in die zweite Hälfte des 12. Jahrhunderts fällt und erteilen damit allen Vermutungen eine Absage, die eine Bebauung des Petersbergl in früheren Jahrhunderten vermuten. Doch die Spekulationen darüber, die Geschichte Münchens müsse wesentlich früher angesetzt werden, reiche gar bis in die Spätantike zurück, reißen nicht ab. Vorschub leisteten die Ausgrabungen in den 1950er Jahren und die spektakuläre Entdeckung eines mysteriösen, knapp 18 Quadratmeter messenden, gewölbten Raumes, den der Grabungsleiter Erwin Schleich in die spätrömische Zeit datierte und den er den »Alten Raum« nannte.[63] Er muss sich zu Zeiten des romanischen Vorgängerbaus der jetzigen Kirche außerhalb des Gebäudes befunden haben, liegt heute unter dem nordöstlichen Seitenschiff, von wo aus er zwar zugänglich, aber für die Öffentlichkeit nicht geöffnet ist. Unbestritten ist, dass es sich bei diesem Raum um das einzige zugängliche Baurelikt aus der Frühzeit Münchens handelt. Doch wie alt ist es wirklich? Zweifel an der von Schleich vorgenommenen Datierung gibt es zuhauf. Doch ebenso unermüdlich propagiert der Historiker und Journalist Rudolf Reiser Hinweise auf eine römische Vergangenheit des Petersbergl und damit der ganzen Stadt. Für ihn ist der Alte Raum der Überrest eines spätantiken Heiligtums, das in christlicher Zeit in ein Petrusheiligtum umgewandelt wurde. »Die Archäologie hat nämlich den Beweis geliefert, überall wo Jupiterrelikte gefunden werden, ist auch Sankt Peter als Kirchenpatron greifbar. Der erste Gott der Heiden, den Dante den ›obersten Teufel‹ nennt, hat also dem ›ersten Apostel‹ zu weichen …«[64] Simon Petrus ist der Erste der Jünger Jesu. Er wird als Erster berufen, bekennt sich als Erster zu Christus – und verleugnet ihn als Erster. Außerdem ist er einer der Ersten, denen Jesus nach seiner Auferstehung begegnete. Auch er wird mit Stärke in Verbindung gebracht und galt als impulsiver Charakter: Nach dem Johannes-Evangelium soll er mit Waffengewalt die Verhaftung Jesu zu verhindern versucht haben und wird hier mit jenem namenlosen Jünger des Evangelisten Markus identifiziert, der einem Soldaten der Tempelwache ein Ohr abhieb.

»Du bist Petrus, und auf diesem Felsen will ich meine Kirche bauen, und die Pforten der Unterwelt werden sie nicht überwältigen«, heißt es beim Evangelisten Matthäus in Kapitel 16. Typischerweise finden wir deshalb Peterspatrozinien auf Anhöhen, Bergen und Felsvorsprüngen. Sie sind zumeist sehr alt und stammen aus der Zeit der ersten Missionen: *»Gerade Petersberge sind … ältester Kulturboden«*[65], betont Rudolf Reiser. Ein besonders auffälliges Beispiel ist die Kirche auf dem markanten Petersberg bei Flintsbach am Inn. Auch dort ist belegt, dass diese Anhöhe zuvor den Kelten als Versammlungsort und Kultstätte gedient hatte. Zahlreiche Beispiele in Bayern und darüber hinaus zeugen davon, dass die Missionare einen Sinn für Symbolik mitbrachten, Peterskirchen ganz bewusst im Einklang mit den Worten aus der Bibel platzierten und zugleich alte heidnische Kultstätten damit überformten.

Spannend, dass wir noch heute in Petrus den Wetterheiligen schlechthin sehen. Das belegen Aussprüche wie: »Petrus hat es gut gemeint«, wenn die Sonne scheint, oder Petrus würde »Kegel schieben«, wenn es blitzt und donnert. Doch in der Bibel suchen wir die Verbindung des Heiligen zum Wetter vergebens. Petrus als Wettermacher taucht nur in der volkstümlichen Überlieferung auf und ist sehr wahrscheinlich eine Erinnerung an heidnische Götter wie den südgermanischen Gott Donar oder den römischen Gott Jupiter, dessen Platz Petrus übernahm.

Aus dem Hammer des Thor könnten die Schlüssel des Petrus geworden sein, mit denen der Heilige das Himmelreich aufschließt. Tatsächlich ähnelt die symbolische Darstellung des Hammers einem Schlüssel. Auch der sogenannte Donnerkeil des Jupiter, der vielfach auch einfach nur als Blitz dargestellt wird, könnte sich in den Schlüssel des Petrus verwandelt haben. Petrus öffnet eben nicht nur die Pforten, sondern auch die Schleusen des Himmels.

War das Petersbergl also eine alte Kultstätte, die dem Gott Donar oder dem römischen Jupiter geweiht war? Und löste Petrus wie an vielen anderen Orten in Deutschland auch hier einen vorchristlichen Wettergott ab und übernahm dessen Funktionen? Eine Reliquie in der Peterskirche gibt in diesem Zusammenhang weitere Rätsel auf. Im nördlichen Seitenschiff in der zweiten Kapelle gibt es eine schaurige Kostbarkeit zu betrachten: das vollständige Skelett der heiligen Munditia. Ihre Gebeine sind ganz und gar in feines Tuch und wertvoll bestickten Brokat gehüllt und mit Edelsteinen besetzt.

Munditia war eine römische Katakombenmärtyrerin, die zu Beginn des 4. Jahrhunderts im Zuge der Christenverfolgung ums Leben kam. Ihre Reliquien befanden sich bis zum Jahr 1675 in der Cyriacus-Katakombe in Rom. Im Jahr 1677 gelangten sie als Geschenk in die Peterskirche nach München. Alles, was wir über das Leben dieser Heiligen wissen, beschränkt sich auf die Inschrift des Marmorsteins, der einst das römische Nischengrab verschlossen hatte und auf den die Heilige nun ihren Kopf bettet:

»DDM (PX) MUNDICIE PROTOGENIE · BENEMERENTI · QUAE VIXIT ANNOS LX · QUAE IBIT IN PACE XV KAL D · APC (PX)«

Auf Deutsch: »*Zum frommen Gedenken an Munditia Protogenia, die Wohlverdiente, die 60 Jahre lebte, die in den Frieden einging am 15. Tag vor den Kalenden des Dezembers APC*«. Das Kürzel »APC« wird unterschiedlich gedeutet: Es könnte sich um eine römische Zeitangabe handeln oder aber für »Ascia Plexa Capita« stehen, also »mit dem Beil enthauptet«, ein Hinweis auf ihr Martyrium. Besonders merkwürdig ist aber ihr Beiname »Protogenia«, was so viel wie »Erstgeborene« bedeutet, zugleich aber der Name einer alten Erdgöttin der Antike ist, die der Sage nach die erste von Menschen gezeugte Frau ist und die Geliebte des Zeus/Jupiter wird. Hat dieser eigenartige Beiname etwas mit dem ehemaligen Jupiterkult zu tun, der hier auf dem Petersbergl möglicherweise einst betrieben wurde? Reiser ist davon überzeugt. Seit mehr als dreihundert Jahren wird nun die Katakombenheilige hier verehrt. Im Jahr 1804 verschwanden die Reliquien hinter einem Holzschrein, weil die Verehrung von Gebeinen nicht in

das neue, aufgeklärte Weltbild der Säkularisation passte. Doch siebzig Jahre später wurde die Verkleidung wieder entfernt. Noch heute wird an jedem 17. November in der Peterskirche der Tag der Heiligen Munditia gefeiert. Eine Sage, die sich um den »Alten Peter« rankt, gibt weitere Hinweise. Munditia gilt als Patronin der alleinstehenden Frauen, eine überraschende Parallele zum Mythos von der ersten Frau auf der Welt.

Die Peterskirche beherbergt das Skelett der heiligen Munditia. Ihr Beiname »Protogenia« wird mit dem Jupiter-Kult in Zusammenhang gebracht, der früher auf dem Petersbergl betrieben wurde.

Einige Sagen rund um die Peterskirche weisen zudem immer wieder auf die Kräfte der alten Götter des Himmels hin, wenn auch christlich ummantelt. Die berühmteste erzählt von einem unheimlichen Sturm, der einst über die Kirche hereinbrach.

DER ALTE PETER UND DER TEUFEL | Lassen wir dazu den Blick hinaufschweifen bis zum Kreuz, das die merkwürdig geformte Kirchturmspitze krönt. Dass es sich dabei um ein Papstkreuz handelt, soll uns gleich näher beschäftigen. Zunächst einmal müssen wir mit einigem Erstaunen feststellen: Es ist entgegen der Gepflogenheiten um 90 Grad gedreht! Tatsächlich sollte der Kirchgänger beim Betreten des Hauptportals das Kreuz von vorn sehen.

Wie kommt es zu dieser Merkwürdigkeit? Es war der Sage nach in der Zeit, als man München wegen seiner vielen Kirchen das »deutsche Rom« nannte. Das ärgerte den Teufel sehr, und ganz besonders störte ihn dabei die Peterskirche, »*denn von dieser ging zu München mehrteils die uralte, ganze Glaubenskraft aus, und die zwei Türme, welche früherhin aufragten, erschienen ihm gleich zwei Finger, welche die Stadt rastlos gen Himmel strecke und damit Gott den Eid ewiger Treue schwöre*«[66]. Das konnte der Teufel nicht länger ertragen und nahm sich vor, den Alten Peter zu zerstören. Eines Nachts zog er in einem entsetzlichen Gewitter über die Stadt hinweg und ließ es auf die Kirche blitzen

Der Putto erinnert an die mehrmalige Zerstörung der Peterskirche, zuletzt im Zweiten Weltkrieg. Immer wieder gelang es den Münchnern, dies für die Stadtgeschichte so wichtige Gotteshaus im alten Glanz erstehen zu lassen.

und donnern – bis die Türme unter lautem Getöse einstürzten. Die Münchner ließen sich davon nicht verdrießen und bauten kurzerhand den Turm wieder auf, diesmal nur mit einer Spitze. Dafür aber bekam er unterhalb der Dachhaube eine offene Galerie, wie sie heute noch zu sehen ist. Von dort aus sollte künftig der Türmer in alle Richtungen blicken können, um jedes Unheil, das sich der Stadt näherte, gleich ausmachen zu können. Als der Teufel davon Wind bekam, war sein Zorn groß. Erneut brach er eines Nachts auf, um den Turm endgültig dem Erdboden gleichzumachen. Der Türmer auf der Galerie aber sah schon von Weitem, dass sich etwas Grässliches am Himmel zusammenbraute: »*Urplötzlich erhob sich ein Tosen und Sausen und ein Summen und arges Brausen, kurz es fuhr eine wilde Windsbraut auf den Petersturm zu und nirgendwo andershin, auch wurde es ganz finster …*«[67] Da war dem Türmer klar, dass er wieder mit einer Attacke des Leibhaftigen zu rechnen hatte. Schon sah er eine Unzahl an Schreckgestalten, die gotteslästerliche Ausrufe über den Himmel schallen ließen, sich auf den Turm stürzen, angeführt vom Oberteufel, der schon nach ihm griff und ihn über das Geländer in die Tiefe reißen wollte. Der fromme Mann aber eilte in die Turmstube, packte das Kruzifix an der Wand und hielt es dem Bösen vors Gesicht. Der wich tatsächlich vor der Macht des heiligen Zeichens zurück, aber nur, um umso heftiger wieder loszustürmen. Ein regelrechter Kampf entbrannte nun zwischen dem mutigen Türmer und dem Satan. Schon knirschte und krachte es im Gebälk, und den guten Mann verließen bereits die Kräfte. Da schlug es plötzlich Eins, und mit dem rettenden Glockenton war die Macht des Bösen gebrochen. Alle Schreckgestalten lösten sich auf einmal in Luft auf, der Sturmwind legte sich, der Himmel riss auf und gab den Blick frei auf den hellen Mond. Der

Türmer eilte nun zum Pfarrer und zum Rat der Stadt, um von dem Kampf mit dem Teufel zu berichten, aber niemand schenkte ihm Glauben, denn keiner hatte etwas von dem mitternächtlichen Sturm mitbekommen – bis sie schließlich ihre Blicke auf das Turmdach richteten: Dieses war am Tag zuvor noch kerzengerade gewesen, nun aber stand es schief!

Noch heute kann man gut erkennen, dass das Turmdach, ja der ganze Turm leicht verdreht ist, man braucht nur vom Fuße des Turms hinaufzublicken, dann kann man es deutlich sehen. Und wem das noch nicht reicht, der schaue sich das verdrehte Turmkreuz an: Der Leibhaftige hatte nämlich, als er merkte, dass er den Kampf verlieren würde, zuletzt mit dem Fuß danach getreten.

Auch diese Stadtsage stellt einen Zusammenhang zwischen dem Alten Peter und Blitz und Donner her. Zusätzlich bringt sie das Petersbergl mit einem weiteren Phänomen in Verbindung: der sogenannten Wilden Jagd. Dieses in weiten Teilen Europas verbreitete sagenhafte Phänomen wird als Geisterzug beschrieben, der in bestimmten Nächten mit fürchterlichem Getöse, Geschrei und Gejohle über den Himmel zieht und alles, was sich ihm in den Weg stellt, bedroht. Anführer der Wilden Jagd ist in manchen Gegenden Frau Perchta, die Windsbraut, in anderen der Wode, wohl eine Erinnerung an den germanischen Gott Wotan, der in dieser Variante zum Teufel höchstpersönlich wird.

Und warum steht das Kreuz nun tatsächlich verdreht? Der Grund ist ganz profan: Zur Zeit Ludwigs II. bemerkte man, dass das übermannshohe, schwere Kreuz auf der Turmspitze den Westwinden derart ausgesetzt war, dass es sich in Richtung Langhaus neigte. Weil man befürchtete, es würde eines Tages auf das Kirchendach stürzen, drehte man es um 90 Grad, damit der Wind nicht mehr dagegendrücken konnte.

SANKT PETER IN MÜNCHEN | Die merkwürdige Gestalt des Turmhelms verdient eine nähere Betrachtung, verbirgt sich doch dahinter eine spirituelle Symbolik, die auf eine andere große Peterskirche im Abendland verweist, den Petersdom in Rom. Ganz oben auf der Spitze des Turms sitzt das bereits angesprochene Kreuz – es ist das Papstkreuz, erkennbar an den drei Querstreben, bis zu dessen Spitze der Turm genau 91 Meter misst. Jeder der drei Balken steht für eine der drei Gewalten des Pontifikats: die Priester-, Hirten- und Lehrgewalt. Bemerkenswert ist die Spitze des Turms selbst, denn sie erinnert an einen Obelisken, eine Anspielung auf den berühmten antiken Obelisken auf dem Petersplatz in Rom, der dort im 16. Jahrhundert aufgestellt wurde. Auch der als »Laterne« gestaltete Helm deutet auf die als runder Tempel gestaltete Spitze auf der Kuppel des römischen Vorbilds hin und erinnert überdies an den Tempietto di Bramante in der römischen Kirche San Pietro in Montorio, der an der Stelle errichtet wurde, an der das Kreuz des heiligen Petrus gestanden haben soll.

Anlässlich der Einweihung des neuen Hochaltars im Jahr 1734 bekräftigte der Jesuitenpater Philipp Dietl, Sankt Peter zu einem Abbild der Mutterkirche der abendländischen Christenheit machen zu wollen.[68] Die nötigen Umbauten dazu hatten bereits im 17. Jahrhundert begonnen. Zu Hilfe kam den Münchnern ein Blitz, der im Jahr 1607 den Kirchturm getroffen und seine Doppelspitze zerstört hatte. Aus der Not wurde eine Tugend gemacht, und der Plan zur Verjüngung der gesamten Kirche nahm Gestalt an. Spätestens 1621 war die neue Haube, die fortan den Turm krönte, fertig. Die verschiedenen Stadien des Turms lassen sich noch heute gut erkennen: die beiden »Schultern« links und rechts des Turms sind die Reste der Doppelturmfassade aus dem 13. Jahrhundert. Auch sie fielen 1327 einem Brand zum Opfer und wurden durch einen Turm mit Doppelspitze ersetzt, der bis zum besagten Blitzschlag 1607 bestand.

Während die Anpassungen an das große Vorbild in Rom außen aufgrund der gegebenen Bausubstanz nur für Anspielungen reichten, wollte man im Inneren weiter gehen: Der Hauptaltar sollte dem römischen Pendant so nahe wie möglich kommen. So wurde der alte gotische Altar durch einen barocken ersetzt, und nur die Statue des thronenden Petrus, einst von Erasmus Grasser gefertigt, blieb erhalten. Bis in das 18. Jahrhundert zogen sich die Planungen für den neuen Hochaltar hin, Entwürfe wurden immer wieder verworfen, bis schließlich eine Version entstand, die zwar noch an den Altar Berninis in Rom erinnerte, aber doch etwas Eigenständiges besitzt. Zu Petrus' Füßen posieren die vier Kirchenlehrer, Werke von Egid Quirin Asam, und erinnern damit an die Kathedra Petri von Bernini im Chor des Petersdoms.

Auch rituell fühlt man sich Rom bis heute in der Peterskirche eng verbunden. So wird die Tiara von dem Haupt Petri in München abgenommen, wenn der Papst in Rom stirbt und der Heilige Stuhl vakant steht. Erst wenn über der Sixtinischen Kapelle weißer Rauch aufsteigt, wird sie wieder aufgesetzt. München hat also seine eigene Papstkrönung.

Vielleicht reichen die Wurzeln Münchens bis in die römische Zeit – vielleicht auch nicht. Unzweifelhaft aber fühlt sich München mit der römischen Mutterkirche von jeher eng verbunden, nicht zuletzt deshalb wurde es auch das »Deutsche Rom« genannt.

Jenseits aller Geheimnisse, die sich um die Vergangenheit des »Alten Peter« ranken, abseits aller Spekulationen und historischer Fakten, ist dieser Ort einer der wichtigsten für das Verständnis der mystischen Dimension Münchens, auch wenn ihm die zum Dom avancierte Frauenkirche mittlerweile den Rang abgelaufen hat. Doch hier stehen wir auf ältestem Grund und vielleicht auf einem, der schon in vorchristlichen Zeiten Menschen angezogen hatte, um auf diesem heiligen Berg den Göttern des Himmels näher zu sein.

EIN ORT DER ERKENNTNIS | Alles an dieser Kirche strebt aufwärts und erinnert an die Verbundenheit des Menschen mit den himmlischen Kräften. Nicht umsonst ist gerade der Alte Peter der wohl beliebteste Aussichtsturm der Stadt. Wenn wir die 306 Stufen bis zur Aussichtsplattform hinaufsteigen, kann dies auch im Bewusstsein geschehen, damit auf Pilgerfahrt zum Gipfel eines heiligen Berges zu sein. Dort oben weitet sich unser Blick. Gibt es einen besseren Ort, um die Erkenntnisse über uns und unser Leben zu vermehren?

In der Astrologie steht Jupiter für das Bedürfnis, in einer sinnvollen Welt zu leben. Es ist der Planet der Erkenntnis. Menschen suchten schon immer nach der Bedeutung ihres Daseins, fragten sich: »Warum bin ich hier? Wohin geht mein Lebensweg?« Menschen suchen danach, »was die Welt im Innersten zusammenhält«, wie Goethes Faust das uns allen innewohnende Erkenntnisstreben zusammenfasst. Um hinter all den Einzelerfahrungen, die wir im Alltag ansammeln, diesen Sinn zu erkennen, müssen wir von Zeit zu Zeit eine Warte einnehmen, von der aus wir das größere Ganze wahrnehmen können, in das wir eingebettet sind. Der Aufstieg auf einen Berg kann uns dabei helfen, denn wir sehen dann die Welt aus einer größeren Distanz. Details verlieren sich, der Gesamtzusammenhang wird sichtbar. Auf den Turm des Alten Peter zu steigen mag uns eine ähnliche Erfahrung bescheren, besonders dann, wenn wir wissen, dass dieser Ort die vielen Facetten der Erkenntnis spiegelt und so abseits aller historischen Wahrheiten ein ganz besonderer mystischer Ort ist. Vielleicht trifft uns die Erkenntnis hier wie ein Blitz aus heiterem Himmel?

Die besondere Kraft dieses Ortes kann uns in Erstaunen versetzen, wenn wir bereit sind, hinter seine fromme Fassade zu blicken. Dabei machen uns gerade die ungelösten Rätsel von Sankt Peter klar, dass es auf viele Fragen nach dem Ursprung keine eindeutige Antwort gibt. Doch vermag gerade die Faszination für das Geheimnisvolle die Tore der Erkenntnis aufzuschließen, wie der Schlüssel des Petrus das Himmelreich. Indem wir uns mit unseren Wurzeln beschäftigen, dem Woher und Warum, öffnet sich unser Blick für das Wohin und Wozu. Die Spitze des Turms ragt in den Himmel, aber sie ruht auf den ältesten Fundamenten, die von einem Ursprung der Stadt erzählen, der sich im Nebel der Vergangenheit verliert.

DIE FRAUENKIRCHE

Vergleicht man den Dom zu Unserer Lieben Frau, kurz Frauenkirche genannt, mit ihren berühmten Schwestern in Köln, Wien und Ulm, so erscheint sie eher schlicht, fast nüchtern. Keine aufwendige Fassadengestaltung, keine Figuren oder plastischen Ornamente, keine komplexe Gliederung der Außenwände, keine kunstvoll verzierten Streben, keine Türmchen und Erker verleihen ihr die Dramatik anderer Kathedralen der Gotik.

Vielleicht liegt es daran, dass in den Jahrzehnten ihrer Entstehung in weiten Teilen Europas die gotische Bauweise bereits aus der Mode gekommen war und die Renaissance sich zum bevorzugten Baustil entwickelte. Vielleicht aber war die gestalterische Absicht, die diesem in vielerlei Hinsicht ungewöhnlichen Kirchenbau zugrunde liegt, auch eine ganz andere, wie wir noch sehen werden.

Als sich die Dynastie der Wittelsbacher endgültig in Bayern einrichtete, erhob Ludwig der Strenge nach der ersten Landesteilung im Jahr 1255 München zur Residenzstadt seines Herzogtums Oberbayern. Der Alte Hof wurde zum Zentrum ihrer weltlichen Herrschaft, auf einer kleinen Erhebung im Nordwesten aber errichteten sie sich ihr eigenes spirituelles Zentrum, eine Marienkirche. München erlebte in diesen Tagen einen enormen Aufschwung, die Bevölkerungszahl schnellte in die Höhe. Ludwig hatte vorgesorgt und die Stadt selbst in alle Richtungen erweitert und mit dem Bau eines zweiten Mauerrings begonnen. Fertig wurde damit erst sein Sohn, Kaiser Ludwig, genannt »der Bayer«, im Jahr 1337. Weil die Stadt München »ins Unermessliche gewachsen ist«, erhob Bischof Konrad von Freising im Jahr 1271 die Marienkirche zur Pfarrkirche. Die Frauenkirche war auch in einem ganz anderen Sinne eine Frauen-Kirche, denn für die damalige Zeit gingen ungewöhnlich viele Stiftungen von Frauen aus. Dies blieb bis in die Neuzeit so. Zumeist waren es betuchte Bürger aus der nördlichen Stadthälfte, die in die Frauenkirche gingen, während die Handwerker und Kaufleute aus der südlichen Hälfte ihre Pfarrkirche Sankt Peter bevorzugten. Die Stadt war von da an in eine Südhälfte unter der Peterskirche und eine Nordhälfte unter der Frauenkirche geteilt. Beide Hälften standen seither in einem teilweise heftig ausgefochtenen Wettstreit um die spirituelle Hoheit miteinander.

Über Stiftungen nahmen die Bürger Einfluss auf die Frauenkirche, wo schon bald 24 Altäre standen. Im Jahr 1322 kam auch noch das Hochgrab für die Gemahlin Ludwigs dazu, in dem der Kaiser 1347 auch selbst beigesetzt wurde. Mit der Zeit wurde es dort jedoch immer enger, und im 15. Jahrhundert wurde der romanische Vorgängerbau der Frauenkirche, trotz Erweiterungen, für die wachsende Stadt endgültig zu klein. Zudem war die Kirche wohl schadhaft geworden und entsprach auch nicht mehr

dem Selbstbewusstsein der aufblühenden Residenzstadt. Am 9. Februar 1468, am achten Tage nach Lichtmess, dem Liebfrauentag, legte Herzog Sigismund von Bayern den ersten Stein für eine neue Kirche auf dem Areal des Frauenbergl, an seiner Seite der Bischof von Freising. Weil es schnell gehen sollte und die Kosten sich zugleich im Rahmen halten mussten, engagierte man Jörg von Halsbach, der versprach, die Vorgaben zu erfüllen, indem er sich für die Ziegelbauweise entschied. Ziegel konnten ortsnah und zeitnah je nach Bedarf produziert werden. Meister Jörg wurde zum Stadtbaumeister ernannt und ging sofort ans Werk. Weil der kirchliche Betrieb weitergehen sollte, wurde der Neubau um die bestehende Kirche herumgebaut, während diese Stück für Stück abgetragen wurde.

Als nach Fertigstellung des Rohbaus im Jahr 1479 die Kassen leer waren, sprachen die Bauherren bei Papst Sixtus IV. in Rom vor. Dieser gewährte ihnen einen sogenannten Bauablass: Jedem, der nach München pilgerte und den Gegenwert dessen, was er für seinen Lebensunterhalt in einer Woche benötigte, in einer streng gehüteten Truhe in der Kirche hinterließ, wurde die Zeit, die er nach dem Tode im Fegefeuer für lässliche Sünden verbüßen musste, verkürzt. Das Geld, das dabei zusammenkam, sicherte die Fertigstellung der Kirche. 1488, nur zwanzig Jahre nach der Grundsteinlegung, steht das eindrucksvolle Gebäude. 20 000 Menschen passen hinein, hat man ausgerechnet, und das zu einem Zeitpunkt, als München gerade mal 13 000 Einwohner hatte.

> Die Frauenkirche gibt sich eher schlicht im Vergleich zu anderen gotischen Kathedralen. Über dem Brautportal befindet sich jedoch eine großflächige Sonnenuhr, die größte in Deutschland.

Meister Jörg starb am 6. Oktober desselben Jahres, und erreichte, was den Erbauern anderer Kathedralen oft nicht vergönnt war: Er hatte sich noch zu Lebzeiten ein Denkmal geschaffen. Wenn man bedenkt, dass Jörg von Halsbach im gleichen Zeitraum auch noch das Rathaus der Stadt umbaute und die Allerheiligenkreuzkirche im Hackenviertel als Friedhofskirche für Sankt Peter errichtete, so ist das eine für damalige Verhältnisse enorme Leistung, die in Westeuropa ihresgleichen sucht.

DIE WELSCHEN HAUBEN | Heute ist die Frauenkirche das Wahrzeichen Münchens. Die beiden stattlichen Türme, die übrigens entgegen der vielfach kolportieren Legende fast genau gleich hoch sind, nämlich 98,56 und 98,57 Meter, stehen für die Stadt wie der Eiffelturm für Paris oder der Big Ben für London. Besonders die eigentümliche runde Form der Turmkronen macht die Silhouette des Doms unverwechselbar. Nur: Zum Zeitpunkt der Fertigstellung des Gebäudes waren die sogenannten »welschen Hauben« noch gar nicht aufgesetzt! Erst 1525 war es so weit: Lukas Rottaler vollendete das Werk seines Lehrmeisters. Darum zeigt die berühmte Schedel'sche Weltchronik, mit über 1800 Holzstichen das umfangreichste illustrierte Buch seiner Zeit, die Türme noch ohne Abschlüsse. Warum man noch einmal fast drei Jahrzehnte damit wartete, ist nicht bekannt. Die Idee für die ungewöhnliche und in der Tat beispiellose Kuppelform auf den Türmen eines gotischen Baus könnte aber schon von Jörg von Halsbach selbst geplant worden sein, vielleicht als Tribut an die aufkommende Mode der Renaissance-Architektur, die sich nach und nach von den spitz zulaufenden Formen der Gotik verabschiedete. Mög-

Die welschen Hauben der Frauenkirche kontrastieren mit den vorzugsweise spitz zulaufenden Formen der Gotik, wurden ihr allerdings auch erst drei Jahrzehnte nach Fertigstellung aufgesetzt.

licherweise hatte der Baumeister ein Vorbild in Venedig: den Turm der Kirche Madonna dell'Orto. Das würde zumindest den Ausdruck »welsch« erklären, denn unter »welschem Land« verstand man damals alle Gegenden südlich der Alpen, also hauptsächlich Italien. Doch sehr viel wahrscheinlicher als eine stilistische Anlehnung an ein anderes Bauwerk ist die Annahme, dass man sich für die Kuppeln aus symbolischen Erwägungen heraus entschied.

Das Programm gotischer Kirchenarchitektur sah vor, sowohl in Bauform als auch in Ausstattung Bezüge zum »Himmlischen Jerusalem« des 21. Kapitels der Offenbarung des Johannes herzustellen.[69] Im Jahr 1486 brachte der Domherr von Mainz, Bernhard von Breydenbach, ein in dieser Zeit viel beachtetes Buch heraus, in dem er seine Pilgerfahrt nach Jerusalem dokumentiert hatte. Auf einem der Holzschnitte ist das Panorama Jerusalems zu sehen, wie es sich noch heute dem Betrachter vom Ölberg aus zeigt. Darauf ist die goldene Kuppel des Felsendoms der al-Aqsa-Moschee zu erkennen. Von dieser Stelle aus soll der Prophet Mohammed in den Himmel aufgefahren sein. Doch schon zu biblischen Zeiten war dieser Ort ein heiliger Platz, denn der Tempel Salomons soll sich dort befunden haben. Breydenbach deklariert die Moschee deshalb folgerichtig als »templum Salomonis«. Baumeister Jörg dürfte das Buch gekannt haben, und Historiker gehen davon aus, dass es ihm als Inspiration für den Entwurf der Turmbekrönung seiner Frauenkirche diente. Auch der achteckige, von Fenstern durchsetzte Umbau der Moschee spiegelt sich in dem Achteck der obersten Stockwerke der Türme wider. Dass sich die Bezeichnung »welsch« durchsetzte, mag daran liegen, dass damit auch ganz allgemein alles Fremdartige, Exotische bezeichnet wurde. So kommt es, dass das Wahrzeichen Münchens die Signatur eines der bedeutenden Bauwerke der islamischen Welt trägt. »Für mich«, schreibt die Historikerin Daniela Crescenzio, »sind diese Hauben ein fantastisches Symbol für München als Stadt der Vielfalt und der vielen Kulturen: Symbol der Stadt sind bayerisch-welsch-orientalische Kirchtürme!«[70]

ZAHLENMYSTIK | Die Frauenkirche ist eine gewaltige Kathedrale, die sich in der Größenordnung mit anderen Monumentalgebäuden ihrer Zeit vergleichen lassen kann. Man stelle sich den Reisenden vor, der sich der befestigten Stadt München näherte und schon von Weitem den gewaltigen Baukörper über der Stadtmauer und den Hausdächern aufragen sah mit seinen ziegelroten Mauern und den glänzenden, hoch aufragenden Fenstern. Die Kirche ist im Gegensatz zu ihren filigraneren Geschwistern in Köln, Wien, Ulm und Paris ganz deutlich auf Fernwirkung ausgerichtet. Wie ein Monolith erhebt sich der Riesenbau in den Himmel.

Durch sieben schmale Gassen öffnet sich der Blick auf fünf Portale des Doms, eine typische Hallenkirche: Über drei gleich hohe Schiffe des Langhauses spannt sich ein einziges Dach. Von außen betrachtet erhebt sich die Kirche jäh hinauf. Da ist kein stufenweiser Übergang, der den Blick langsam nach oben führt. Wie die Facetten eines roten Kristalls aus Backstein und Glas werden die nördliche und südliche Außenwand durch jeweils zehn Flächen gegliedert, die zehn schmale, sehr hohe Fenster umrahmen. Der Chor hingegen besteht aus fünf breiteren Facetten, die zusammen die Hälfte eines regelmäßigen Zehnecks bilden. Und über zwei mal fünf quadratische Stockwerke, markiert durch fünf horizontale Blendfriese aus kleinteiligem Maßwerk, schwingen sich beide in die Höhe, bevor sie in je zwei Turmgeschosse mit achteckigem Grundriss übergehen, um schließlich in den berühmten »welschen« Hauben ihren krönenden Abschluss zu finden.

Die Häufung der Zahl Zehn in der Architektur der Frauenkirche ist sicher kein Zufall, gerade in einer Zeit, in der Zahlen und Geometrie überhaupt eine besondere Bedeutung beigemessen wurde. Der Münchner Dom wird hier keine Ausnahme bilden. Abgesehen davon, dass diese Zahl auf die Finger des Menschen an seinen Händen verweist, ist die Zehn aus biblischer Sicht ohne Zweifel eine der wichtigsten Zahlen, finden wir sie doch in den Zehn Geboten wieder. Aber nicht nur dies: Zehnmal spricht Gott in der Schöpfungsgeschichte, bis er die Welt vollendet.[71] Für die Christen hat die Zehn noch eine weitere Bedeutung, denn die römische Ziffer X, die für diesen Zahlwert steht, erinnert an das Kreuz Christi und bildet außerdem im Griechischen den ersten Buchstabe des Namens des Erlösers: *Xristos*.

In der Mystik der Pythagoräer, die auch in der mittelalterlichen Geometrie eine Rolle spielte, ist die Zahl Zehn die heilige Zahl der Vollkommenheit, denn sie ergibt sich aus der Summe der ersten vier Zahlen: $1 + 2 + 3 + 4 = 10$. Diese Formel konnte mit zehn Steinen oder Punkten ausgedrückt werden, indem die vier Zahlen in Form eines gleichseitigen Dreiecks übereinander angeordnet wurden, der sogenannten Tetraktys. Das Dreieck wiederum ist ein Hinweis auf die Dreifaltigkeit. In diesem Symbol war die Harmonie des ganzen Kosmos enthalten: Der erste Punkt steht für Gott, die beiden darunter liegenden Punkte für die Urpolaritäten wie Tag und Nacht, Sonne und Mond, Himmel und Erde, die folgenden drei Punkte stehen für das, was die Urpole miteinander verbindet und sie in Harmonie bringt, die Seele, und die vier Punkte stehen für die vier Elemente Feuer, Wasser, Luft und Erde.

Auch im Innenraum setzt sich der Bezug zur Zahl Zehn fort: Zwei mal zehn Säulen tragen das Gewölbe bis zum Chor, zwei weitere Säulen im

Chorraum sind leicht nach innen versetzt und markieren so einen deutlichen Unterschied zu den geraden Reihen.

Die Pythagoräer nannten die Zehn die »Mutter des Alls, die Alles aufnehmende, Alles Umgrenzende, Erstgeborene, Nie ablenkende, nimmer ermüdende heilige Zehn, die Schlüsselhalt'rin des Alls, die der Urzahl gleichet in allem«[72], wie es in einem rekonstruierten Hymnus an die Tetraktys heißt. Gäbe es eine bessere Zahl für eine Kathedrale, die der Jungfrau Maria, der Mutter Gottes geweiht ist? Sicherlich können wir nicht mit Gewissheit sagen, dass Jörg von Halsbach, der Baumeister der Frauenkirche, so gedacht hat. Doch noch unwahrscheinlicher ist, dass für den Zeitgeist des Mittelalters im Übergang zur Renaissance Zahlen und ihre Symbolik keine Bedeutung gespielt hätten.

Aus der Grundzahl Fünf entwickelt sich das Auftauchen weiterer heiliger Zahlen: Die fünf Geschosse der beiden Türme mit quadratischem Grundriss werden durch zwei weitere mit achteckigem Grundriss ergänzt und ergeben zusammen sieben Geschosse. Sieben wiederum ist die Zahl der Tage der Schöpfung und in den Sprüchen Salomons (9,1) heißt es: »Die Weisheit hat ihr Haus gebaut und ihre sieben Säulen behauen.« In der christlichen Tradition wird die Siebenzahl symbolisch weiter ausgebaut: Sieben Worte spricht Christus am Kreuz, sieben Siegel werden in der Offenbarung geöffnet und sieben Sterne trägt Christus in seiner Hand. Den sieben Todsünden stehen die sieben Gaben des Heiligen Geists gegenüber und in sieben Bitten öffnet sich der Gläubige im Vaterunser seinem Schöpfer.

Auch außerbiblische Bezüge verweisen auf den göttlichen Charakter der Zahl Sieben, angefangen von den sieben Tagen der Woche bis zu den mit diesen in Verbindung stehenden sieben klassischen Planeten der Astrologie, von denen fünf Wandelsterne im engeren Sinn sind – Merkur, Venus, Mars, Jupiter und Saturn – und zwei die beiden großen Lichter, Sonne und Mond. Eine Aufteilung also in fünf und zwei, wie sie sich an den Türmen der Frauenkirche wiederholt. Bekrönt werden die sieben Geschosse der Türme von den berühmten »welschen Hauben« als achter Stufe. Dies könnte für den »achten« Tag der Schöpfung stehen, womit in der christlichen Mythologie der Tag der Auferstehung des Herrn gemeint ist: In sieben Tagen vollendet Gott die Erschaffung der Welt, am achten Tag beginnt die Neuschöpfung im noch größeren Werk der Erlösung durch Christus.

Auf ein besonderes Detail an der Außenseite der Türme sei noch hingewiesen: Die Strebepfeiler an beiden oberen Turmgeschossen weisen Unterschiede zwischen dem nördlichen und dem südlichen Turm auf. Nur am südlichen Turm sind sie mit Blendfriesen versehen. Dies erinnert daran, wie auch nur das »Brautportal« auf der Südseite einen besonderen

Schmuck aufweist, dass dem Süden als Richtung eine besondere Bedeutung beigemessen wird: Es ist die Richtung. aus der das Licht der Sonne strahlt. Wenn man so will, ist dies die »Yang«-Seite der Kirche, während die schmucklosere und dunklere Nordseite der »Yin«-Seite entspricht. Vieles ließe sich aus zahlenmystischer Sicht allein über die Außenfassade der Kirche erzählen. Da die Frauenkirche im Vergleich mit den früheren gotischen Kirchen kaum ablenkende Ornamente aufweist, lenkt die Architektur unsere Aufmerksamkeit auf die streng durchdachte Komposition aus rhythmisch angeordneten Flächen. In dieser reduzierten Form zeigt sich die Magie der Zahlen besonders klar.

BRAUTPORTAL MIT SONNENUHR | Aufmerksamkeit verdient auch das auf der südöstlichen Seite gelegene Portal, das durch seinen besonderen Schmuck auffällt und durch die darüber angebrachte Sonnenuhr. Das Portal ist eigentlich dem heiligen Donatus von Arezzo geweiht, dessen Konterfei auch im Medaillon über den Türen zu sehen ist, doch genannt wird es das Brautportal, denn von dort aus betraten Brautpaare die Kirche. Wie im Mittelalter üblich, wurde die Trauung nicht in der Kirche vollzogen, sondern vor der Pforte, damit die ganze Stadt Zeuge des ehelichen Gelübdes sein konnte. Erst nachdem die Brautleute Ringe getauscht und sich das Jawort gegeben hatten, zog die Hochzeitsgesellschaft in die Kirche, um den Gottesdienst zu feiern. Ab dem 16. Jahrhundert setzte sich allmählich die Trauungszeremonie im Gotteshaus durch.
Entsprechend aufwendig ist das Brautportal gestaltet. Ebenso wie das Hauptportal ist es mit zwei mal fünf sogenannten Krabben ausgestattet, Blattornamenten, die den Torbogen hinaufkriechen, um in einer Kreuzblume zu münden. Auch der Schmerzensmann und die Himmelskönigin sind wieder zu finden. Ungleich den anderen Seitenportalen aber besitzt es ein Gewände, das reich an figürlichen Darstellungen ist und damit das Hauptportal an Schmuckelementen übertrifft. Diese stammen zum großen Teil noch aus der Zeit der Errichtung der Kirche. In der äußeren Archivolte finden sich zwei mal fünf weibliche Heilige, in der inneren zweimal sieben männliche – wie überirdische Trauzeugen. Die unteren Abschlüsse der äußeren Archivolte bilden eine Verkündigungsszene: links der Erzengel Gabriel mit dem Heroldstab, rechts die Jungfrau Maria.
Es ist die Szene, in der der Engel zu ihr spricht: »Sei gegrüßt, du Begnadete, der Herr ist mit dir.« Maria erschrickt, aber Gabriel beruhigt sie und verkündet ihr Gottes Plan: »Du wirst ein Kind empfangen, einen Sohn wirst du gebären: dem sollst du den Namen Jesus geben. Er wird groß sein und Sohn des Höchsten genannt werden.« Auf die Frage, wie dies geschehen würde, erwidert der Engel: »Der Heilige Geist wird über dich kommen,

und die Kraft des Höchsten wird dich überschatten. Deshalb wird auch das Kind heilig und Sohn Gottes genannt werden« (Lukas 1, 28–35).

In vielen Darstellungen sehen wir einen Lichtstrahl, der aus dem Himmel fällt und Maria trifft. Manchmal gleitet sogar eine Taube als Symbol des Heiligen Geists auf diesem Lichtstrahl hernieder. In diesem Augenblick wird Maria mit dem Heiligen Geist vermählt, sie wird zu seiner Braut. Diese mystische Hochzeit überragt im Brautportal die Ehen, die unter seinen Bögen geschlossen wurden.

Dass die Wahl dieses wichtigen Tores auf die südöstliche Himmelsrichtung fiel, mag zum einen darin begründet sein, dass diese Pforte dem

Das Brautportal konstituiert das einzige Element der Frauenkirche, welches von der Lage her mit der Marienkirche – die vorher deren Platz einnahm – korrespondiert.

Stadtzentrum am nächsten liegt. Zum anderen ist es die Richtung, die in das Heilige Land und nach Jerusalem führt.

Sogar die Zuordnung dieses Portals zum heiligen Donatus von Arezzo schlägt in eine ähnliche Kerbe. Dieser eher unbekannte Märtyrer war der zweite Patron des Meißner Doms, aus dem die Reliquien des heiligen Benno, dem Stadtpatron Münchens, überführt worden waren. Donatus lebte im 4. Jahrhundert in Italien, wo er schließlich zum zweiten Bischof von Arezzo wurde. Um sein Leben ranken sich verschiedene fantastische Legenden. So soll er zum Beispiel einen Drachen getötet haben, der einen Brunnen vergiftet hatte. Auch konnte er Quellen hervorspringen lassen. Berühmt aber ist die Geschichte, als er einst eine Messe hielt, die von aufgebrachten Heiden gestört wurde. Im Gerangel zerbrach der Kelch mit dem Blut Christi. Donatus hob die Scherben einfach auf und setzte sie wieder zusammen – und der Kelch war wieder ganz! Der Teufel hatte jedoch ein kleines Stück vom Kelchboden entfernt, sodass ein Loch darin war. Doch wie durch ein Wunder hielt das Gefäß dicht. Nicht ein Tropfen ging daneben. Als die Heiden dies sahen, sollen achtzig von ihnen gleich zum Christentum übergetreten sein. So hält der heilige Donatus über dem Brautportal einen Kelch in die Höhe. Einerseits ist der Kelch ein Symbol für die Jungfrau Maria als Gefäß für den Heiligen Geist, andererseits ist er ein altes Symbol für die Liebe. Das gemeinsame Trinken aus einem Becher ist ein Teil vieler Hochzeitsbräuche, zum Beispiel im Judentum. Als Symbol steht er darüber hinaus für Fülle und Verbundenheit.

Noch etwas hebt dieses Portal von allen anderen ab: In seinen Seiten finden sich zwei Tafeln, die von der Grundsteinlegung der Frauenkirche berichten: auf der linken Seite eine kleinere Inschrift auf schwarzem Stein, die auf Deutsch vom Datum der Grundsteinlegung berichtet, »*acht tag nach unser lieben frauen tag zu liechtmess*«, auf der rechten Seite ein lateinischer Text, der sich auf Herzog Sigismund, den Gründer des Neubaus, bezieht.

Es ist bemerkenswert, dass für beide Erwähnungen der Grundsteinlegung das südöstliche Portal ausgesucht wurde. Vergleicht man die Grundrisse der alten Marienkirche, dem Vorgängerbau, mit dem der heutigen Kathedrale, so ist auffällig, dass nur dieses Portal mit der Position des ehemaligen südlichen Portals korrespondiert, sich die beiden Bauwerke gewissermaßen hier berühren. Möglicherweise ist die schwarze Tafel sogar der Grundstein selbst, denn dieser ist nicht im unterirdischen Fundament zu suchen, sondern wurde ganz im Gegenteil stets an einem Platz angebracht, der eine feierliche Bedeutung besaß. Gerne nutzte man dazu Gebäudeecken oder Portale und spielte damit auf den biblischen Eckstein an: »So spricht Gott der Herr: ›Seht her, ich lege einen Grundstein in Zion, einen harten und kostbaren Eckstein, ein Fundament, das sicher und fest ist: Wer glaubt, der geht nicht unter«« (Jesaja 28, 16). Das Volk Israel ist »ein Stein, den die Bauleute verworfen haben, ist aber zum Eckstein geworden. Vom Herrn ist's geschehen, ein Wunder vor unseren Augen« (Psalm 118, 2). Im Neuen Testament wird Christus zum Eckstein des Reichs der Gläubigen, zum Stein des Anstoßes aber für die, die nicht an ihn glauben. »Ihr seid Mitbürger der Heiligen und Hausgenossen Gottes, aufgebaut auf dem Grund der Apostel und Propheten, indes Christus Jesus selbst der Eckstein ist. Auf ihm ruht der ganze Bau und wächst heran zu einem heiligen Tempel im Herrn« (Epheser 2, 19 ff.).

Warum nun wird das südöstliche Portal für diesen symbolisch so bedeutsamen Stein ausgesucht? Vielleicht ist dies wieder eine Anspielung auf den Tempelberg in Jerusalem, den Berg Zion, denn auch der Tempel Salomons hatte seinen Eckstein in der südöstlichen Ecke des Felsens. Vielleicht haben aber auch geomantische Überlegungen eine Rolle gespielt.

In vielen Kulturen ist die südöstliche Richtung besonders glückverheißend, denn sie verbindet die beiden positiven Himmelsrichtungen Osten, wo die Sonne aufgeht, und Süden, wo tagsüber das Licht herkommt. Im Feng Shui ist der Südosten dem Trigramm »Sun« zugeordnet, was so viel wie »das Sanfte« bedeutet und mit Wind assoziiert wird. *»Die lauen Lüfte des Windes, unsichtbar und doch spürbar, fangen sich im … Blätterwerk der Bäume und Büsche und tragen den Blütenstaub von einer Pflanze zur anderen: der fruchtbarkeitsspendende himmlische Segen, der ›Atem der Erde‹.«*[73] Sowohl der Eheschluss als auch die Verkündigungsszene passen gut zu dieser Vorstellung. Nach der traditionellen Vorstellung des Feng Shui steht diese Himmelsrichtung auch für Wohlstand und Stabilität. Könnte es einen besseren Platz für einen Grundstein geben? In jedem Fall macht dies das Brautportal zu einem der stärksten Kraftorte rund um die Frauenkirche und zum eigentlichen Haupteingang. Schade nur, dass es die meiste Zeit für den Publikumsverkehr verschlossen ist.

Wenden wir uns der größeren Tafel auf der rechten Seite des Portals zu. Sie zeigt Herzog Sigismund in Anbetung der Mutter Gottes. Darunter ein lateinischer Text, der mit den Worten beginnt:

*»Clam fortuna ruit fragili pede tempus et hora
Nostraque sint semper facta dolenda nimis«*

*»Heimlich enteilen mit gebrechlichem Fuß Schicksal, Zeit und Stunde
und unsere Taten dürften wohl immer allzu beklagenswert sein!«*

Dann wird Herzog Sigismunds gedacht: »Kaum hat er beschlossen, dass der hochheiligen Jungfrau eine Kirche gebaut werde, legt er den ersten

Stein, erfreut über die Ehrung Gottes.« Und später heißt es: »Sein Geist aber möge die Sterne bewohnen und sich bis zu den Gestaden des Friedens aufschwingen. So wird in göttlichem Glanz sein Leben ein ewiges sein.«
Der seltsam melancholische Tonfall gerade der Anfangszeilen gab zu Spekulationen Anlass, der damals 29-jährige Sigismund hätte sich in jenen Tagen unsterblich in eine Bürgerliche verliebt, die dann aber mit einem anderen vor den Brautaltar getreten sei. Sigismund selbst blieb zeit seines Lebens unverheiratet, man sagt, aus gebrochenem Herzen. Andere wiederum wollen wissen, dass der Herzog sich mit Wein, Weib und Gesang sehr wohl über die unglückliche Liebe hinwegzutrösten verstand.[74]
Neben diesen historischen Informationen fallen die Anspielungen auf das Thema Zeit und Vergänglichkeit und den Himmel mit seinen Sternen auf. Wenn wir ein paar Schritte auf Distanz zum Brautportal gehen, können wir sehen, auf welchen Zusammenhang sich diese Textstellen möglicherweise beziehen: die große Sonnenuhr, mit einer Fläche von 45 Metern eine der größten in Deutschland. Sonnenuhren messen die Zeit und verbinden uns dabei mit dem Lauf der Gestirne. Aus diesem Grund werden sie häufig mit dem Tierkreis und seinen zwölf Zeichen dargestellt, so auch hier. So kann diese Sonnenuhr nicht nur die Tageszeit anzeigen, sondern über die Länge des Schattens auch die Position der Sonne im entsprechenden astrologischen Zeichen. Allgemein geht man davon aus, dass mindestens seit der Zeit der Turmbekrönung hier eine Sonnenuhr angebracht war. Wie diese ursprünglich ausgesehen hat, wissen wir nicht, sie wurde über die Jahrhunderte mehrmals restauriert und sicherlich verändert, zuletzt im Jahr 1996 nach alten Vorlagen, denn sie wurde im Krieg völlig zerstört. Die Sonnenuhr ist ein Relikt aus einer Zeit, in der kirchliche Spiritualität und antike Sternenweisheit noch im Einklang miteinander standen. Der zwölffältige Tierkreis steht ebenso wie die sieben klassischen Planeten nicht im Widerspruch zur göttlichen Ordnung, sondern sie verkörpern diese sogar und sind der höchste Ausdruck für die Planmäßigkeit des Kosmos.

DAS RIESENTOR | Bevor wir endlich in die Kirche eintauchen, betrachten wir das große Portal, auch »Riesentor«[75] genannt. Über sechs Stufen erreicht man das eingetiefte Tor mit den Holzflügeln, geschnitzt von Ignaz Günther im 18. Jahrhundert.
Das Tor selbst wird von einem Kielbogen umrahmt, der von ungewöhnlich großen Krabben geschmückt wird, auch Kriechblumen genannt. Darunter versteht man die aus Stein gemeißelten Blätterknospen, die den Bogen hochzukriechen scheinen, an jeder Seite fünf. Gekrönt wird die Spitze des Kiels von einer mächtigen Kreuzblume, die in ihrer Gestalt an

eine heraldische Lilie erinnert und damit an eine der Symbolpflanzen der Jungfrau Maria, die für die Unschuld und die Reinheit der Muttergottes steht. Die Dreiteilung der Blüte stellt eine symbolische Verbindung zur Dreifaltigkeit aus Vater, Sohn und Heiligem Geist her.

Links vom Portal begrüßt die Jungfrau Maria mit Kind und rechts Christus als Schmerzensmann die Eintretenden. Sie sind Überbleibsel der alten Marienkirche. Das Paar aus Maria und Christus, der auf seine Wunden deutet, ist in und um die Frauenkirche herum insgesamt fünfmal zu entdecken. Die Türe ist wie alle anderen Portale ein Werk Ignatz Günthers aus dem Jahr 1772. Im von zwei Engeln gehaltenen Medaillon über den Türflügeln ist die sternenumkränzte Muttergottes zu sehen als Maria Immaculata, in der linken Hand die Lilie der Unschuld haltend. Links und rechts davon erscheinen Sonne und Mond, vielleicht eine Anspielung auf das Hohelied, Vers 10: »Wer ist, die da erscheint wie das Morgenrot, wie der Mond so schön, strahlend rein wie die Sonne, prächtig wie Himmelsbilder?«

Rechts neben dem Portal ist ein steinernes Bild, das die Ölbergszene aus dem Neuen Testament darstellt. Jesus geht mit seinen Jüngern Petrus, Jakobus und Johannes nach dem letzten Abendmahl hinaus in den Garten Gethsemane. Jesus weiß, dass ihn der Tod erwartet – und er hat Angst. Er bittet seine Jünger: »Meine Seele ist zu Tode betrübt, bleibt hier und wacht mit mir.« Dann zieht er sich zurück, um zu beten. »Mein Vater, wenn es möglich ist, so gehe dieser Kelch an mir vorüber. Doch dein Wille geschehe.« Die Evangelisten Markus und Matthäus erzählen, dass Jesus dreimal zu seinen Jüngern zurückkehrt und sie schlafend vorfindet. Jesus beklagt sich: »Der Geist ist willig, doch das Fleisch ist schwach.« Der Evangelist Lukas erzählt von einem Engel, der zu Jesus kommt und ihn bestärkt. Eine nicht in allen Bibelausgaben vorkommende Stelle bei Lukas erzählt sogar: »Sein Schweiß war wie Blut und tropfte zur Erde.« Schließlich kommt die von Judas geführte Schar der Soldaten, um Jesus gefangen zu nehmen. Wenige Szenen in der Bibel zeigen die menschliche Seite von Jesus eindrücklicher als dieses Gebet am Ölberg.

Die typische Ölbergszene zeigt alle Elemente der drei Evangelien, in denen vom letzten Gebet Christi berichtet wird. Wir erkennen links Jesus auf Knien zu Gott beten, ein Engel reicht ihm einen Kelch, während die drei Jünger Petrus, Johannes und Jakobus schlafen. Dreimal taucht diese Szene in der Frauenkirche auf, außen einmal am Westportal, dann am nördlichen Sixtusportal und innen neben der Sakramentskapelle. Diese Darstellungen dienten in vielen Kirchen Süddeutschlands als Ersatz für die Pilgerfahrt an die Originalstätte im Heiligen Land, die nach dem Ende der Kreuzzüge unmöglich geworden war. Zugleich dienten sie möglicherweise auch als Zeichen für das Kirchenasyl, das hier gewährt wurde. Wer sich auf der Flucht vor der weltlichen Obrigkeit in die Kirche retten konnte, der war erst einmal sicher. Weltliche Strafen konnten sogar erlassen werden, wenn der Verfolgte dafür kirchliche auf sich nahm und zum Beispiel ins Kloster ging.

Von dem steinernen Ölberg am Hauptportal gibt eine Geschichte, die die Frauenkirche als mystischen Ort der Liebe eindrucksvoll wiedergibt. Der Sage nach soll diese Steintafel bereits an der Vorgängerkirche zu finden gewesen sein. In jener Zeit lebte in München eine fromme und gutherzige Witwe, die sich rührend um ihren Sohn bemühte und nur das Beste für ihn wollte. Doch als er älter wurde, geriet er an die falschen Leute und damit auf die schiefe Bahn. Alles Flehen der Mutter und jeder Tadel prallten von ihm ab. Es kam so weit, dass er im Streit sogar die Hand gegen seine Mutter erhob, doch im selben Augenblick, als er den Schlag ausführen wollte, erstarrte sein Arm. Erschrocken erkannte er, dass er zu weit gegangen war, und besann sich. Nach dreitägigem, inständigem Beten konnte er seinen Arm wieder bewegen. Doch wenn die arme Witwe nun dachte, dass er daraus seine Lehren gezogen hätte, so wurde sie nun umso bitterer enttäuscht. Denn kaum war er wieder genesen, kehrte der böse Sinn des Sohns wieder, diesmal noch viel ärger als zuvor. Schließlich stieß er seine Mutter ganz von sich, nahm alles Geld, was er im Haus finden konnte, an sich und spottete: »Das ist, was mir gebührt, ich bin alt genug und deiner Belehrungen überdrüssig. Lieber lustig gelebt als selig gestorben!« Da hob die arme Frau die Hände zum Himmel und flehte zu Gott: »Herr, verzeih ihm! So viel er schwelgt, so viel will ich an seiner Stelle kasteien – wenn du ihn nur verschonst!« Ihr Sohn aber lachte nur laut und erwiderte, ihm sei es recht, dann bleibe mehr für ihn. Fort ging er, ohne sich noch einmal umzudrehen. Von da an galt er als verschollen. Die Witwe aber kratzte ihr letztes Erspartes zusammen und bestellte beim Steinmetz ein Bild von der Ölbergszene. Ebenso wie Christus sollte an ihr der Leidenskelch vorübergehen. Das fertige Bild ließ sie an der Marienkirche anbringen. Von nun an betete sie täglich davor, andere taten es ihr schließlich gleich. Den Sohn hatte mittlerweile sein gottloses Leben in die Welt hinausgeführt und schließlich in den Kerker gebracht. Dort kam er zur Besinnung, und er machte sich Vorwürfe, dass er nicht auf seine Mutter gehört hatte. Da flehte er zu Gott, er wolle noch einmal seine liebe Mutter sehen und versprach dafür, ein anderer Mensch zu werden. Sieben Jahre musste er im Gefängnis verbüßen, ohne Kunde von der Außenwelt zu erhalten. Als er wieder auf freiem Fuß war, eilte er nach München zurück. Als er zu Hause die Tür öffnete, saßen dort anstelle seiner Mutter fremde Leute am Tisch, die ihm berichteten, dass seine Mutter vor Kummer gestorben sei und nun auf dem Friedhof um die Marienkirche begraben liege, genau un-

terhalb des Marienbildes, das sie von ihrem letzten Geld gestiftet hätte. Er lief zur Kirche und brach über ihrem Grab weinend zusammen. Jeden Tag kehrte er zurück, Monat für Monat, Jahr für Jahr. Zu den Passanten, die ihn in seinem Elend sahen und bemitleideten, sagte er, er warte auf ein Zeichen, dass seine Mutter ihm vergeben habe. Eines Tages war er an ihrem Grabe eingeschlafen. Im Traum erschien sie ihm und sagte, dass es nun vorbei sei und er endlich Frieden finden könnte. Da erwachte er, und Freudentränen rannen ihm über das Gesicht. Da schlug die Glocke in der Kirche siebenmal. Da wusste er, dass dies ein Zeichen war, wie lange er noch auf Erden weilen würde, bis er schließlich im Tod mit seiner Mutter wieder vereint wäre. Und so kam es auch. Am siebten Tag starb er. Er wurde zu seiner Mutter in das Grab gelegt. Als die neue Frauenkirche gebaut wurde, setzte man den steinernen Ölberg zum Gedenken an die Mutterliebe bis in den Tod wieder an das Kirchentor.

Ob der Teufelstritt nun ein Beweis für Jörg von Halsbachs List gegenüber dem Leibhaftigen ist oder nicht, das Mal stellt auf jeden Fall eine faszinierende Besonderheit der Frauenkirche dar.

DER TEUFELSTRITT | Betritt man die Frauenkirche, umfängt einen ein lichtdurchfluteter, in die Höhe strebender Raum ganz anders als viele gotische Kathedralen, deren reich verzierte Fassaden zwar beeindrucken, die im Inneren aber dunkel und bedrückend wirken. Hier zeigt sich die wahre Meisterschaft des Jörg von Halsbach: Wir betreten eine Kirche, die den Eindruck eines leuchtenden Kristalls erweckt, insbesondere, wenn man sie durch das Hauptportal im Westen betritt.

Doch bevor wir ganz in das Innere der Kirche eintauchen, stolpern wir etwa in der Mitte der Vorhalle zwischen den beiden Turmkapellen beinahe über eine merkwürdige Bodenplatte, die sich farblich von den übrigen unterscheidet. Sie ist gelb im Gegensatz zum roten und grüngrauen Stein der übrigen Rauten und enthält einen vertieften, schwarzen Schuhabdruck – der sogenannte Teufelstritt. Hier soll der Teufel aufgestampft haben, als er die Frauenkirche besuchte, je nach Überlieferung mal aus Freude, dann wieder aus Frust.

In der einfacheren Variante der Geschichte besichtigte der Teufel die sich noch im Bau befindliche Kirche, kam genau bis zu dieser Stelle und blieb stehen, um zu schauen. Und was sah er? Die Menschen hatten die Fenster vergessen! Tatsächlich kann man just von diesem Fleck aus die seitlichen Fenster nicht sehen, denn die Säulen sind so errichtet worden, dass sie den Blick auf die Seitenwände und damit die Fenster von hier aus nicht freigeben. Vor Freude über die vermeintliche Dummheit des Baumeisters sprang der Teufel in die Höhe und hinterließ beim Aufkommen besagten Teufelstritt. Dann aber ging er einen Schritt weiter und musste seinen Irrtum erkennen. Denn nur einen Fußbreit Richtung Kirchenraum öffnet sich links und rechts allmählich der Blick, und nach und nach werden die Fensterreihen sichtbar. Nun ärgerte sich der Teufel, dass man ihn so zum Narren gehalten hatte, und versucht seitdem, die Kirche zu zerstören, indem er als Windbö um sie herumsaust, um sie zum Einsturz zu bringen, was ihm freilich nicht gelingt. Immerhin aber weht selbst an den windstillen Tagen rund um die Kirche tatsächlich stets ein Lüftchen, und bei Unwetter ist die Umgebung des Doms gar Gefahrenzone.

Die Geschichte wird auch anders erzählt. Als der Baumeister Jörg von Halsbach merkte, dass ihm beim Bau der Kirche Zeit und Geld zerrannen, bat er den Teufel um Hilfe. Im Gegenzug sicherte er dem Leibhaftigen bei seiner Seele zu, er würde eine Kirche errichten, in der kein Fenster zu sehen sei. Damit gab sich der Teufel zufrieden, denn er glaubte, in jedem Fall zu gewinnen: In eine lichtlose Kirche würde kein Mensch zum Gottesdienst gehen, würde der Baumeister aber gegen den Vertrag verstoßen, verlöre er seine Seele. Mit höllischer Unterstützung gelang Meister Jörg schließlich der Bau der Frauenkirche in einer für die damaligen Verhältnisse atemberaubenden Zeit von nur zwanzig Jahren. Als die Kirche schließlich geweiht wurde, sah der Teufel, wie entgegen seiner Annahme Menschen in großer Zahl in die Kirche strömten, und tatsächlich: Von außen waren Fenster zu sehen! Feixend suchte er den Baumeister auf und stellte ihn zur Rede: Er habe sich nicht an die Abmachung gehalten und Fenster in die Kirche gebaut. Nun müsse er seinen Teil des Vertrags einlösen und ihm seine Seele überantworten. Doch Meister Jörg bat den Teufel, sich höchstpersönlich davon zu überzeugen, dass er sich genau an die Vereinbarung gehalten habe, nämlich eine Kirche zu bauen, in der man keine Fenster sähe. Er führte den Teufel durch das Westportal in die Kirche bis zu besagter Stelle. Weiter konnte der Böse nicht, denn die Kirche war schon geweiht. Von dort aus aber waren die Fenster nicht zu entdecken, und trotzdem erstrahlte der Innenraum im Glanz eines überirdischen Lichts. Da wusste der Leibhaftige, dass er betrogen worden war, stampfte vor Wut kochend mit dem Fuß auf und hinterließ so seinen Fußabdruck.

Kluge Beobachter merken immer wieder an, dass dies doch kein Fußabdruck des Teufels sein könne, denn dieser habe doch einen Bock- oder Pferdefuß, vergessen aber, dass nur der linke Fuß des Leibhaftigen tierischer Natur ist, während der rechte durchaus von menschlicher Gestalt ist, und unser Teufelstritt ist deutlich der eines rechten Schuhs. Was ihn vielleicht zur Spur des Höllenfürsten macht, ist der spornartige Fortsatz, der aus der Ferse ragt, wenn man die Anomalie im Stein so deuten möchte.

Um es gleich vorwegzunehmen: Es ist nicht ganz klar, wie es zu diesem Fußabdruck gekommen ist, was er bedeutet und warum er just an dieser Stelle zu finden ist. Schon Trautmann bezweifelt die Teufelsgeschichte und gibt zu bedenken: »… *denn da müsste der Teufel die ganze Zeit über auf seinem besseren, menschlichen Fuß gestanden sein und seinen Teufelsfuß in die Höhe gehoben haben.*«[76] Und so verweist er auf eine dritte Geschichte, die besagt, dass Herzog Christoph der Starke dafür verantwortlich sei. Dieser habe nämlich im Jahr 1468 erfahren, dass sein Bruder Sigismund in München einen großen Dom errichten wolle. Daraufhin habe der für seine große Kraft Berühmte in seinem Schloss Grünwald freudig aufgestampft, während er ausrief: »Recht hat er, der Herr Bruder!« Zwar bemerkte er außerdem, dass es mit dem Geld für den Bau wohl knapp werden könnte, aber mit seinem Fuß hinterließ er auf dem Quaderstein einen Abdruck seiner Ferse, der später weiter vertieft wurde und schließlich an den heutigen Platz in der Frauenkirche gesetzt wurde. Dies würde auch erklären, warum die Bodenplatte deutlich kleiner ist als die übrigen in der Kirche.

Doch auch dafür gibt es eine andere, weltliche Erklärung. Im frühen 17. Jahrhundert wurde der Boden neu verlegt, und zwar im sogenannten Rosenspitzmuster, bei dem die Quadrate von vier länglichen, an den Enden in Spitzen auslaufenden Platten umgeben waren. Reste von diesem Bodenbelag sind noch in der nördlichen Turmkapelle zu sehen. Einige sehen in diesem Abdruck folgerichtig ein Steinmetzzeichen, andere halten das Ganze sogar für einen Scherz der Steinmetze jener Zeit.

Der Teufelstritt – nur eine Erfindung, damit Stadtführer ihren Gästen eine spannende Geschichte erzählen können? Ganz so einfach sollte man es sich nicht machen. Immerhin ist die Sage vom Teufel als Baumeister ein weitverbreitetes Thema, und Spuren des Leibhaftigen sind an vielen Kirchen Deutschlands zu finden, zum Beispiel in Merseburg, wo der Teufel Kratzspuren an den Säulen des Kreuzgangs hinterlassen hat. Und immer wieder wird der Teufel vom intellektuell überlegenen Menschen geprellt und übertölpelt. Die Sagen haben deshalb häufig den Charakter eines Schwanks.

Zunächst einmal sollte man sich vergegenwärtigen, dass es sich beim Teufel aus der Volkssage weniger um den gefallenen Engel Luzifer handelt, um Satan, den Widersacher Gottes, denn dieser ist als einer der höchsten Engel der himmlischen Heerscharen sicherlich alles andere als dumm und hässlich. Tatsächlich finden wir in der gesamten Heiligen Schrift nirgends einen Hinweis auf eine Gestalt, die dem ähnelt, was wir uns landläufig unter einem Teufel vorstellen: Bocksfuß, Schwefelgeruch, Teufelshörner, Schwanz, über und über behaart, ein rot-schwarzer Dämon. Wenn es aber keine biblischen Vorbilder gibt, woher stammt diese Vorstellung dann?

Wenn wir uns in der Mythologie umsehen, werden wir bald fündig: Sind nicht die griechischen Satyrn und römischen Faune Ebenbilder des Teufels? Auch sie weisen Hörner auf, haben Ziegenfüße und zeichnen sich durch übermäßige Behaarung sowie ein einfältiges, oftmals fratzenhaftes Gesicht mit Knollennase und Eselsohren aus. Es sind Naturdämonen, die vor allen Dingen in ländlichen Gegenden anzutreffen sind und in der Wildnis, wo sie sich mit Nymphen verlustieren. Sie stehen für die wilde Kraft der Natur, für die Fruchtbarkeit der Wiesen und Wälder. Solche Naturgeister sind auch in der heidnischen Tradition der Kelten überliefert. Antike Schreiber berichten von einem keltischen Dusius, einer Gestalt, die an den griechischen Pan oder den römischen Gott Silvanus erinnert. Dabei handelt es sich ganz ähnlich wie bei den mediterranen Pendants weniger um eine Einzelgottheit, sondern als *dusii* trieben sie als Verkörperungen der ungezügelten Natur wie die Satyrn und Faune ihr Wesen – sehr zum Missfallen der Kirchenväter, die sie als die Ordnung Gottes bedrohende, chaotische Elemente und Dämonen stigmatisierten. Augustinus (*De Civitate Dei*, XV.23) beschreibt sie gar als *incubi*, also als lüsterne, böse Geister, die über arglose, schlafende Frauen herfallen, um sie zu verführen. Auch im berüchtigten »Hexenhammer« finden sie Erwähnung und werden zu den Verbündeten des Teufels.[77]

Möglicherweise ist das, was wir heute als Teufel bezeichnen, eine Erinnerung an jenen überall in Europa verbreiteten Naturdämon, wie er immer noch in zahlreichen Überlieferungen fortlebt, ob in den Kobolden der nordischen Tradition oder im Pooka der Inselkelten, aus dem die Shakespeare'sche Gestalt des Puck hervorgegangen ist, jener Diener des Oberon im Sommernachtstraum, der auch den vielsagenden Namen »Robin Goodfellow« trägt, ein neckischer Geist, von dem es heißt:

»So bist du jener schlaue Poltergeist,
Der auf dem Dorf die Dirnen zu erhaschen,
Zu necken pflegt; den Milchtopf zu benaschen;
Durch den der Brau mißrät, und mit Verdruss
Die Hausfrau atemlos sich buttern muß;
Der oft bei Nacht den Wandrer irreleitet,
Dann schadenfroh mit Lachen ihn begleitet.
Doch wer dich freundlich grüßt, dir Liebes tut,
Dem hilfst du gern, und ihm gelingt es gut.«
(Zweiter Aufzug, Erste Szene)

Auf dem Titelblatt eines englischen Buches über »Robin Goodfellow« aus dem Jahr 1628 ist ein Wesen zu sehen, das unserer Vorstellung vom Teufel sehr ähnlich sieht. Eine andere Gestalt begegnet uns im alpenländischen Raum: der Krampus. Auch er trägt zahlreiche Merkmale, die als typisch für den in Volksmärchen und Sagen auftauchenden Leibhaftigen gelten.
Im Zuge der Christianisierung wurden die ursprünglich als Ausdruck der Fruchtbarkeit verehrten Naturgeister zu Teufeln umetikettiert. Schon zuvor waren sie zwiespältige Wesen, denen man mit Vorsicht gegenübertreten musste, doch wer ihnen mit Respekt und Freundlichkeit begegnete, der hatte nichts zu befürchten, wurde sogar reich beschenkt. Erst im Zuge der Dämonisierung durch die Kirche wurden sie zum reinen Ausdruck des Bösen und mussten bekämpft werden. Anstelle des Bunds zwischen Mensch und Naturgeist, der dem Menschen das Wohlwollen der Natur und der Natur den Respekt des Menschen garantieren sollte, tritt der Pakt mit dem Teufel.
Noch heute werden in Irland und in Island, aber auch in Skandinavien und in den baltischen Ländern Traditionen gepflegt, in denen der Glaube an eine von Naturgeistern beseelte Welt lebendig ist. Wenn dort ein Feld beackert oder ein Haus gebaut wird, dann geschieht dies nur mit Erlaubnis der dort lebenden Wesen, sei es, dass sie in einem großen Findling oder in einem Weißdornbusch zu Hause sind, den man tunlichst in Ruhe lassen sollte. Könnte es nicht sein, dass in den Sagen um den Teufel als Baumeister eine Erinnerung an diese Tradition auch in unseren Gegenden zu finden ist? Wer sich mit den Kräften der Natur verbündet, bevor er einen Eingriff wagt, dem lassen sie Hilfe angedeihen, bieten den Segen der Wiesen, Felder und Flure an und sichern so ein ungestörtes Miteinander. Die Baumeister des Mittelalters wussten wohl noch um solche Zusam-

menhänge, selbst in Epochen, in denen dieses Wissen nur im Geheimen weitergegeben wurde, fürchtete man doch die Strafe der Kirche. Andererseits schien es auch ein offenes Geheimnis zu sein, denn wie sonst erklärt sich der bis heute fast unbedarft anmutende Umgang mit den teuflischen Relikten, wie sie in so vielen christlichen Sakralgebäuden zu finden sind? Hätte man nicht allen Grund gehabt, diese sofort auszumerzen?

Der Glaube an die Geister der Natur war sicherlich zur Zeit des Meister Jörg noch sehr lebendig, nur kippte die Darstellung unter dem Einfluss der kirchlichen Doktrin allmählich ins Dämonische, und aus den satyrhaften Fruchtbarkeitsgeistern wurde der ungeschlachte und dümmliche Teufel der Volkssage.

Unter dieser Betrachtung klären sich auch einige Merkwürdigkeiten der Sage, zum Beispiel, warum der Teufel durch das Westtor die Kirche betritt, anstatt sich erst einmal draußen umzusehen. Dann hätte er die Fenster schnell entdeckt. Tatsächlich ist die Himmelsrichtung entscheidend, denn einer alten Tradition folgend kommen die Dämonen aus dem Westen. Im Osten geht die Sonne auf, dort wird das Licht des Tages geboren. Im Westen hingegen stirbt das Licht und mit ihm das Leben, denn dort geht die Sonne unter, tritt ihre Reise durch die Unterwelt an, bevor sie am nächsten Morgen im Osten wieder geboren wird. In vielen Kulturen liegt das Reich der Toten im Westen, sei es das ägyptische Reich der Toten, die Hesperiden der griechischen Mythologie oder die Insel der Jugend bei den Kelten.

Kein Wunder also, dass die Bewohner der Unterwelt aus dem Westen kommen. In den Kirchen der Romanik und in vielen sakralen Gebäuden der Gotik spiegelt sich dieses Denken in der Architektur wider: Während der Altarraum sich im Osten befindet, dort, wo die Sonne als Sinnbild des Erlösers in den Himmel hinaufsteigt, erheben sich im Westen die Türme des Gotteshauses wie Bollwerke gegen das Unheil, das aus dieser dunklen Richtung erwartet wird. Die Glocken in den Kirchtürmen dienen so nicht nur dazu, die Gläubigen zum Gebet zu rufen, sondern auch dazu, mit ihrem Klang die Unholde zu vertreiben. Wenn der Gläubige dann durch das Hauptportal die Kirche betritt, wendet er sich mit dem Gesicht gegen Osten, in Richtung der zu erwartenden Erlösung, während er aus dem mit Tod und Sünde beladenen Westen kommt.

KRAFTORTE | Aus dieser Sicht bedeutet der Teufelstritt vielleicht sogar noch etwas ganz anderes. Folgen wir dem Weg des Kirchgängers in das Innere. Nachdem er das sogenannte Riesentor, wie noch Trautmann das Westportal der Frauenkirche nennt,[78] durchschritten hat, erreicht er den Vorraum der Kirche, jenen Bereich zwischen den beiden Türmen. Die-

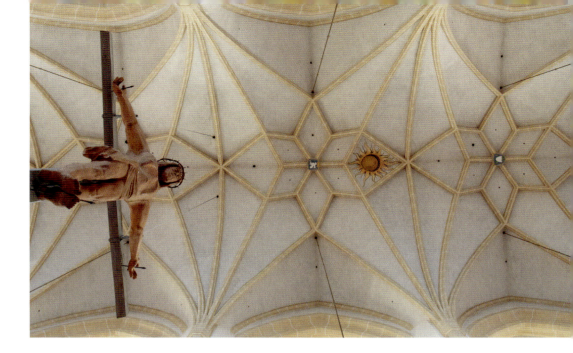

Die Flammen um das Heiliggeistloch versinnbildlichen die Flammen des Heiligen Geists.

ser ist so etwas wie ein Zwischenbereich: Ich habe das Gotteshaus betreten, aber ich muss mich noch reinigen, bevor ich mich Gott von Angesicht zu Angesicht zeige. In der Regel befinden sich hier Weihwasserbecken, in die ich meine Finger tauche, um durch das Benetzen mit dem Kreuzzeichen eine Art rituelle Waschung zu vollziehen. Wasser spült alles Übel von mir ab, lässt es hinabfließen. Man könnte sich vorstellen, wie die Erde unter mir alle sündige Last in sich aufnimmt. Ist dies vielleicht der Hintergrund der Sage vom Teufelstritt? So bemerkt der Kraftortexperte Fritz Fenzl über das Teufelsmal, es handle sich um einen sogenannten »abladenden« Platz. »*Man kann hier alles Negative, alles, was einen bedrückt, ›in den Boden‹ fließen lassen.*«[79] Wenn man nun annimmt, dass die Baumeister genau wussten, wo sie ihre Kirche hinsetzten, dies im größtmöglichen Einklang mit den vorhandenen natürlichen Gegebenheiten taten und vielleicht sogar über ein entsprechendes Wissen verfügten, das sie Plätze von besonderer Kraft aufspüren ließ, um diese ihrer Eigenart nach in das Gesamtgefüge des Bauwerks zu integrieren, dann ist der Teufelstritt tatsächlich so etwas wie ein geschickt platzierter Fleck, an dem das »zum Teufel fährt«, was des Teufels ist.

Folgen wir diesem Gedanken etwas weiter: Wenn es einen »abladenden« Ort in der Frauenkirche gibt, gibt es dann auch einen »aufladenden«? Der Teufelstritt selbst gibt uns die Antwort, weist er doch mit seinem Fuß in den Kirchenraum hinein, führt die Aufmerksamkeit die Mittelachse entlang geradenwegs auf den Altarraum zu. Dort erhebt sich am gegenüberliegenden Ende des Chorgestühls eine helle Säule, und auf der Säule erkennen wir die Muttergottes. Immer wieder heißt es, dass die Kraft der

Aufmerksamkeit folgt. Hier wird die Aufmerksamkeit in die Höhe gehoben und damit die Kraft des Gebets in den Himmel entlassen.
Wenn wir uns dies bewusst machen, können wir eine eigenartige Beobachtung machen. Stellen wir uns auf den Teufelstritt und versetzen wir uns für einen Augenblick in das Empfinden, auf einem abladenden Ort zu stehen, spüren wir vielleicht, wie die Kraft uns nach unten zieht. Besonders stark ist dieses Gefühl, wenn wir dabei die Augen schließen. Tatsächlich kann dieses Gefühl so stark sein, dass es einen leichten Schwindel hervorruft, als ob wir am Rande eines sich nach unten öffnenden Trichters stünden. Doch dann öffnen wir die Augen und lassen unseren Blick die Gestalt der Maria am anderen Ende der Kirche suchen und ihn fest darauf richten. Sofort werden wir merken, dass wir innerlich stabilisiert werden, dass sich etwas in uns aufrichtet und wir wieder festen Boden unter den Füßen bekommen. In uns verbinden sich in diesem Augenblick das Unten und das Oben, der Himmel und die Erde, und wir kommen in unserer Mitte an.
Natürlich lässt sich das nicht beweisen. Doch darum geht es auch gar nicht. Immer schon waren Kirchen als sakrale Gebäude darauf angelegt, den Menschen emotional zu berühren. Wenn dazu die Kenntnisse um Kraftorte genutzt wurden, ist das nur folgerichtig. Durch das Errichten eines so monumentalen Gebäudes wie der Frauenkirche wurden diese besonderen Plätze zum festen Teil eines heiligen Raumes, in dem ihre Wirkung gebündelt wurde.
Auf einen weiteren Kraftpunkt in der Frauenkirche macht Fritz Fenzl aufmerksam. Dazu nähern wir uns dem Altar über den Mittelgang und blicken noch vor dem monumentalen Chorbogenkreuz nach oben in das Gewölbe mit seinen sandfarben hervorgehobenen Rippen, die sich im Zentrum der Joche zu eleganten sechszackigen Rautensternen zusammenfügen – ein wahrer Sternenhimmel! Dort oben finden wir auch eine kreisrunde Aussparung, umkränzt von Strahlen wie einer Sonne. Es handelt sich um ein sogenanntes Heiliggeistloch, auch Pfingstloch genannt, wie es in vielen alten Kirchen zu finden ist.
Zu Pfingsten kam diese Öffnung, die vom Dachgestühl aus erreicht werden kann, wirkungsvoll zum Einsatz. Mal kam von dort aus eine weiße Taube als Symbol des Heiligen Geists in den Kirchenraum geflogen, oder es wurde brennender Flachs als Sinnbild für die Flammenzungen des Pfingstgeschehens herabgelassen. Die Flammen um das Loch stellen also keine Sonnenstrahlen dar, sondern die Flammen des Heiligen Geists. Fenzl betrachtet nun dieses Loch als »*himmlischen Einstrahlpunkt*«[80] und meint damit eine vertikale Kraftlinie, die sich von oben nach unten und von unten nach oben durch den Dom an dieser Stelle zieht. Er vergleicht

dies mit der Leiter des Jakob, auf der Engel als Ausdruck dieser Kraft auf- und absteigen. Tatsächlich vermögen sensitive Menschen an der Stelle direkt unter dieser Öffnung den Eindruck haben, aufrecht zwischen Himmel und Erde gespannt zu sein, ein Empfinden, als ob Kraftströme entlang des Rückgrats hinauf- und hinunterflössen. Um die Pfingstzeit herum, so unsere Beobachtung, ist dieses Phänomen besonders deutlich zu spüren.

EIN RUNDGANG | Natürlich beherbergt die Kirche noch weitere starke Plätze. Einige von ihnen sollen nun bei einem Rundgang durch das Gotteshaus vorgestellt werden. Dabei nehmen wir als Ausgangspunkt am besten wieder den Vorraum der Kirche mit dem Teufelstritt, wenden uns dann aber nach links, um das Kirchenschiff im Uhrzeigersinn entlang seiner Kapellen und Portale zu umrunden. Vorbei am Sixtusportal werfen wir einen Blick in die Kapellen. Insgesamt einundzwanzig Seitenkapellen hat die Frauenkirche aufzuweisen, zusammen mit den beiden Turmkapellen sind es dreiundzwanzig. Jede beherbergt bedeutende Kunstwerke und wichtige Reliquien. Da der Innenraum der Kirche ansonsten eher schmucklos daherkommt, laden vor allem die Altarbilder, Skulpturen und Schreine zum Verweilen und Nachsinnen ein.

Beachtenswert sind natürlich auch die Glasfenster darüber, deren Spektrum von der Vorgängerkirche aus dem frühen 14. Jahrhundert bis in die Moderne reicht. Wenn das Licht des Tages durch die hoch aufragenden Fenster in das Innere der Kirche strömt, verwandelt es die sich wie große Kristalle aus dem Boden wachsenden Säulen in vielfarbige Edelsteine, ganz so, wie es im 21. Kapitel der Offenbarung des Johannes heißt: »Und ich sah die heilige Stadt, das neue Jerusalem, von Gott aus dem Himmel herabkommen, bereitet wie eine geschmückte Braut für ihren Mann … Und er führte mich hin im Geist auf einen großen und hohen Berg und zeigte mir die heilige Stadt Jerusalem herniederkommen aus dem Himmel von Gott, die hatte die Herrlichkeit Gottes; ihr Licht war gleich dem alleredelsten Stein, einem Jaspis, klar wie Kristall … Und die Stadt bedarf keiner Sonne noch des Monds, dass sie ihr scheinen; denn die Herrlichkeit Gottes erleuchtet sie, und ihre Leuchte ist das Lamm.«

Der Münchner Dom, ein Abbild des himmlischen Jerusalems auf Erden: Licht und Stein sind so aufeinander abgestimmt, dass wir uns wie in eine andere Welt versetzt fühlen, hell und großartig, zugleich zart und fein, wie im Inneren eines funkelnden Kristalls. Dies ist die ganz besondere Mystik der Frauenkirche.

Wenn wir jetzt einen Blick nach oben werfen und das Rippengewölbe in den Seitenschiffen betrachten, fällt auf, dass im Gegensatz zu den Sternen im Mittelschiff die Gewölbe in Kreuze auslaufen, die außerdem um

45 Grad verdreht sind. Keine starre Symmetrie, sondern beschwingte Dynamik zeigt der Himmel über uns. Jeder Schlussstein wird von einem Wappen geziert, und an den Konsolen der Gewölbe entdecken wir kleine figürliche Darstellungen, Gesichter, die aus der lichten Höhe auf uns herabblicken. Manche sagen, dass es sich um auf diese Weise verewigte Handwerker handelt, andere sehen darin die Konterfeis von Münchner Bürgern, die reichlich für den Bau gestiftet hatten.

Nach dem Bennoportal folgen wir drei weiteren Kapellennischen, wovon die erste den heutigen Zugang zur Sakristei bildet. Es folgt die Katharinenkapelle, erkennbar an dem gebrochenen, goldenen Rad als Bekrönung des Gitters, und die Kapelle der heiligen Anna selbdritt (veraltet für »zu dritt«) und des heiligen Georg. Betrachten wir Letztere genauer, denn sie ist eine unmittelbare Stiftung der Herzöge des Hauses Wittelsbach. Monumentale Schnitzfiguren beherrschen den Raum: Links der heilige Christophorus, dann der heilige Rasso und schließlich der heilige Georg, der Schutzpatron der Wittelsbacher. Über allen schwebt auf Wolken die heilige Anna selbdritt, eine Darstellung der Mutter der Jungfrau Maria, wie sie das Christuskind in den Armen hält, während ihre Tochter nach ihm greift. Bemerkenswert ist vor allen Dingen die mannshohe Darstellung des Georg mit dem getöteten Drachen, die wohl schönste Monumentalfigur in der Kirche. Der Drache – selten wurde er so schaurigschön dargestellt – ein glitschiges Zwitterwesen aus Hund und Molch, brutal die vom Schwert zugefügten Hiebwunden, aus denen tiefrot das Blut rinnt, während die pappige Zunge aus dem im Todeskampf röchelnden Maul hängt. Triumphierend posiert der Ritter mit wehendem Haar auf dem erlegten Ungeheuer, fast lässig stützt er die Lanze auf dessen Hinterleib. Und doch: Mit einer fast anrührenden Geste ergreift er mit der Rechten die fast schon menschlich anmutende Pranke seines Opfers …

Die Säulen und die Begebenheiten des Doms kreieren eine ganz besondere Art von Licht, unter anderem ein Grund für die außergewöhnliche Atmosphäre in der Frauenkirche.

Es folgt der Eingang zur Sakramentskapelle, die heute für die werktäglichen Gottesdienste genutzt wird und als Andachtsraum abseits touristischen Trubels für das stille Gebet reserviert ist. Rechts daneben finden wir ein bemerkenswertes Stück: eine als zehn Meter hoher Turm aufragende Automatenuhr aus dem 16. Jahrhundert, vermutlich die älteste heute noch funktionierende ihrer Art. Sie diente einst dazu, die Gebetszeiten pünktlich anzuzeigen. In der Turmspitze die Triade aus Gottvater, Jesus Christus und Jungfrau Maria. Sie bewegen sich beim Glockenschlag: Christus und Maria erheben die Arme, Christus rollt die Augen und öffnet den Mund, Gottvater zieht das Schwert aus der Scheide. Maria und Jesus legen bei Gott ein gutes Wort für den Menschen ein, wollen mit ihren Fürbitten

In der Frauenkirche finden wir den Drachentöter Georg in mehreren Darstellungen, wie hier als gotische Monumentalfigur.

den Zorn des Schöpfers besänftigen. Daraufhin steckt Gott sein Schwert wieder in die Scheide zurück. Diese Uhr zeigt also nicht einfach nur die Zeit an, sie demonstriert zugleich die Kunde von der Erlösung der Menschheit durch den von Gott gesandten und durch Maria in die Welt gebrachten Christus.

Gott, angetreten, über die Menschen mit einem Schwert zu richten? Vielleicht ein verstörender Gedanke. Doch erinnert es an Hebräer 4,12: »Denn das Wort Gottes ist lebendig und kräftig und schärfer als jedes zweischneidige Schwert, und dringt durch, bis es scheidet Seele und Geist, auch Mark und Bein, und ist ein Richter der Gedanken und Sinne des Herzens.«

SCHUTZMANTELMADONNA UND ERBSCHLEICHERIN | Weiter führt uns die Runde zur Chorscheitelkapelle, die der Muttergottes selbst gewidmet ist. Schon das wunderschön gestaltete Gitter verweist auf Maria, denn es ist über und über mit Rosen verziert. Die Rose, die Königin der Blumen, ist ein würdiges Symbol für die Königin des Himmels. Das war aber nicht immer so, denn ursprünglich ist die Rose vor allen Dingen ein Zeichen verschiedener Liebesgöttinnen wie der Aphrodite. Der Sage nach entstiegen die ersten Rosen zusammen mit ihr aus dem Schaum des Meeres und waren noch weiß. Als die Göttin der Liebe aber ihrem verwundeten Geliebten Adonis zu Hilfe eilen möchte, verletzt sie sich an den Dornen ihrer weißen Rosen, und sie färben sich zum ersten Mal rot. Entsprechend galt und gilt die Rose nicht nur als Symbol der Liebe, sondern auch als Aphrodisiakum, als Liebesmittel. Verständlich, dass die

Rose zunächst aus christlicher Sicht wenig Freunde fand. Doch auch hier fand schließlich eine Umdeutung statt, und schon im 5. Jahrhundert wird Maria zur Rose ohne Dornen, aus der nach und nach im Mittelalter eine regelrechte Rosenmystik erwuchs, wie sie im bekannten Weihnachtslied aus dem 16. Jahrhundert anklingt: »Es ist ein Ros entsprungen / aus einer Wurzel zart, / wie uns die Alten sungen, / von Jesse kam die Art / und hat ein Blümlein bracht / mitten im kalten Winter, / wohl zu der halben Nacht. Das Röslein, das ich meine, / davon Jesaia sagt, / ist Maria die reine, / die uns das Blümlein bracht. / Aus Gottes ewgem Rat / hat sie ein Kind geboren / und blieb ein reine Magd.«

In der Ikonografie taucht Maria dann in einem blühenden Rosengarten auf, einem Rosenhag, der den Paradiesgarten symbolisiert. Maria sitzt inmitten eines blühenden Gärtleins, hält das Christuskind in den Armen und wird von Engeln umflogen. Die Kapelle, vor der wir nun stehen, ist nichts anderes als eine Darstellung dieses Rosenhags, den wir nun betreten, um eine weitere Darstellung der Muttergottes zu entdecken. Im Mittelpunkt der Kapelle, und damit genau in einer Linie zur Hauptachse der Kirche, wird in einem Glasschrein ein kostbares Mariengnadenbild aufbewahrt. Doch die Hauptattraktion ist das Bild von Jan Polack aus dem frühen 16. Jahrhundert, das er im Auftrag der reichen Münchner Familie Sänftl gemalt hat. Es zeigt eine Schutzmantelmadonna, die ihren weiten Mantel mit Hilfe von Engeln wie Flügel über die Menschen ausbreitet.

Streng gegliedert ist das Bild nach den Ständen: Links erkennen wir Vertreter der Geistlichkeit, rechts Männer und Frauen in weltlicher Tracht, ärmere und reichere. Das dunkelblaue Kleid der Madonna ist mit goldenen Ähren verziert, in der christlichen Interpretation ein Symbol dafür, dass Maria der »Acker Gottes« ist. Doch auch hier handelt es sich letztlich nur um die Umdeutung einer wesentlich älteren Symbolik. Die Ähre ist ein altes Symbol der griechischen Göttin Demeter und in der Folge auch der römischen Göttin Ceres. Schon die Römer identifizierten das Tierkreiszeichen Jungfrau mit Ceres und stellten es als Frau dar, die einen Getreidehalm trägt. Im entsprechenden Sternbild heißt denn auch der besonders hell leuchtende Stern Spica, die Kornähre. Der Überlieferung nach soll Maria in diesem Zeichen geboren sein, nämlich am 8. September. Ist im Bild der Madonna mit dem Ährenkleid also die Vorstellung der alten Erdmutter erhalten geblieben? Steht sie in einer Reihe mit Gaia, Ishtar, Kybele, Demeter? Fest steht, dass sie viele Attribute dieser antiken Göttinnen übernommen hat, nicht nur die Rose der Venus und die Garbe der Ceres. Sie wird wie die babylonisch-assyrische Ishtar als »Königin des Himmels« angesprochen, trägt wie Isis das Kind Horus ihren Sohn auf dem Schoß, wird mit Naturheiligtümern assoziiert, die früher weiblichen Muttergottheiten zugesprochen wurden wie Grotten, Höhlen, Quellen und Berge, die heute Marienwallfahrtsorte geworden sind, wie zum Beispiel Lourdes. Viele Funktionen alter Göttinnen werden nun der Muttergottes zugewiesen wie die Anrufung bei der Geburt, einst die Domäne der Hera, oder die Fruchtbarkeit von Wiesen und Feldern. Und ist es Zufall, dass der Monat Mai, den wir als Inbegriff des Frühlings und der wiedererwachenden Natur erleben, der erklärte Marienmonat ist? In der Bibel finden wir naturgemäß keinen Hinweis auf Zusammenhänge mit alten Muttergottheiten. Aber in der Volksfrömmigkeit wurden durchaus Parallelen zwischen Maria und der Erdmutter gezogen. Vieles spricht also dafür, dass in den variantenreichen Darstellungen der Jungfrau Maria das alte Wissen um die Muttergöttinnen weiterlebt, wie es vielleicht in der Bevölkerung ungeachtet der christlichen Tradition lange fortbestand.

Die Schutzmantelmadonna ist in dieser Hinsicht ein besonders bemerkenswertes Symbol, denn sie wird zur Allmutter, der Großen Mutter, welche die Welt und ihre Schöpfung unter ihre Fittiche nimmt. In vielen ähnlichen Darstellungen finden wir zusätzlich Gottvater, wie er Pfeile gegen die Menschheit schießt oder sein Schwert erhebt, wie auf der Automatenuhr. Gerade Pfeile verkörperten oft die Bedrohung durch die Pest, die als Strafe Gottes betrachtet wurde. Die Menschen kauern sich unter den schützenden Mantel der Madonna. Und so lesen wir auch auf dem Bild des Jan Polack: »Tu quae sola potes aeterni numinis iram flectere, virgineo, not tege, Diva sinu« – »Du, die du als einzige den Zorn des ewigen Gottes beugen kannst, gib uns Schutz, Göttliche, in deinem jungfräulichen Schoß«. Wie Kinder nimmt Mutter Maria ihre Schützlinge bei sich auf, ein Ritual, das aus dem Mittelalter bekannt ist, wenn bei der Eheschließung vorehelich geborene Kinder während der Trauung unter den Mantel der Mutter aufgenommen wurden.

Merkwürdig nur ist die Dame im roten Gewand, die auf dem Bild in der Gruppe der Bürger auf der rechten Seite zu sehen ist: Während die meisten anderen ihren Blick hinauf zur Muttergottes richten, schaut sie uns, den Betrachtern des Bildes, direkt in die Augen. Und als ob dies nicht schon seltsam genug wäre, sind ihre Hände zwar zum Gebet gefaltet, aber weisen mit den Fingerspitzen nach unten statt nach oben. Aufgrund dieser seltsamen Darstellung rankte sich bald eine Sage um dieses Bild: Es soll sich um eine Erbschleicherin handeln. Ein reicher Münchner war gestorben und hatte seinen Verwandten nichts, jener Frau aber alles vererbt. Da mutmaßten die, die leer ausgegangen waren, dass die Frau sie um das Erbe gebracht und das Testament womöglich gefälscht habe. Beim Leichenschmaus, wo alle versammelt waren, sprach sie zwar keiner

Jan Polack malte die Schutzmantelmadonna im Auftrag der Familie Sänftl. Die Madonna verbirgt dabei ihre Schützlinge unter einem Mantel vor Gottes Strafen.

auf den Verdacht an, aber sie merkte wohl, wie sie von strafenden und missgünstigen Blicken getroffen wurde. Zunächst ließ sie sich nichts anmerken. Abschließend wurde das Bild gemalt, auf dem alle Versammelten zu sehen sind. Wie man nun das Bild wenig später aufhängte und aus diesem Anlass eine kleine Feier veranstaltete, zu der alle Dargestellten eingeladen waren, spürte die Beschuldigte wieder den stummen Vorwurf der anderen. Da hielt sie es nicht mehr aus und rief: »Glaubt ihr, ich merke nicht, wie ihr mich schwerer Schuld bezichtigt? Überall tratscht ihr eure Lügen herum und macht mich schlecht. Doch ich verzeihe euch, so wahr mir Gott die Hände im Gebet niedergedrückt hätte, wenn auch nur ein Wort von dem, was ihr über mich behauptet, wahr wäre.« Doch kaum war ihr dies über die Lippen gekommen, da geschah es: Die Hände des Konterfeis der Angeklagten auf dem Bild zeigten auf einmal nach unten! Die Frau, der es die Sprache verschlagen hatte, stürzte erschrocken davon. Bald darauf erkrankte sie schwer, und auf dem Sterbebett endlich gestand sie, dass sie sich das Erbe unrechtmäßig angeeignet hatte.[81]

DER HEILIGE BENNO | Dem Bogen um den Chor weiter folgend gelangen wir schließlich zu einer Seitenkapelle, deren Gitter von einem Fisch gekrönt wird, der ein Paar Schlüssel in seinem Maul trägt. Hinter dieser Absperrung befinden sich die für München wohl bedeutendsten Reliquien der Kirche: die Gebeine des heiligen Benno, des Münchner Stadtpatrons. In dem kostbaren silbernen Reliquiar, das die Büste des frommen Manns zeigt, werden seine Gebeine aufbewahrt, im gläsernen Retabel darunter der Stab des Bischofs mit der seltsamen Krümme aus geschnitztem Walzahn, verziert mit geflochtenen und geknoteten Orna-

Das Bennoportal der Frauenkirche erinnert an einen wichtigen Stadtheiligen Münchens. Die Wittelsbacher holten seine Reliquien posthum nach München, unter anderem um die Lutheraner damit zu provozieren.

menten, wahrscheinlich ursprünglich der Griff eines Messers, der später als Abschluss des Bischofsstabs ins Grablege des Benno gelangte.

Die biografischen Eckdaten des Manns verraten es: Geboren um 1010 in Hildesheim und verstorben 1106 in Meißen, hatte Benno nie auch nur einen Fuß auf Münchens Pflaster gesetzt. Wie also kam es dazu, dass der ehemalige Bischof von Meißen zu den hohen Ehren in der bayerischen Hauptstadt kam? Schuld ist Martin Luther, denn der verfasste nach der Erhebung Bennos zum Heiligen im 16. Jahrhundert eine Schmähschrift »Wider den neuen Abgott und alten Teufel, der zu Meißen soll erhoben werden«. Als Meißen auch noch protestantisch wurde und man drohte, die Gebeine des Heiligen in die Elbe zu werfen, fühlten sich die Wittelsbacher unter Herzog Albrecht V. berufen, die Reliquien zu retten. Die Überreste eines Heiligen im Besitz zu haben, der die Lutheraner noch posthum so zu provozieren wusste, erschien den Bayern wie ein Triumph des katholischen Glaubens. Und um diesen Sieg noch perfekter zu machen, erhoben sie ihn gleich zum Stadtheiligen und errichteten ihm einen Altar in der Frauenkirche.

Fisch und Schlüssel, das sind die Zeichen des heiligen Benno. Es heißt, dass Benno einst in den politischen Wirren des Investiturstreits für drei Jahre seinen Bischofssitz verlassen musste. Damit aber König Heinrich IV., mit dem er sich im Streit befand, seinen Fuß nicht in seine Kirche setzen konnte, warf er die Schlüssel in die Elbe. Als er zurückkam, traute er dem Frieden noch nicht und betrat im Gewand eines einfachen Pilgers die Stadt. In einem Gasthof wurde ihm ein frisch gefangener Fisch serviert, und als Benno ihn aufschnitt, fand er darin die Schlüssel zu seiner Kirche. Daraufhin gab sich Benno zu erkennen und wurde unter großem Jubel zu seinem alten und neuen Bischofssitz geführt.

EIN ORT DER LIEBE | Die Frauenkirche ist eine Schatzkiste an Kostbarkeiten. Selbstverständlich sollte man die Kirche nicht verlassen, bevor man nicht der Krypta einen Besuch abgestattet, das Kenotaph Ludwigs des Bayern bewundert und sich an den unglaublich lebendigen Statuetten der Heiligen am Chorgestühl aus der Werkstatt Erasmus Grassers sattgesehen hat. Doch vor allen Dingen sollte man sich Zeit nehmen, der ganz besonderen Aura der Kirche in allen Winkeln nachzuspüren und sie aus den unterschiedlichen Perspektiven auf sich wirken zu lassen. Die Stimmung in der Kirche wird trotz ihrer Größe von vielen als Geborgenheit spendend und friedlich, zugleich als licht und freundlich erlebt.

Viele Stationen in und um die Kirche erzählen von der Liebe: am Brautportal, im Bildnis von der Schutzmantelmadonna oder in der Geschichte von der Mutterliebe bis über den Tod hinaus. Die Frauenkirche ist in diesem Sinne ein mystischer Ort der Liebe, denn sie steht ganz unter dem Zeichen, das Verbindende unter den Menschen zu suchen und zu betonen. Da sind die vorrangig runden Formen, angefangen vom runden Chorumgang bis hin zu den runden Kuppeln der welschen Türme. Das Runde betont stets das Gemeinsame, so wie sich Menschen in einer Runde versammeln, um ihre Zugehörigkeit auszudrücken. Man denke nur an Artus und seine Tafelrunde oder an die Gemeinschaft der Apostel. Gerade solche Orte erlauben uns, wieder in Verbindung mit uns selbst zu treten. Wir kommen wieder in Berührung mit unseren eigenen Wurzeln, und zwar eher auf eine fühlende als eine denkende Weise. Die Frauenkirche bietet uns einen geschützten Rahmen, in dem wir uns aufgehoben fühlen können, eine Zuflucht vor der Zerfahrenheit und dem Außersichsein in den Mühen des Alltags. Sie isoliert uns dabei nicht, sondern führt uns an einen Ort der Begegnung mit anderen, denn in der Kirche sind wir nur schwerlich allein. Doch genau darin liegt eine der Stärken dieses großartigen Bauwerks: Die Liebe zu sich selbst erwächst hier ganz leicht aus der Liebe zu anderen.

Die Kraft, die wir hier erfahren können, trägt den Charakter der Verbindung: Die Grenzen zwischen uns selbst und der Welt um uns herum werden durchlässiger und verschwinden sogar. Orte der Liebe laden uns ein, mit etwas Größerem zu verschmelzen. Wir verlassen sie oft mit einem Gefühl, das der Trennung von einem geliebten Menschen gleicht: Wir blicken zurück und mit jedem Schritt, der uns von ihnen fortbringt, wächst die Sehnsucht, wieder zurückzukehren. Die Erfahrungen, die wir an diesen Orten machen, bleiben als liebevolle Erinnerungen in unserem Herzen. Die Frauenkirche ist so ein Ort, an den es einen immer wieder hinzieht.

DER ALTE HOF

Verlässt man den Marienplatz über die Burgstraße, kommt man nach wenigen Schritten zur ehemaligen Stadtburg Münchens. Und tritt man dann durch das Tor des Turms mit seinem steilen Satteldach, gelangt man unvermittelt in eine andere Welt. Tobte soeben noch das lärmende Leben, umfängt einen hier eine Ruhe, die einen kaum glauben lässt, dass man sich immer noch mitten in der Stadt befindet. So zentral die alte Burg Münchens auch liegt, besitzt sie doch eine eigentümliche Abgeschiedenheit von der Münchner City. Vielleicht weil die Anlage das einzige noch erhaltene Ensemble mittelalterlicher Architektur in der Innenstadt ist, fällt es auf eine merkwürdige Art und Weise aus Raum und Zeit. Das war natürlich nicht immer so: Ab dem 13. Jahrhundert gestalteten die Wittelsbacher Herzöge die Burg zu ihrem festen Regierungssitz. Der Alte Hof war ein Ort von höchster Bedeutung, von dem aus die Geschicke des Landes gesteuert wurden. Im 14. Jahrhundert wurde sie unter Ludwig dem Bayern sogar zur Kaiserresidenz und damit nicht nur zum weltlichen, sondern auch zum spirituellen Zentrum des Heiligen Römischen Reichs Deutscher Nation.

Von allen Seiten schirmen Gebäudeteile den nahezu quadratischen Innenhof ab, einige davon deutlich neueren Datums, andere wiederum strahlen noch immer den Charme des Mittelalters aus. Tatsächlich ist das ganze Ensemble Anfang dieses Jahrhunderts um- und zum Teil auch neu gebaut worden. Die letzten Arbeiten wurden 2006 abgeschlossen. Bis 1999 saß in diesen historischen Räumen das größte deutsche Finanzamt, dann wurden die Nachkriegsbauten abgerissen, welche den östlichen Brunnenstock und den nördlichen Flügel der Burg, den Pfister- und Lorenzistock, ersetzt hatten, und durch moderne Lösungen ersetzt, in denen sich nun Büros und Wohnungen befinden. Sie orientieren sich jedoch in Dimension und Traufhöhen an der alten Gestalt der Burg, ahmen sogar die alte Silhouette der Anlage nach, wie der gläserne Aufbau in der nordwestlichen Ecke des Carrées die Konturen des Daches der ehemaligen Lorenzkapelle. Von der alten Substanz haben sich der östliche Zwingerstock und in Teilen der südliche rautenbemalte Burgstock mit dem markanten Torturm und dem hübschen Erkertürmchen erhalten. Der Zwingerstock beherbergte den ehemaligen Hofsaal und den Hofkeller, zwischenzeitlich die Amtskantine und heute ein Weinrestaurant für gehobene Ansprüche. Im neu aufgesetzten Teil des Burgstocks befindet sich eine Dauerausstellung zum Alten Hof mit Zugang zum beeindruckenden gotischen Gewölbesaal.

Die Stelle, an der wir uns gerade befinden, ist die dritte Erhebung im Bereich der Heinrichstadt. Schon der Löwe könnte hier seine erste Befestigung errichtet haben, um den neu gegründeten Markt zu schützen. Historiker fragen sich immer wieder, warum Heinrich nicht den topografisch besseren, weil höheren Platz auf dem Petersbergl für den Bau einer Burg gewählt hat. Die Frage erübrigt sich, wenn wir annehmen, dass dieser Ort schon besetzt war, sei es von den Mönchen, die der Stadt ihren Namen gaben, oder von einem vormaligen Heiligtum, das im Zuge der Christianisierung schon früh durch eine Peterskirche ersetzt wurde.

Archäologische Funde, Keramikscherben, haben gezeigt, dass diese Stelle schon in vorgeschichtlichen Zeiten als strategisch günstig erkannt worden war und deshalb besiedelt wurde. Die Scherben stammen vermutlich aus der Urnenfelderzeit, also aus dem Übergang von der Bronze- zur Hallstattzeit zwischen 1300 und 800 vor Christus Allerdings reißt dann die Kette historischer Funde auf dem Gebiet der Münchner Altstadt bis ins Hochmittelalter ab.[82] Wir wissen also nicht sicher, ob sich hier schon vor der Burg so etwas wie eine Siedlung befunden haben könnte, wie gelegentlich vermutet wird.

Die Lage nordöstlich der Straßenkreuzung ist nicht gerade ungünstig, denn der Burgplatz war durch einen der Nebenläufe der Isar nach Osten hin geschützt, dem späteren Pfisterbach, der dem Verlauf der heutigen Sparkassenstraße entspricht, und nach Norden durch eine natürliche Steilstufe und einen weiteren Bach, dem späteren Hofgrabenbach und heutigen Hofgraben. Noch bevor München eine Stadtmauer aus Stein bekam, wurde dieser Ort mit Mauern befestigt. Sie boten ausreichenden Schutz im Falle von Angriffen, die ziemlich wahrscheinlich waren, wenn man bedenkt, dass der von Heinrich düpierte Bischof von Freising und seine Nachfolger durchaus Gelüste hatten, sich München zu holen oder gar zu zerstören. Die Burg dürfte also auch einen entsprechend imposanten Bergfried gehabt haben, von dem heute nur noch bei Ausgrabungen freigelegte Fundamente zeugen. Wie die Anlage aber insgesamt ausgesehen hat, können wir nur vermuten, denn innerhalb der Mauern befanden sich Holzgebäude, von denen natürlich keine Spur mehr zu finden ist. Auch die Wittelsbacher, die ab 1180 die Herrschaft übernahmen, achteten darauf, dass München wehrhaft blieb. Schließlich wurde die Burg 1180 in den neuen Stadtmauerring integriert und bildete die nordöstliche Spitze des befestigten Münchens. Erst 1240 setzte sich das Adelsgeschlecht gegen den Bischof von Freising endgültig durch, und damit war der Startschuss für den Ausbau der Burg zu einer repräsentativen Stadtburg gefallen. Spätestens mit dem Antritt des 25-jährigen Ludwig II., der später den Beinamen »der Strenge« erhalten sollte, wurden die Holzhäuser durch Steinbauten ersetzt und zum festen Wohnsitz der Herzöge von Oberbayern ausgebaut.

Anfangs war die Burg nach allen Seiten von einem Wassergraben umgeben, auch zur Stadt hin. Später wurden die stadtseitigen Gräben zugeschüttet, doch der wuchtige Burgstock mit seinem mächtigen Turm setzte die herzogliche Anlage auch weiterhin deutlich von der aufstrebenden bürgerlichen Stadt ab. War der Haupteingang früher zur Westseite – etwa dort, wo sich heute wieder ein Durchgang zur Dienerstraße befindet – gelegen, öffnete sich die Burg nun zur Stadt hin. Ein weiterer Ausgang führte nach Norden über den Graben direkt aufs freie Feld, damit der Hofstaat unbeobachtet von den Bürgern die Burg betreten und auch wieder verlassen konnte. Angebunden und doch isoliert, so wurde die Burg geplant, denn der Feind kam nicht nur von außen. Auch die zunehmende Macht der immer wohlhabender werdenden Bürgerschaft beunruhigte die Herzöge. Immer wieder kam es zu Spannungen in diesen unsicheren Zeiten. So markierte das stadtseitige Burgtor im großen Turm die Grenze zwischen höfischem Bereich und städtischen Bereich, den es als von Gott gewollte Ordnung zu wahren galt. Aus diesem Grund blieb das Tor die meiste Zeit geschlossen. Ab dem 16. Jahrhundert aber verliert der Alte Hof an Bedeutung und wird von der »Neuen Veste« weiter nördlich abgelöst, die nach und nach zur monumentalen Residenz ausgebaut wurde.

Es ist diese jahrhundertelang gepflegte Abschottung, die noch heute spürbar ist. Sie macht die besondere Aura dieses mystischen Ortes inmitten der Stadt aus, die wir heute abseits des Trubels der Innenstadt sogar zu schätzen wissen. Hier ist ein Ort entstanden, der uns für einen Augenblick durchatmen lässt, an dem wir uns besinnen können. Dazu trägt nicht nur die historisch gewachsene Lage bei, sondern auch das spezielle Empfinden, das wir haben, wenn wir den rechteckigen Hof betreten.

DIE RAUMSPRACHE DES ALTEN HOFS | Betrachtet man die Lage der Burg im Rahmen der gesamten Heinrichstadt aus der Sicht des Feng Shui, befindet sie sich nach dem Muster der Ba Gua, der acht Zeichen, in einem Bereich, der »Gen« genannt wird, »das Stillehalten«. Sein Bild ist ein Berg: *»Die Erfahrung des Bergs deckt sich mit dem Bild des Felsens, welcher für die Unerschütterlichkeit und Standhaftigkeit steht, dem ›Fels in der Brandung‹. Diese Stabilität entsteht durch das Finden der inneren Mitte, die Besinnung auf sich selbst und die einem innewohnenden Kräfte, die es zu sammeln gilt …«* [83] Zusätzlich passt die Lage im Norden auch zu der Vorstellung, dass der Herrscher mit seinem Gesicht Richtung Süden zu blicken habe, wenn er auf sein Reich schaut. So richtet er einerseits seinen Blick in die Glück verheißende Richtung, andererseits schützt er mit seinem Rücken vor den widrigen Kräften, die aus dem Norden nahen können. Anders gesprochen: Die Lage der Burg – und sogar die der späteren Residenz – ist ausgesprochen günstig nach den Maßstäben des Feng Shui und damit ausschlaggebend für die Prosperität der Stadt. Das mag alles noch im Bereich des Zufälligen und Spekulativen angesiedelt werden, doch die Raumsprache des Alten Hofs ist für jeden unmittelbar zu erleben.

Wenn Kinder eine Burg malen, dominieren Rechtecke und Quadrate das Bild, entsprechen diese doch unserer traditionellen Vorstellung von einer Befestigungsanlage: Zinnen, Türme, Mauerwerk, Fenster – alles besitzt vier Ecken. Tatsächlich finden wir in der Wirklichkeit nur sehr selten Burgen, die im Gesamteindruck dieser Form entsprechen. Es scheint sich also um ein archetypisches Bild zu handeln, das hier unsere Vorstellungen leitet, eine Art »*Gefühlsgeometrie*«[84], die über alle Zeiten und Räume hinweg in vielen Gegenden der Welt ähnlichen Niederschlag im Verständnis von Kunst und Architektur gefunden hat und daher auf eine universale Formensprache verweist, die dem Menschen innezuwohnen scheint.

Dabei ist das Viereck die Urform der Umgrenzung des Wohnraums und eng verknüpft mit dem Grundbedürfnis nach Schutz und Sicherheit. Noch heute sprechen wir gerne von unseren »vier Wänden«, wenn wir unser Zuhause meinen. Die Ausdehnung der Welt in die vier Himmelsrichtungen macht das Viereck zu einem universalen Symbol für die Erde. Überhaupt wird kulturübergreifend der Zahl Vier eine ordnende Kraft zugewiesen, sowohl in räumlicher als auch in zeitlicher Hinsicht: Neben den vier Himmelsrichtungen der Windrose kennen wir die vier Jahreszeiten und die vier Phasen des Monds. Biblische Vierheiten wie die vier Flüsse des Paradieses, die vier Evangelisten, die vier Buchstaben des heiligen Namen Gottes JHWH besitzen starke Symbolkraft. Und natürlich besteht der antike Kosmos aus den vier Elementen Feuer, Wasser, Luft und Erde. Die Vier ist die materielle Ordnungszahl.[85] Sie schafft Konzentration und bündelt die Kräfte. Eine Burg ist Zuflucht und bietet Schutz. Aber hier konzentriert sich auch die Macht der Herrschenden über Recht und Ordnung. Wer hier sitzt, hat die Gewalt.

DAS AFFENTÜRMCHEN | Erst in der Regentschaft Ludwigs II., genannt »der Strenge«, weil er seine erste Frau, Maria von Brabant, aus Eifersucht enthaupten ließ, wird der Alte Hof zu einem regelmäßigen Aufenthaltsort für den herzoglichen Hofstaat und nach und nach zu einem repräsentativen Gebäude umgestaltet. Die erste schriftliche Erwähnung einer Burg zu München stammt aus dem Jahr 1319, also aus der Zeit seines Sohnes Ludwig IV. (1294–1347), später auch Ludwig der Bayer genannt. Von diesem Ludwig handelt eine bekannte Münchner Sage, und jeder Stadtführer, der sie erzählt, wird dazu den Blick der Gäste auf jenen wunderschönen, spätgotischen Fachwerkerker im Burgstock lenken, der mit seinen prächtigen bunten Wappen und seiner feinen Turmspitze fast schwerelos an der Wand zu schweben scheint.

Der kleine Ludwig lag gerade in seiner Wiege und schlief. Seine Amme war ebenfalls eingenickt, andere sagen, sie wäre für einen Augenblick ausgetreten. Nun muss man wissen, dass es die Herrscher damals für schick hielten, sich exotische Tiere am Hof zu halten. Auch Ludwig der Strenge hatte solche, unter anderem einen Affen, der in der ganzen Burg frei herumlaufen durfte. Nun tat dieser Affe das, was alle Affen gerne tun: Er äffte nach. So hatte unser Affe die Amme dabei beobachtet, wie sie den kleinen Ludwig aus der Wiege nahm und ihn auf dem Arm hin und her wiegte. In dem nun unbewachten Moment näherte sich das Tier der Wiege, nahm den Kleinen heraus und tat es der Amme gleich – an sich eine anrührende Szene. Doch die Amme erschrak fürchterlich, als sie das sah und stieß einen spitzen Schrei aus. Der Affe schrie ebenfalls laut auf, packte das fest in seine Windeln gewickelte Kind und gab Fersengeld. Die Amme lief, so schnell sie eben konnte, hinterher, doch das Tier war im Vorteil, besaß es doch vier Pfoten, kletterte behände Säulen und Konsolen hinauf, während die gute Frau über ihre langen Gewänder stolperte und der Länge nach hinschlug. Immer weiter hinauf lief der Affe, nahm Treppe um Treppe, bis er schließlich ins Dachgestühl kam und in seiner Panik aus einer offen stehenden Luke hinaus auf das Dach kletterte, den kleinen Ludwig immer noch in seinem Arm haltend. Er kletterte bis auf die Spitze des besagten Türmchens hinauf. Unterdessen hatte sich der Hofstaat in heller Aufregung im Hof versammelt. Man legte Kissen und Decken auf dem Pflaster aus, in der Hoffnung, so einen etwaigen Sturz des Thronfolgers abmildern zu können. Wer aber die Höhe sah, in die sich der Affe samt Kind zurückgezogen hatte, der musste arge Zweifel hegen, ob dies genützt hätte. Nun heißt es, der Koch habe die glorreiche Idee gehabt, den Affen mit einem Stück Wurst wieder in das Gebäude zu locken. Er winkte also mit einem Zipfel feinster Wurst aus dem Fenster – und tatsächlich! Der Affe fühlte sich von deren Duft unwiderstehlich angezogen und verließ seinen luftigen Posten. Brav kletterte er zurück in die Burg, legte das Kind wieder in seine Wiege, nahm die Wurst und tat sich gütlich daran, als ob nichts gewesen wäre. Die Erleichterung war groß, und den Koch ließ man als Retter hochleben. Was mit dem Affen geschah, davon weiß die Chronik jedoch nichts zu berichten. Der kleine Ludwig aber soll von dem wilden Abenteuer nichts mitbekommen und die ganze Zeit über tief und fest geschlafen haben. Kein Wunder also, wenn ein Kind, das in so jungen Jahren eine derartige

Ludwig der Bayer machte den Alten Hof im 13. Jahrhundert zur Kaiserresidenz. Noch immer begegnet man hier vielen Symbolen der Macht.

Tollkühnheit überlebte, später nicht nur den Thron des Herzogs beerben, sondern sogar zum Kaiser aller Deutschen werden sollte …

So wunderbar diese Geschichte auch ist, so hat sie doch einen gewaltigen Haken: Das sogenannte Affentürmchen, wie der Erker seitdem genannt worden sein soll, ist nachweislich ein Bauwerk aus dem 15. Jahrhundert, und da weilte Kaiser Ludwig schon lange nicht mehr unter den Lebenden. Dennoch gibt es, wie bei allen Sagen, einen wahren Kern. Nicht nur, dass es tatsächlich üblich war, sich Affen und andere wilde Tiere am Hofe zu halten, so soll auch auf der Spitze eines Turms der Lorenzkirche, genau gegenüber vom jetzigen Affentürmchen, ein steinerner Affe zu sehen gewesen sein. Dieser soll ein Abbild jenes Affen gewesen sein, der den jungen Ludwig entführte, und zwar eben nicht auf die Spitze des Erkers, sondern auf die Spitze eines Kirchturms.[86]

ZENTRUM SPIRITUELLER UND WELTLICHER MACHT | Weder von der Steinskulptur noch von der Kirche selbst ist etwas erhalten. Die Lorenzkirche wurde im Zuge der Säkularisation im Jahr 1816 abgerissen. Dabei war diese Kapelle noch zu Zeiten des Heiligen Römischen Reichs ein ganz besonders geschichtsträchtiger Ort, denn dort bewahrte der 1314 zum Kaiser gekrönte Ludwig der Bayer die Reichskleinodien auf und machte damit die Herzogsburg bis zum Jahr 1350 zur Kaiserburg. Zahlreiche Umbaumaßnahmen wurden durchgeführt und auch die Lorenzkirche errichtet.[87]

In einem eigens an die Kirche angefügten Stockwerk kamen die heiligen Insignien der Macht unter, darunter Krone, Szepter, Reichsapfel, Schwert und natürlich das älteste und kostbarste Stück, der Heilige Speer, jene Lanze, mit welcher der Legionär Longinus Christus am Kreuze in die Seite gestoßen haben soll, um seinen Tod festzustellen. In diesem Speer ist ein Nagel aus dem Kreuzigungsgeschehen eingearbeitet. Er ist daher nicht nur Insignie der Macht, sondern auch eine hochheilige Reliquie. Heute ist er als »Speer des Schicksals« Gegenstand okkulter Fantasien geworden, denn es heißt, dass er den Träger unbesiegbar mache. Vier Mönche hüteten diese Schätze von allergrößter spiritueller Bedeutung Tag und Nacht, immerzu betend. Die Reichskleinodien wurden in sogenannten Heiltumsweisungen öffentlich gezeigt, um die politische Macht zu demonstrieren und zugleich den göttlichen Auftrag des Kaisertums zu begründen, so auch im Jahr 1324 in München. Heute werden die Kleinodien in der Wiener Hofburg aufbewahrt.

Neben dieser Demonstration spiritueller Macht liebten es die Wittelsbacher, ihre weltliche Macht auf ganz profane Weise zu zeigen, indem sie sich Statussymbole zulegten, unter anderem nichts Geringeres als ihr Wappentier *in natura*. »Neben dem Tor des alten Hofes sind in zwei Verließen drei Löwen – ein schönes Schaustück«, schrieb Andrea de Franceschi, später Großkanzler der Republik von Venedig, im Sommer des Jahres 1492 in sein Reisetagebuch.

»Ferner befinden sich im Hof zwei Löwen, viel größer als die eingeschlossenen; sie spazieren unter den Leuten umher, lassen sich von jedermann streicheln und sind völlig zahm. Allerdings«, fügt er hinzu, *»ist der größere von ihnen kastriert und seiner Krallen beraubt; der andere aber ist unversehrt.«*[88]

Dies war in der Tat etwas Besonderes, und die Wittelsbacher waren offensichtlich so stolz auf diese Löwen, dass sie diese Tradition jahrhundertelang aufrechterhielten, trotz der enormen Kosten, die die Haltung der Raubkatzen verursachte. Noch Mitte des 16. Jahrhunderts konnten die Münchner Herzog Albrecht V. auf den Gassen in Begleitung eines zahmen Löwen begegnen, der ihm wie ein Hund gefolgt sein soll. Vermutlich wurden die Tiere in einem eigenen Löwenzwinger gehalten, der sich in der nordöstlichen Ecke der Burg befand. Auch die Allgemeinheit war zuweilen eingeladen, einen Blick auf die furchterregenden Bestien zu werfen. In den Chroniken des Jahres 1473 wird sogar berichtet, wie zwei der Löwen entkamen und durch die Stadt irrten. Man schickte Männer aus, die von Haus zu Haus zogen, um die Bevölkerung zu warnen. Ob man die Löwen einfangen konnte oder töten musste, ist leider nicht überliefert. Der Löwenmeister lebte in einem eigenen Haus, heute Burgstraße 14, also außerhalb der Burg. Das Eckhaus genau gegenüber, links neben der Toreinfahrt, heute ein modernes Gebäude, trug noch lange den Namen »Löweneck«, und in alten Stichen ist dort als Hauszeichen das Bild eines liegenden Löwen zu sehen. Wahrscheinlich endete die Tradition der Löwen im Alten Hof mit dem Dreißigjährigen Krieg.

AGNES BERNAUER | Sicherlich haben sich hinter so hochherrschaftlichen Gemäuern jede Menge dramatischer Geschichten ereignet. Eine jedoch ist den Münchnern bis auf den heutigen Tag im Gedächtnis geblieben: 1432 kam es in München zu einem Volksaufstand. Es war ein heißer Sommertag, und Herzog Ernst und sein Sohn Albrecht befanden sich auf einem Landtag in Straubing. Die beiden hatten eine heftige Auseinandersetzung wegen einer Frau: Agnes Bernauer, Baderstochter aus Augsburg und die Geliebte Albrechts. Der Vater verlangte von seinem Sohn, die nicht standesgemäße Liaison endlich aufzugeben. Albrecht weigerte sich. Genau zu diesem Zeitpunkt befand sich Agnes in München, denn der verliebte Fürstensohn hatte die schöne Maid aus Augsburg an den Hof gebracht, sehr zum Missfallen des Vaters. Ein Mädchen aus einem Badehaus, einem Ort der Sittenlosigkeit und Unschicklichkeit! Doch allen Widrigkeiten und Anfeindungen zum Trotz verlobte sich Albrecht 1431 mit der Bernauerin. Damit wurde die Mätresse zur Bedrohung, denn Ehen wurden damals nicht aus Liebe, sondern aus machtpolitischem Kalkül geschlossen. Dann kam dieser denkwürdige Tag in München. Der Magistrat von München hatte einen gefürchteten Raubritter festgesetzt und wollte ihn soeben einkerkern, da gelang diesem die Flucht. Irgendwie gelang es ihm, sich in den Kellern des Alten Hofs zu verstecken, wodurch er dem städtischen Einflussbereich entzogen war. Zudem behauptete der

Ritter, unter dem Schutz des Herzogs zu stehen. Eine kühne Behauptung, aber keine der Wachen traute sich in der Folge, an ihn Hand anzulegen und ihn auszuliefern. Vor den Toren der Burg versammelte sich mittlerweile die wütende Menge und verlangte die Herausgabe des Verbrechers. Die Stimmung war bis zum Zerreißen gespannt, und am Hofe fürchtete man, der Mob könne seinen Zorn entladen und die Residenz stürmen. Die Hofbeamten mussten eine Entscheidung treffen und wandten sich an Pfalzgräfin Beatrix, Albrechts Schwester und die einzige der Familie, die anwesend war und deshalb offiziell den Herzog repräsentieren durfte. Doch diese winkte nur ab und ließ verkünden, dass sie sich gerade auf ein Festbankett vorbereite und für derlei keine Zeit habe. Da schlug die Stunde der Agnes Bernauer. Sie trat vor die aufgebrachte Menge und gab bekannt, dass sie soeben einen Boten nach Straubing entsandt habe. Das dämpfte den Zorn der Menge, vielleicht auch, weil die Bernauerin eine von ihnen war. Zwei Tage später kehrte der Bote zurück und verkündete den Befehl des Herzogs: Der Raubritter sei sofort an die Stadt auszuliefern. Damit hatte die kluge Agnes die Situation gerettet.

Doch das änderte nichts daran, dass sie Persona non grata am Hofe war. Allen Versuchen seines Vaters zum Trotz, ihn anderweitig zu verkuppeln, machte Albrecht seiner Geliebten immer größere Geschenke, kaufte ihr mehrere Höfe und richtete sich mit ihr in der Blutenburg im heutigen Obermenzing ein Liebesnest ein. Da griff Herzog Ernst zu einer List und bestellte seinen Sohn zum Statthalter von Straubing. Albrecht musste München verlassen und in der Straubinger Residenz leben. Doch kurzerhand holte der ungehörige Sohn die Agnes einfach zu sich. Nun war das Maß voll, und Herzog Ernst machte Ernst. Er sorgte dafür, dass Albrecht am 6. Oktober des Jahres 1435 zu einer Jagd nach Landshut eingeladen wurde. Wenige Stunden nach seinem Aufbruch wurde die Bernauerin verhaftet, der Hexerei bezichtigt und nach Straubing überführt. Schon am nächsten Tag wurde ihr der Prozess gemacht, vermutlich unter dem Vorsitz des Herzogs persönlich. Agnes, gerade 24 Jahre alt, hatte keine Chance. Sie wurde zum Tode verurteilt und ohne weiteren Aufschub in der Donau ertränkt, eine Hinrichtungsart, die damals vornehmlich Frauen vorbehalten war. Man erzählte sich, sie sei in einen Sack eingenäht worden, zusammen mit zwei Hunden, die in ihrem Todeskampf die Baderstochter noch zusätzlich mit ihren Bissen peinigten.

Als Albrecht von dem grausamen Mord erfuhr, rüstete er zum Kampf gegen seinen Vater. Nur das Machtwort des Kaisers verhinderte den Bürgerkrieg. Zwei Monate darauf trafen sich Vater und Sohn – und versöhnten sich! Der Herzog zeigte Reue und ließ sogar eine Kapelle für die Ermordete auf dem Friedhof von Straubing errichten, die nun sogar eine

»ehrsame und ehrbare Frau Agnes, die Bernauerin« genannt wurde. Über dem Sarg der dort bestatteten Frau reichten sich die beiden die Hände. Und Albrecht heiratete schließlich standesgemäß. Die Ordnung war wiederhergestellt.

EIN ORT DER ORDNUNG | Der letzte der drei Hügel, auf denen München errichtet wurde, ist das weltliche Zentrum der Macht. Der Alte Hof steht für das Grundprinzip der Ordnung mit all ihren Facetten. Ordnung gibt Halt und Schutz, wie eine Burg.
Sie gibt Struktur und teilt unser Leben in Wichtiges und Unwichtiges ein, in ein Innen und ein Außen, in ein Dazugehören und ein Außenvorsein – mit aller Tragik, die sich daraus ergeben mochte, wie in der Geschichte von der unglücklichen, nicht standesgemäßen Liebe zwischen Albrecht und Agnes. Das Prinzip der Ordnung äußert sich häufig in der Ausübung von Macht. Dazu gehört immer jemand, der die Macht hat, und einer, der ihr unterworfen ist. Einer steht oben, der andere unten. Ordnung organisiert sich am liebsten in der Vertikalen. Das spiegelt sich auch in unserem alltäglichen Leben wider: Wenn wir eine Prioritätenliste erstellen, dann stets von oben nach unten. Auch unserer heutigen Vorstellung nach ist eine Chefetage immer in den höheren Stockwerken angesiedelt. In der Hierarchie stehen die Führungspersönlichkeiten immer »oben«. Ganz anders das Prinzip der Liebe: Es bevorzugt die Horizontale, die Augenhöhe, betont das Gemeinsame, das, was alle Menschen miteinander verbindet. Ordnung betont das, was Menschen voneinander trennt. Welches Bauwerk könnte dieses Prinzip stärker verkörpern als eine Burg? Im Alten Hof begegnen wir Symbolen der Macht, nicht zuletzt dem Löwen, der für München schon seit seinen Anfängen eine große Bedeutung besitzt. Wir haben ihn schon als Gegenpol zur chaotischen Drachenkraft kennengelernt. In ihm siegt das Licht über die Finsternis und stellt so die Ordnung des Kosmos wieder her. Nicht umsonst sahen sich die Wittelsbacher später als Speerspitze der Gegenreformation, als Verteidiger des wahren Glaubens. Doch wie uns die Geschichte vom Affentürmchen lehrt, gibt es immer ein unberechenbares Element in den eigenen Reihen. Das musste auch Herzog Ernst erfahren, als die Liebe seines Sohnes seine dynastischen Pläne zu vereiteln drohte.
Für den Betrachter ist die ordnende Kraft des Alten Hofs immer noch spürbar. Wer sich auf diesen Platz einlässt, der merkt sofort: Die alte Herzogsburg ist immer noch ein mystischer Ort der Ordnung.

KRAFTVOLLES ANGERVIERTEL
Am Viktualienmarkt
Die Heilig-Geist-Kirche
Die Hammerthaler Muttergottes
Die Wadler-Spende
Am Sankt-Jakobs-Platz
Faustürmchen

WUNDERVOLLES HACKENVIERTEL
Allerheiligenkirche am Kreuz
Maria am Birnbaum
Hundskugel
Herzogspitalkirche

GEHEIMNISVOLLES KREUZVIERTEL
Der Schöne Turm
Die Sage vom unseligen Goldschmied
Wo in München das letzte Stündlein schlug
Das Karlstor am Stachus
Die Michaelskirche
Der Märchenkönig und seine Guglmänner
Am Promenadeplatz
Der Jungfernturm

MACHTVOLLES GRAGGENAUER VIERTEL
Die Residenz
Der Grottenhof
Marco Bragadino
Vier Löwen vor der Residenz
Der Hofgarten
Am Platzl

DIE VIER VIERTEL

Dort, wo sich bereits vor Zeiten zwei Wege kreuzten, am Fuße des heutigen Petersbergl, wurde von Heinrich dem Löwen der Markt zu München gegründet. Über eine Isarfurt führte der eine Weg von Osten nach Westen, den der geschäftstüchtige Herzog kurzerhand zur neuen Salzhandelsroute umfunktionierte. Wahrscheinlich als Verbindungsstück zwischen den beiden Römerstraßen bei Grünwald und bei Oberföhring führte ein weniger bedeutender Weg am Hochufer der westlichen Isar entlang. Dort, wo sich diese beiden Pfade kreuzten, bestimmten die Stadtgründer die Mitte der neuen Stadt und schlugen ihren Pflock ein. Von diesem Mittelpunkt aus breiten sich die Arme eines Kreuzes in alle Himmelsrichtungen aus und teilen das Gebiet in vier Viertel.

Münchens vier Viertel existieren damit seit der Gründung der Stadt. Auch bei der Stadterweiterung, die unter Herzog Ludwig I., dem Kelheimer Anfang des 13. Jahrhunderts Richtung Isar begann und von seinem Enkel Ludwig dem Strengen Ende des 13. Jahrhunderts in alle vier Himmelsrichtungen fortgesetzt wurde, ging man planmäßig vor: Die Vermesser orientierten sich an der Länge der alten Hauptachse und verlagerten die Tore in allen vier Richtungen um die gleiche Strecke weiter nach außen. Das Ergebnis war eine Erweiterung des ursprünglich 17 Hektar großen Gebiets auf 91 Hektar. Die neue Stadtmauer hatte nun eine Länge von etwa vier Kilometern. Doch das alte Herz der Stadt blieb im Bewusstsein der Menschen erhalten: Die Stadt Heinrichs des Löwen behielt ihre Kontur und wurde »innere Stadt« genannt. Die neuen Viertel wurden als »äußere Stadt« bezeichnet. Sie wurde von den vier Haupttoren begrenzt: im Norden vom Schwabinger Tor, im Süden vom Sendlinger Tor, im Osten vom Isartor und im Westen vom Neuhauser Tor, das später Karlstor genannt wurde. Das Schwabinger Tor musste dem Odeonsplatz weichen, aber alle anderen Tore existieren noch heute.

Jedes der vier Viertel trägt seit vielen Jahrhunderten einen eigenen Namen. Das Südostviertel zwischen Isartor und Sendlinger Tor wurde Angerviertel genannt. In der Zählung wurde es als das erste Viertel geführt (»prima quarta«), gefolgt vom Hackenviertel im Südwesten zwischen Sendlinger Tor und Neuhauser Tor. Im Nordwesten schließt sich das Kreuzviertel zwischen Neuhauser Tor und Schwabinger Tor (heute Odeonsplatz) an, und mit dem Graggenauer Viertel zwischen Odeonsplatz und Isartor schließt sich der Kreis der äußeren Stadt.

Jedes Viertel hat seine ganz eigene Qualität, die es bis heute trotz allem Wandel beibehalten hat. Einige der Merkmale leiten sich sicherlich aus deren topografischer Lage ab. So speiste sich etwa der Charakter des Angerviertels aus dessen Nähe zum Weideland. Doch auch die Himmelsrichtung selbst verleiht jedem Viertel sein besonderes Gepräge. Dass jeder

Richtung eine besondere Idee innewohnt, kennen wir aus den christlichen Überlieferungen des Mittelalters, den Geheimwissenschaften, aber auch aus der Antike und vielen Mythologien der Welt. Ein besonders ausgefeiltes System bietet die fernöstliche Geomantie. Verblüffend ist, dass Eigenschaften der einzelnen Viertel mit den Bedeutungen der Himmelsrichtungen übereinstimmen, wie sie in den Ba Gua des Feng Shui überliefert sind: Das Angerviertel im Südosten entspricht »Sun« (das Sanfte), dessen Bild der Wind ist, der sich in den Zweigen eines blühenden Busches fängt und den Blütenstaub davonträgt, um für Fortpflanzung zu sorgen. Das Thema hier ist Fruchtbarkeit, Ernährung, Genuss. Passend für ein Viertel, das nicht nur den Rindermarkt beherbergte, sondern auch den Viktualienmarkt.

Das Hackenviertel im Südwesten entspricht »Kun« (das Empfangende), dessen Bild die Erde ist, die die Wärme der Sonne speichert und so schöpferische Prozesse in Gang setzt. Das Thema hier ist Kreativität, Gestaltung, Konkretisierung, praktische Umsetzung, Handwerk. So verwundert es nicht, dass dieses Viertel, bevor es zu seinem ominösen Namen kam, auch als Kramerviertel bekannt war, wo die Händler ihre Läden hatten. Dort waren auch die Handwerker und ihre Zünfte angesiedelt.

Das Kreuzviertel im Nordwesten hieß auch lange Eremitenviertel, denn dort lag das Kloster der Augustiner-Eremiten. Seit dieser Zeit blieb es das Viertel, in dem sich die spirituelle Macht Münchens konzentrierte. Im Feng Shui heißt diese Himmelsrichtung »Qian« (das Schöpferische), und das Bild ist der Himmel, der sich über die Erde wie ein schützendes Zelt aufspannt. Der Himmel gilt als Sinnbild der Gesetzmäßigkeiten der göttlichen Ordnung.

Das vierte in der Zählung ist das Graggenauer Viertel. Seine Himmelsrichtung ist der Nordosten, und der steht nach der Lehre des Feng Shui für »Gen« (das Stillhalten). Das dazugehörige Bild ist der Berg als Symbol für die Macht der Konzentration und die Konzentration von Macht. Beides passt gut zu einem Viertel, in dem sich in erster Linie die Herrschenden zu Hause fühlten, angefangen von den Herzögen im Alten Hof bis hin zu den Kurfürsten und Königen in der Residenz.

Natürlich ist kaum anzunehmen, dass die Lehre des Feng Shui im Mittelalter in Europa bekannt war. Doch wie wir bereits bei der Betrachtung der Drachenkraft und dem Konzept des Qi gesehen haben, gibt es interessante Übereinstimmungen, die darauf hinweisen, dass es sich um ein universelles Wissen handeln könnte, das sich kulturübergreifend überall dort manifestiert, wo Menschen sich auf der Welt einrichten, Häuser bauen und Städte gründen. In diesen Zusammenhängen offenbart sich das Mystische auf eine ganz besondere Weise.

KRAFTVOLLES ANGERVIERTEL

Im Namen des Angerviertels ist seine Bedeutung für die ganze Stadt verschlüsselt: Unter einem Anger verstand man in erster Linie ein Stück Weide- oder Ackerland. Das befand sich zur Zeit Heinrichs des Löwen noch vor den Toren der Stadt in den Isarauen, deren Land zwar sumpfig, aber naturgemäß auch sehr fruchtbar war. Zahlreiche Bäche durchzogen das Gelände. Später wurden sie zu den Stadtbächen, die das Angerviertel an vielen Stellen durchzogen und es lange Zeit prägten. Der namengebende Anger wird sich auf dem Areal des heutigen Sankt-Jakobs-Platzes befunden haben, dem Herzen des Viertels. Dort stand ab 1221 auch das erste Kloster der Stadt, das Kloster am Anger, gegründet von den Franziskanern, später in ein Klarissenkloster umgewandelt und heute in der Obhut der Armen Schulschwestern.

Dort also fanden Tiere ihr Futter und bildeten so die Grundlage für die Ernährung der Menschen in der Stadt. Wenn wir einen Blick auf die Namen der Straßen und Plätze werfen, fallen die Bezüge zu Pflanzen und Tieren sofort ins Auge: Rindermarkt, Blumenstraße, Rossmarkt und Rosental. Zwei große Marktplätze beherbergt dieses Viertel: den Viktualienmarkt und den Sankt-Jakobs-Platz. Während Letzterer diese Funktion mittlerweile verloren hat, ist der Viktualienmarkt noch heute das lebendige Zentrum für den Handel mit Lebensmitteln aus aller Welt. Dieser Versorgungsaspekt hat das Viertel tief geprägt. Man könnte sagen, dass hier die Kraftquelle Münchens zu finden ist, und zwar im ganz leiblichen Sinne.

Während es auf dem Sankt-Jakobs-Platz heute eher ruhig zugeht, pulsiert das Leben des Viertels auf dem weltberühmten Viktualienmarkt, ein Areal mit zahlreichen Ständen, die Köstlichkeiten aus ganz Bayern sowie aus aller Herren Länder feilbieten, nebst einem viel besuchten Biergarten. Ein Bummel über diesen Markt gilt auch unter Münchnern als Inbegriff von Genuss und Lebensfreude. Nicht umsonst ist der Viktualienmarkt in der fünften Jahreszeit das Epizentrum des Fastnachtstreibens, wenn am Faschingsdienstag die Marktweiber tanzen und zur Gaudi einladen.

AM VIKTUALIENMARKT | Es ist noch gar nicht so lange her, da befand sich dort, wo heute der Viktualienmarkt ist, die älteste Wohltätigkeitsstiftung der Stadt, das Heilig-Geist-Spital. Von der Westenriederstraße bis zum Rosental, vom Dreifaltigkeitsplatz bis zum Tal existierte eine ganz eigene Welt, Gebäude an Gebäude, durchzogen von Gässchen und Höfen, wie eine kleine Stadt in der Stadt, ein über die Jahrhunderte gewachsener Organismus von hoher sozialer Bedeutung und erstaunlicher wirtschaftlicher Tragkraft. Doch nur die Spitalkirche zum Heiligen Geist ist davon heute noch erhalten. Spital, Hospital, Hospes – das lateinische Wort weist in seiner Bedeutung noch auf die Grundfunktion dieses Komplexes hin: Gast, Gastlichkeit.

Gelegen an der wichtigen Ost-West-Linie Münchens mit seinem regen Kommen und Gehen entwickelte sich wohl schon um 1208 vor den Toren der Stadt am Fuße des Petersbergl ein Betrieb, der sich der Fremden und Pilgernden annahm. Zunächst wurden am Stadtbach ein Pilgerhaus und eine Katharinenkapelle errichtet, die zusammen schon einen in sich geschlossenen Komplex bildeten. Dort fanden aber nicht nur Fremde Aufnahme. Schon früh öffneten sich die Tore des Hospitals auch für andere Hilfesuchende, für Arme, Kranke, Obdachlose.

Es war der aus Frankreich kommende bürgerliche Heilig-Geist-Orden, der die Verantwortung für dieses Hospital im Jahr 1290 übernahm und sich auf das Spitalwesen spezialisiert hatte – eine Ausnahme, denn üblicherweise war dies das Betätigungsfeld von Ritterorden wie den Templern, Maltesern oder den Johannitern. Hintergrund für diesen Orden ist die in der christlichen Lehre verankerte Verbindung der sieben Werke der Barmherzigkeit mit dem Heiligen Geist. So heißt es bei Matthäus 25, 35–36:
»Denn ich bin hungrig gewesen, und ihr habt mich gespeist. Ich bin durstig gewesen, und ihr habt mich getränkt. Ich bin Gast gewesen, und ihr habt mich beherbergt. Ich bin nackt gewesen und ihr habt mich bekleidet. Ich bin krank gewesen, und ihr habt mich besucht. Ich bin gefangen gewesen, und ihr seid zu mir gekommen.« Und später: »Und der König wird antworten und sagen zu ihnen: Wahrlich ich sage euch: Was ihr getan habt einem unter diesen meinen geringsten Brüdern, das habt ihr mir getan« (Matthäus 25, 40).

Die Brüder des Heilig-Geist-Ordens hatten das in zwölf Spitzen auslaufende, weiße Doppelkreuz als Zeichen, auf ihren schwarzen Mänteln aber trugen sie das seit dem Konzil von Konstantinopel im Jahr 536 bestimmte Symbol des Heiligen Geists: die Taube. So nannte man sie auch die Kreuzherren oder die Taubenbrüder.

Als der Reiseverkehr in der Folgezeit immer weiter zunahm und sich immer mehr Menschen in München ansiedelten, um von den besseren Lebensbedingungen in der Stadt zu profitieren, musste auch das Spital größer werden. Pilgerhaus und Kapelle wurden Mitte des 13. Jahrhunderts erweitert und miteinander verbunden. Diese Baumaßnahmen wurden unter anderem durch eine Beteiligung an den Salzzöllen des östlichen Stadttors finanziert. Bald erhielt das Spitalgebäude das kirchliche Asylrecht, und ihm wurde sogar ein eigener Friedhof zugestanden. 1271 wurde die Katharinenkapelle zur Spital-Pfarrkirche erhoben.

Vermutlich führte der große Stadtbrand von 1327, bei dem das Spital fast völlig zerstört wurde, zum Verschwinden des Heilig-Geist-Ordens. Anstelle des klösterlichen Hospitals trat nun ein Bürgerspital, das schon ein Jahr nach dem verheerenden Feuer wieder seine Aufgaben wahrnahm. Es wurde viel Geld in dieses Spital investiert, Vergünstigungen, Erleichterungen und vor allen Dingen reichliche Almosen bescherten dem gesamten Komplex einen rasanten Aufschwung.

Zu Beginn des 19. Jahrhunderts wurde im Zuge der Säkularisierung beschlossen, den Viktualienmarkt in den Innenhof des Spitals zu verlegen. Dies mündete schließlich im Abbruch des gesamten Spitals.

DIE HEILIG-GEIST-KIRCHE | Die Geschichte der Kirche ist natürlich eng mit der Geschichte des Spitals verknüpft. An der Stelle der heutigen Heilig-Geist-Kirche stand in den Anfängen eine Katharinenkapelle. Ab 1250 wurde bereits eine größere Kirche errichtet, die möglicherweise schon unter dem Patrozinium des Heiligen Geists stand. Nach dem verheerenden Stadtbrand von 1327 wurde die im Kern heute noch erhaltene gotische Hallenkirche errichtet, vom Typus der Frauenkirche nicht unähnlich: mit Chorumgang und Seitenschiffen, die fast genauso hoch sind wie das Mittelschiff. Obwohl die Brüder vom Orden des Heiligen Geists die Leitung des Spitals in dieser Zeit aus uns nicht bekannten Gründen verloren hatten, erinnert noch vieles an diese Bruderschaft, die sich der Kranken- und Armenfürsorge verschrieben hatte. Überall an und in der Kirche können wir ihr Kreuz mit den zwei Querbalken entdecken. Jedes der sechs Enden des Kreuzes ist wiederum gespalten, sodass sich zwölf Spitzen ergeben – die heilige Zahl der Apostel. Das symbolische Erbe der »Kreuzherren« oder »Taubenbrüder«[89] aber sind die unzähligen Anspielungen auf den Heiligen Geist.

Wer die im ausgehenden 19. Jahrhundert neubarock gestaltete Westfassade mit dem Hauptportal betrachtet, entdeckt gleich unter dem alles überragenden goldenen Auge Gottes die nach unten fliegende Taube des Heiligen Geists. Die Taube ist wohl eines der vielschichtigen christlichen Symbole. Noch in der Antike ist sie der Aphrodite, der Göttin der Liebe, zugeordnet und steht bei den Griechen für Eros, die sinnliche Liebe. Ihr gurrendes Liebeswerben und ihre zur Schau gestellte Sinneslust, wenn sie sich in aller Öffentlichkeit paart, stehen dabei im Gegensatz zur Reinheit ihres weißen Gefieders. So verbindet die Taube Fruchtbarkeit mit Keuschheit. Vielleicht war dies auch ein Grund, warum sie im Jahr 536 im Konzil zu Konstantinopel als Symbol für den Heiligen Geist Gottes ausgewählt wurde, der über den Urwassern der Schöpfung brütet (1. Moses 1,2). In der pelagischen Schöpfungsgeschichte ist es die Taube, die das Weltenei

Die 1327 nach dem Stadtbrand errichtete gotische Hallenkirche ist im Kern noch heute in der Heilig-Geist-Kirche erhalten. Dort gibt es nach wie vor Details, die an den Heilig-Geist-Orden erinnern.

legt, aus dem später der Kosmos entsteht. Der sumerische Name dieser Taube war Jahu, die erhabene Taube, ein uralter Titel der Mondgöttin, aus dem sich später der hebräische und nun männliche Jahwe entwickelte. Aus dem ursprünglichen Fruchtbarkeitssymbol einer Muttergöttin wird der schöpferische Teil Gottes, der »*im Göttlichen ruhende, aus ihm herauswinkende Geist*« als »*weibliche Komponente seines allumfassenden, über den Geschlechtern stehenden Wesens*«.⁹⁰ Für die Gnostiker wurde die Taube schließlich zur Personifikation der weiblichen Sophia, der göttlichen Weisheit. In der Moderne ist die Taube zum Symbol des Friedens geworden, besonders wenn sie einen Ölzweig im Schnabel trägt. Denn als die Quellen der Sintflut versiegten, ließ Noah eine Taube zur Erkundung der Lage fliegen. Diese kehrte mit dem grünenden Zweig eines Olivenbaums zurück, sodass Noah wusste, dass die Wasser zurückgegangen waren und wieder festes Land aus den Fluten aufgetaucht war (1. Moses 8,11). Auch hier schwebt die Taube über den Wassern des Neuanfangs und zusätzlich zum Zeichen des Friedens, der wieder zwischen dem zornigen Gott und seinem Volk hergestellt war. Die von den Sünden reinigende Kraft der Sintflut wird auf das Wasser der Taufe übertragen, und so schwebt bei seiner Taufe im Jordan eine Taube über Jesus (Matthäus 3,16). An der Fassade der Heilig-Geist-Kirche schwebt die Taube des Heiligen Geists auf die Muttergottes mit dem Kind herab, die selbst in ihrer Verbindung aus Keuschheit und Mutterschaft mit der Taube in Verbindung gebracht wird. Im Inneren der Kirche wird ein ganzer Bilderzyklus dem Heiligen Geist gewidmet, genauer gesagt den Sieben Gaben des Heiligen Geists, wie sie beim Propheten Jesaja, Kapitel 11, beschrieben werden, wenn er von der Ankunft des Messias und seines Friedensreiches kündet: »Doch aus dem Baumstumpf Isais wächst ein Reis hervor, ein junger Trieb aus seinen Wurzeln bringt Frucht. Der Geist des Herrn lässt sich nieder auf ihm: der Geist der Weisheit und der Einsicht, der Geist des Rates und der Stärke, der Geist der Erkenntnis und der Gottesfurcht.«

Die Theologie des Mittelalters machte aus diesen ursprünglich sechs Gaben sieben, indem die Gottesfurcht durch die Frömmigkeit ergänzt wird. Damit schuf sie einen christlichen Kanon in Anlehnung an die Sieben Freien Künste der Antike und den sieben Tugenden, zugleich zusammen mit den sieben Sakramenten als einen positiven Gegenpol zu den sieben Todsünden.

Die Bilder befinden sich an den Wänden des nördlichen und südlichen Seitenschiffs und stammen von dem Antwerpener Maler Peter Jakob Horemans, der sie in der zweiten Hälfte des 18. Jahrhunderts schuf. Jedes der Bilder zeigt in reichhaltiger, zum Teil okkult anmutender Allegorie eine der Gaben des Geists in Gestalt einer Frau, die in ihrem Herzen eine Taube trägt. Es beginnt mit dem Geist der Stärke auf der nördlichen Seite, gleich rechts neben dem Seiteneingang. Das Bild zeigt eine gerüstete Frau, die einen grünenden Stecken wehrbereit in der Hand hält, während im Hintergrund vor einer wehrhaften Stadt ein Mann im Kampf einen Löwen zerreißt, vielleicht eine Anspielung auf Daniel in der Löwengrube. Es folgt im Uhrzeigersinn die Gabe der Wissenschaft, die Gabe der Frömmigkeit und der Gottesfurcht, auf der Südseite dann die Gabe der Weisheit, des Verstandes und schließlich die Gabe des Rates links neben dem Ausgang auf den Viktualienmarkt. Die reiche Symbolik der Bilder in allen Einzelheiten zu erklären würde den hier gesetzten Rahmen übersteigen. Doch neben zahlreichen biblischen Zitaten finden wir auch jede Menge geheimer Symbolik, beispielsweise in der Darstellung der Gabe der Weisheit. Dort ist eine Sonne auf einem Obelisken zu erkennen, während die Allegorie des Heiligen Geists, wie auf allen Bildern durchweg eine Frau, eine brennende Fackel in der Hand hält, neben ihr der brennende Dornbusch. Die Sonne ist ein antikes Symbol für die Wahrheit, steht doch Helios, der Sonnengott, für das Licht, das alles an den Tag bringt. Der ägyptisch anmutende Obelisk – eigentlich eher eine lang gezogene Pyramide – steht für die Strahlen der Sonne, die von oben herab scheinen und so die göttliche Weisheit in der Welt manifestieren, verkörpert in den vier Ecken des Grundrisses. Jede dieser sieben Allegorien kann im Übrigen mit einem der sieben Planeten der klassischen Astrologie verknüpft werden, so wie hier die Weisheit mit der Sonne. Die Stärke entspricht dem Planeten Mars, die Wissenschaft Jupiter, die Frömmigkeit dem Mond, der Verstand dem Merkur, der Rat der Venus und die Gottesfurcht dem Saturn. Zuordnungen der sieben Planeten zu den sieben Gaben finden sich bereits in der christlichen Mystik, etwa bei Meister Eckhart und Hildegard von Bingen, ein weiteres Zeugnis von der einstigen Verbundenheit von Astrologie und christlicher Spiritualität.[91]

DIE HAMMERTHALER MUTTERGOTTES | Wer die Kirche vom Tal her betritt und sich gleich nach links wendet, der wird nach wenigen Schritten auf einen Seitenaltar treffen, vor dem unzählige Kerzen brennen. Dahinter steht ein Altar, auf dem in einem gläsernen Schrein das alte Bildnis der gekrönten Jungfrau Maria mit Kind zu sehen ist. Engel umschwirren die Szene, und ein Strahlenkranz verleiht der ansonsten eher schlichten Figur eine gewisse Dramatik.
Seit vierhundert Jahren verehren die Münchner dieses Gnadenbild als die »Hammerthaler Muttergottes«. Benannt wurde sie nicht, wie sonst üblich, nach ihrem Fund- oder Standort, sondern nach der Stifterin Ursula Hammerthaler – an sich schon etwas Ungewöhnliches. Diese Madonna blickt auf eine lange Tradition an Wundern zurück, die in ihrem Namen geschehen sein sollen.
Alles nahm seinen Anfang zu Beginn des 17. Jahrhunderts. Genau gegenüber der Heilig-Geist-Kirche, auf der anderen Seite des Tals, stand damals die Weinwirtschaft der Hammerthaler, etwa dort, wo sich heute ein Einrichtungshaus befindet, der Hammerthaler Hof. Im Jahr 1620 brachte die fromme Wirtsfrau aus dem Kloster Tegernsee eine geschnitzte gotische Madonnen-Statue mit, die sie in einem verwahrlosten Winkel der dortigen Kirche gefunden hatte und deren Anblick sie sofort berührt haben muss. Sie richtete der unscheinbaren, aber liebenswerten Figur – beinahe übermütig zieht sich das Jesuskind den Schleier der Mutter über den Kopf – einen Platz in ihrer Hauskapelle im Tal ein. Am nächsten Morgen erwachte sie und stellte fest, dass die fürchterlichen Gliederschmerzen, die sie ansonsten Tag für Tag begleitet hatten, mit einem Mal verschwunden waren. Ein Wunder, das nur von dem Standbild der Heiligen ausgegangen sein konnte. Dankbar fiel sie vor der Muttergottes auf die Knie. Die Zeiten waren rau, es herrschte Krieg, und so ein Wunder war ein Zeichen der Hoffnung in diesen düsteren Tagen. Die Heilung der Wirtin sprach sich schnell herum, und so kam es, dass wenige Tage später der Ansturm auf

das Gnadenbild zu groß für die Stube der Hammerthaler geworden war. Ursula sah sich nach einem würdigeren Platz um und sprach 1624 beim Prior des Augustinerklosters in der Neuhauser Straße vor, in dessen säkularisierter Kirche heute das Fischerei- und Jagdmuseum untergebracht ist. Der aber war zunächst überhaupt nicht angetan von der Vorstellung, dass seine Kirche dem Andrang von Wundergläubigen ausgesetzt würde, zumal das Gebäude gerade frisch renoviert worden war. Doch er ließ sich überreden, und als der Baumeister an der vorgesehenen Stelle einen Schlag gegen das Mauerwerk tat, öffnete sich ohne sein weiteres Zutun eine Nische, die genau die Größe der Statue aufwies, in dessen Hintergrund ein altes Wandfresko der heiligen Anna, der Mutter Mariens, aufschimmerte. Ein eindeutiges Zeichen Gottes, und noch im Juli desselben Jahres wurde die Muttergottes feierlich vom Tal in die Augustinerkirche überführt.

Die Verehrung der Statue aber nahm kein Ende, ihr Ruf ging weit über die Grenzen der Stadt hinaus, und die Kirche wurde zu einem der bedeutendsten Wallfahrtsorte der damaligen Zeit. Ursula selbst erlebte den Aufschwung des Kults nicht mehr, denn sie starb noch im selben Jahr, wurde aber neben der von ihr gestifteten Figur beigesetzt.

Mindestens drei Wunder wurden in den folgenden vierzehn Jahren verzeichnet: Agatha Huberin konnte nach dem Lesen einer Messe zu Ehren des Gnadenbildes ihre Krücken für immer zur Seite legen und war fortan frei von allen Schmerzen, die sie seit über sieben Jahren geplagt hatten. Der 20-jährige Jacob Zahler geriet auf dem Heimweg beim Tränken seines Pferds in den Strudel eines Flusses und wurde fortgerissen. Unter Wasser aber hatte er eine Vision: Er sah die Hammerthaler Muttergottes, wie sie ihm die Hand reichte und ihm Rettung versprach. Im selben Augenblick griffen Hände nach ihm und zogen ihn aus dem Wasser. Das Wunder aber war, dass er bereits über eine halbe Stunde lang unter Wasser gewesen war! Als am 29. Juni 1633 das Haus des Himmelsschäfflers in der Sendlinger Straße einstürzte, wurde der Student Wolfgang Lechner aus Starnberg unter den Trümmern begraben. Eingeklemmt von schweren Holzbalken dachte er, sein letztes Stündlein habe geschlagen. Da erschien ihm die Muttergottes aus der Augustinerkirche und sprach ihm Mut zu. Wenig später wurde er lebend und völlig unversehrt geborgen.

Wo auch immer die Menschen in diesem Gnadenbild die Muttergottes verehrten, erfuhren sie in dunklen Stunden tiefster Not Trost und Beistand. Sogar Pestheilungen wurden berichtet. Fürsten wie Ferdinand Maria und seine Gemahlin Henriette Adelaide bezeugten der Hammerthaler Muttergottes ihre Ehrerbietung und spendeten das kostbare Tabernakel. Inzwischen stand sie auf dem Hauptaltar, überall brannten Kerzen

und verbreiteten einen mystischen Glanz im Gotteshaus. Dies trug natürlich dazu bei, dass der Ansturm der Pilger immer weiter zunahm. Schon hundert Jahre nach ihrer Überführung in die Augustinerkirche musste das Pflaster des Kirchenbodens erneuert werden, weil es über die Jahre von den Scharen der Gläubigen abgewetzt worden war und sich in einem erbarmungswürdigen Zustand befand.

Dann kam die Säkularisation, und die Augustiner mussten ihr Kloster bis zum 1. Oktober 1803 verlassen. Die Kirche wurde geplündert und geräumt – und in eine Mauthalle umgewandelt. Was aber geschah mit dem Gnadenbild? Fromme Münchner hatten sie eilig vor den Schergen der kurfürstlichen Beamten in Sicherheit gebracht. Sie sollte einen neuen Platz der Verehrung finden: in der Heilig-Geist-Kirche, ganz in der Nähe ihres ersten Aufenthaltsortes in München. Bis heute ist sie dort geblieben, und noch immer wird von wundersamen Heilungen berichtet, die denjenigen widerfuhren, die sich in ihrer Not an die Hammerthaler Muttergottes, die »Trösterin der Betrübten«, wandten.

> Die Hammerthaler Muttergottes wird mit vielen Wundern in Verbindung gebracht. Im 17. Jahrhundert machte sie die Kirche gar zu einem der wichtigsten Wallfahrtsorte der Zeit.

Die Darstellung des Brezenreiters in der Kirche erinnert an die Verteilung von Brezen an die Armen im 14. Jahrhundert. Der Brauch des Reiters an sich wurde nach einer tragischen Eskalation allerdings abgeschafft.

DIE WADLER-SPENDE | Wer sich das Deckenfresko, ursprünglich von Cosmas Damian Asam 1727 geschaffen, im Mittelschiff der Kirche genauer ansieht, wird etwas Merkwürdiges entdecken. Links oberhalb des Medaillons mit der Inschrift »ALII FIDES« ist der Kopf eines weißen Pferds zu sehen, rechts daneben ein Mann, der – eine Brezen in der Hand hält!

Dieses seltsame Detail geht auf einen berühmten Brauch zurück, der im Heilig-Geist-Spital seinen Ursprung hatte, und zwar im 14. Jahrhundert. Die Wadlers waren eine einflussreiche und wohlhabende Kaufmannsfamilie in München, die über den Salzhandel zu einem stattlichen Vermögen gekommen war. Wie damals üblich, erwies man sich dem Spital gegenüber großzügig, und die Kaufleute spendeten eine Summe von jährlich drei Pfund Pfennigen, von denen Brezen gekauft werden sollten, um sie einmal im Jahr unter den Armen zu verteilen. Ein Pfund waren in der damaligen Zeit 240 Pfennige, und für einen Pfennig erhielt man vier Brezen – es wurden also fast 3000 Brezen ausgegeben. Um Mitternacht auf den 1. Mai ritt der Brezenreiter auf einem Schimmel durch die Gassen Münchens, um die Ausgabe der Brezen im Spital zu verkünden. Damit man ihn schon von Weitem hören konnte, waren drei Hufe seines Pferds gelockert worden, die nun laut auf den Pflastersteinen klapperten. Zusätzlich rief der Reiter: »Ihr jung und alte Leut, geht's hin zum Heiligen Geist, wo's die Wadler Pretzen geit!« Einige Brezen hatte er bereits dabei und verteilte sie während seines Ritts an die eilig zusammenlaufenden Menschen.

Fast fünfhundert Jahre hielt sich dieser schöne Brauch in München – bis in das Jahr 1801. Es herrschte Lebensmittelknappheit in der Stadt, und der Hunger der Ärmsten der Armen war besonders groß. Als dem Brezenreiter während seines Ritts das Gebäck ausging, zerrten die wütenden Münchner den armen Mann vom Pferd und prügelten ihn fast zu Tode.

Daraufhin schaffte der Münchner Stadtrat das Brezenreiten für immer ab. Zwar konnte man sich in den kommenden Jahren weiterhin an besagtem Tag die Brezen direkt am Spital abholen, aber die Stimme des Schimmelreiters erklang seither nie wieder in den Gassen der Stadt.

Zum Stadtgeburtstag lebt in den letzten Jahren der Brauch des Brezenreiters wieder auf. 2012 wurde sogar eine der seit Kriegsende noch fehlenden Kirchenglocken der Heilig-Geist-Kirche auf den Namen »Brezenreiterglocke« getauft.

AM SANKT-JAKOBS-PLATZ | Während sich Touristen und Einheimische auf dem Viktualienmarkt tummeln, ist im einstigen Herzen des Angerviertels Beschaulichkeit angesagt. Lange Zeit war der Sankt-Jakobs-Platz sogar eher als Schandfleck verschrien, zu einem hässlichen Busabstellplatz verkommen. Heute ragt auf dem einstigen Marktplatz die kantige Gestalt der neuen Synagoge in den Himmel mit ihrer an die Klagemauer von Jerusalem erinnernden Architektur sowie das Jüdische Museum.

Die Nordseite beherrscht nach wie vor eines der letzten erhaltenen mittelalterlichen Ensembles von München: das bürgerliche Zeughaus, daneben das ehemalige Marstallgebäude, in dem neben Kriegsgerät auch der städtische Fuhrpark sowie Stallungen und Heuböden untergebracht waren. Heute ist in den Räumlichkeiten des gut erhaltenen Gebäudes aus dem 15. Jahrhundert das Münchner Stadtmuseum angesiedelt, in dem Kostbarkeiten aus vergangenen Tagen zu bestaunen sind wie etwa die Moriskentänzer, aber auch die vergrößerte Kopie des berühmten Sandtner-Modells der Stadt aus dem 16. Jahrhundert, dessen Original sich im Bayerischen Nationalmuseum befindet.

Dabei war der Sankt-Jakobs-Platz – erst 1886 nach der alten Klosterkirche an seiner Südseite so benannt – einst ein wichtiges Zentrum des städtischen Lebens im Angerviertel. Zuvor war das einfach der Anger oder der Große Anger oder auch der Angerplatz gewesen. Es heißt, dass die ersten Franziskanermönche, die es in den zwanziger Jahren des 13. Jahrhunderts hierher verschlug, also noch zu Lebzeiten des heiligen Franziskus, hier vor den Toren der Stadt ein Kloster gründeten, und zwar an der Stelle, an der sich bereits eine kleine steinerne Kapelle zu Ehren des heiligen Jakobus des Älteren befunden hatte. An diesen Apostel erinnert die 1956 von Toni Rückel geschaffene Bronzeplastik an der Fassade des Klosters am Südende des Platzes. So mancher mag seinen Augen nicht trauen, aber tatsächlich steht das schmucklose, aus Blankziegeln und Beton errichtete Gebäude im Charme der 1950er Jahre an der Stelle des ältesten Klosters der Stadt – und prägte maßgeblich die Atmosphäre des Platzes, bis es in den Bombennächten 1944 in Schutt und Asche fiel.

Das Stadtmuseum stellt ein überaus interessantes Relikt aus – das Faustürmchen war früher angeblich von einem roten Licht umgeben, wenn die Stadt einen Unschuldigen hingerichtet hatte.

Der heilige Jakob ist seit dem 11. Jahrhundert der Schutzheilige der Pilger und Wallfahrer, und möglicherweise war jenes Jakobskirchlein am Anger eine Andachtsstätte für die Reisenden auf dem Jakobsweg, der hier vorbeiführt. Ihr Weg führt sie bis heute nach Spanien, nach Santiago de Compostela, wohin seine Gebeine im 7. Jahrhundert aus Jerusalem überführt worden sein sollen.

Jakob, einer der zwölf Apostel, gilt als der erste, und wenn nicht, dann als der zweite Märtyrer der Christenheit nach dem heiligen Stephan. Er wurde im Jahr 44 in Jerusalem enthauptet, dann wurde, so eine von zahlreichen Legenden, sein Leichnam nach Galizien geschafft, wo er in einem Wald begraben worden sein soll. Dass Jakob je die Iberische Halbinsel betreten hat, wird stark bezweifelt. Und die Legendenbildung, die ihn schließlich zum spanischen Nationalheiligen machte, war wohl eher das Resultat von Machtkämpfen rivalisierender Kirchenprovinzen. Schon wahrscheinlicher ist, dass er es sich zur Aufgabe gemacht hatte, die Heiden zu bekehren, wenn auch mit nur mäßigem Erfolg. Als er eines Tages, so eine weitere Legende, frustriert in Saragossa weilte, erschien ihm Maria, die Mutter Jesu. Diese hatte kurz zuvor selbst eine Vision gehabt, in der ihr Sohn sie aufforderte, den Apostel in Spanien zu besuchen und ihn nach Jerusalem zurückzuordnern, damit sich dieser dort auf sein Martyrium einstellen könne. Es heißt, dass die Muttergottes von Engeln auf einen Thron gesetzt wurde und in einer Wolke aus reinem Licht über das Mittelmeer nach Spanien getragen wurde, um dem Apostel die Botschaft zu überbringen. Jakobus folgte dem Befehl, baute aber zuerst noch an Ort und Stelle eine Kapelle zur Erinnerung an das Wunder. An der Stelle der Marienerscheinung wurde eine Marmorsäule aufgestellt mit einer Madonnen-Statue darauf – das Vorbild aller Mariensäulen. Heute ist sie das Zentrum der

Im Vergleich zum geschäftigen Viktualienmarkt zeichnet sich der Sankt-Jakobs-Platz durch eine ruhigere Atmosphäre aus. Die Synagoge ist eines der architektonischen Highlights.

Kathedrale Nuestra Señora del Pilar in Saragossa und ein wichtiges Ziel von Pilgern aus aller Welt.

Im 9. Jahrhundert, so eine weitere Legende, soll das Grab des heiligen Jakob im Wald entdeckt worden sein, und unter geheimnisvollen Umständen verwandelte sich der Stein, auf den man seinen Leichnam legte, in einen Sarkophag. Auf diese Weise wurde der heute noch weltberühmte Wallfahrtsort Santiago de Compostela begründet.

Jakob wird in der Regel als Pilger dargestellt, mit Pilgerstab, Pilgerhut und Pilgertasche. Sein Symbol ist die Muschel, denn ein unter Jakobspilgern verbreiteter Brauch war es, den Pilgergang 60 Kilometer weiter am Kap Finisterre zu beenden, um dort aus dem Meer eine echte Jakobsmuschel zu fischen. Als Pilgerzeichen wurde die Muschel am Hut oder am Gürtel getragen. Doch sie war mehr als nur ein Souvenir. Nach der Rückkehr in die Heimat sicherte sie ihrem Träger Ansehen, und mancher ließ sich die Muschel ins Grab legen. Dem Emblem allein wurden schon magische Wirkungen nachgesagt: Es soll nicht nur Glück bringen, sondern auch Kranke heilen können.

Dreißig Jahre nach der Klostergründung verzeichneten die Brüder eine so große Nachfrage am Leben in ihrer Gemeinschaft, dass die Gebäude den wachsenden Ansprüchen nicht mehr gerecht werden konnten. Doch anstatt das Kloster zu erweitern, holte Ludwig der Strenge die Mönche in die Stadt und bot ihnen ein neues Kloster gleich neben dem Alten Hof an, dort, wo sich heute der Max-Joseph-Platz samt Staatsoper befindet. 1284 war es so weit: Die Franziskaner zogen aus, und das Angerkloster wurde den Klarissen überlassen, der Gefolgschaft der heiligen Klara von Assisi, dem weiblichen Zweig des Franziskanerordens. Das Kloster blühte weiter auf, denn viele Edelfräulein und Patriziertöchter traten dem Frauenor-

Der heilige Jakob ist der Schutzpatron der Pilgerwege. Sein Symbol ist die Jakobsmuschel. Der bayerische Jakobsweg führt auch durch München am Angerkloster vorbei, wo sich diese Statue befindet.

den bei, und mit ihnen floss reichlich Stiftungsgeld in die Kassen der Gemeinschaft.

Mit der Säkularisation fand auch das klösterliche Leben der Klarissen ein Ende. Im November 1803 wurden 42 Nonnen und Laienschwestern in das Aussterbekloster nach Dietramszell umgesiedelt.[92] Das Angerviertel hatte sein spirituelles Zentrum verloren. Wenig später gewann mit dem Viktualienmarkt ein Mittelpunkt des weltlichen Lebens die Oberhand. Ungeachtet dessen kehrte 1843 frommes Leben in die alten Gemäuer zurück. Unter der Ägide von König Ludwig I. bezog die Kongregation der Armen Schulschwestern von Unserer Lieben Frau offiziell die Räume des Klosters samt der ihnen angeschlossenen Klosterschule, heute ein Mädchen-Gymnasium.

Der weitläufige Platz vor dem Kloster, an dessen Rand der Angerbach in die Stadt hineinfloss, war Schauplatz der ersten Dult in München. Bereits Anfang des 14. Jahrhunderts fand hier alljährlich ein Jahrmarkt im eigentlichen Sinne statt, wo vor allen Dingen Fernhandelsgüter wie Tuchwaren, Pelze, Gewürze, aber auch Gold- und Silberschmuck gehandelt wurden. Heute stellen wir uns etwas anderes unter einem Jahrmarkt vor, damals verstand man eher eine Art Messe darunter, die mit kirchlichen Festen einherging. Doch die dortige Dult verschwand bald wieder. Nachdem sie mehrmals den Standort in der Stadt gewechselt hatte, verschmolz sie schließlich mit der Auer Dult am Mariahilfplatz. Längst aber hatte sie den Glanz verloren, den sie noch in den Tagen auf dem Anger hatte, als Reisende aus aller Herren Länder ihre exotischen Waren einmal im Jahr ausstellten.

Nach dem Abschluss der Bauarbeiten an der neuen Synagoge Münchens ringt der Sankt-Jakobs-Platz noch ein wenig mit seiner Identität. Doch mit etwas Gespür, wer seinen Blick vielleicht bei einer Tasse Kaffee oder Tee im Stadtcafé über den Platz schweifen lässt, der kann ihn noch fühlen, den Herzschlag des Angerviertels.

FAUSTTÜRMCHEN | Das Stadtmuseum bewahrt in seiner einzigartigen Sammlung historischer Funde aus allen Zeiten der Münchner Stadtgeschichte ein ganz besonders merkwürdiges Relikt auf: Im großen Raum der Dauerausstellung in einer Vitrine auf der rechten Seite ist eine eigenartig geformte Turmspitze aus Stein zu sehen, die durchaus als Abbild einer in den Himmel gereckten Faust gedeutet werden kann. Tatsächlich krönte diese Spitze einst das sogenannte Faustürmchen, das sich wenige Meter östlich des Sendlinger Tors in der Stadtmauer befand, bis es im Zuge der Errichtung der Blumenschule abgerissen wurde. Direkt unterhalb des Türmchens wohnte einer, auf den man nicht verzichten konnte, und den man doch für das, was er tat, verachtete und mied: der Scharfrichter.

Wie es zu diesem Faustürmchen kam und was es sonst noch damit auf sich hat, berichtet folgende Sage: Vorzeiten tyrannisierte ein übler Raubritter die Bevölkerung vor den Toren der Stadt. In die Stadt selbst aber konnte er nicht gelangen, denn sie war von einer starken Mauer umgeben. Eines Tages beschloss der Raubritter, sich mit einer List Zutritt zu verschaffen. Einem seiner bösen Gesellen gelang es, als nobel verkleideter Herr in die Stadt zu kommen. Dort richtete er sich für ein paar Tage in einem Gasthaus ein. Seine Aufgabe: die Ratsherren zu beobachten und denjenigen ausfindig zu machen, der bereit war, für genügend Geld und Gold sein Amt und die Stadt zu verraten. Und tatsächlich: Ein solcher war nicht schwer zu finden. Der ehrlose Mann versprach, dem Raubritter und seinem üblen Gefolge in einer bestimmten Nacht das Stadttor zu öffnen. Doch das Gespräch hatte ein ehrbarer Bürger der Stadt belauscht, der dessen Wortlaut sogleich den Ratsherren übermittelte. Der Verräter wurde verhaftet, noch bevor er seine schändliche Absicht in die Tat umsetzen konnte. Kein Zweifel: Dafür musste er mit dem Tode bestraft werden, aber die Strafe musste besonders abschreckend sein, um künftige Schurken von einer Nachahmung abzuhalten. So wurde er ganz in der Nähe des Tors, durch welches er den Feind in die Stadt hatte schleusen wollen, lebendig in ein Türmchen eingemauert. Auf der Spitze dieses Turmes aber, in dem er seine verruchte Seele aushauchte, wurde eine Faust angebracht, die allen Feinden außerhalb drohen sollte, dass ihnen das gleiche Schicksal widerfahren würde, sollten sie versuchen, sich der Stadt zu bemächtigen.

Seit dieser Zeit aber konnten die Münchner ein unheimliches Phänomen beobachten: Immer wenn ein Unschuldiger vom Henker ins Jenseits befördert worden war, erglühte in der Nacht darauf zur Geisterstunde die Faust auf dem Türmchen in einem unwirklichen, roten Licht. Gleichzeitig hörte der Scharfrichter drei donnernde Faustschläge an seiner Haustüre. Da wusste er, dass wieder einmal ein Fehlurteil ergangen war.

WUNDERVOLLES HACKENVIERTEL

Das Hackenviertel ist das kleinste Viertel der Münchner Altstadt. Im Norden grenzt es mit der Neuhauser Straße als Verlängerung der Kaufingerstraße an das Kreuzviertel, im Osten bilden Sendlinger und Rosenstraße die Trennlinie zum Angerviertel. Im Südwesten markiert das Viertelrund der Herzog-Wilhelm-Straße den Verlauf der ehemaligen Stadtmauer und damit die ursprünglich äußere Grenze zum Münchner Umland. Von der inneren Stadt wird es vom Färbergraben abgegrenzt, dessen Verlauf von der ältesten Stadtmauer zeugt.

Neben dem eigentümlichen Namen nannten die Münchner Bürger dieses Viertel auch einfach »Kramerviertel«, weil dort lange Zeit das Handel treibende Gewerbe dominierte und es deshalb besonders viele Läden gab. Doch die ältere Bezeichnung ist die von 1326: Hackenviertel.

Dieser Name leitet sich nach einhelliger Meinung von dem fast vergessenen Wort »Hag« ab. Darunter verstand man ein durch einen Zaun oder eine Hecke umgrenztes Stück Land. Das Wort »Hecke« hat hier ebenso seinen Ursprung wie die uns heute noch geläufigen Begriffe »Gehege« oder »hegen«, was ursprünglich nichts anderes bedeutete, als etwas mit einem Hag zu umgeben, um es so zu bewahren.

Es wird vermutet, dass sich ein solcher Hag auf dem Gebiet des heutigen Hackenviertels befand. Nach Eintragungen aus Gerichts- und Steuerbüchern könnte er um das Straßenquadrat, das aus der Hotterstraße im Osten, aus dem Altheimer Eck im Norden, der Damenstiftstraße im Westen und der Brunnstraße im Süden gebildet wird, verlaufen sein.

Bevor wir uns aber dem Hag und seiner zentralen Bedeutung für das ganze Viertel widmen, soll nicht unerwähnt bleiben, dass sich auf dem Gebiet des Hackenviertels, und zwar dort, wo heute die Hacken- auf die Brunnstraße trifft und einen merkwürdigen Knick macht, eine Siedlung außerhalb der Stadtmauer der Heinrichstadt befand, die als Altheim bekannt war. Einige Historiker gehen davon aus, dass diese Siedlung schon vor der Gründung Münchens bestanden hat und es sich vielleicht sogar um jene legendäre Siedlung »ze de Munichen« handelte, so genannt, weil sie nahe eines Klosterhofs gelegen haben soll. Erst nach der Eingemeindung durch die zweite Stadterweiterung hätte sie dann den Namen Altheim bekommen: das »alte Heim« im Vergleich zur neu gegründeten Stadt. Doch keinerlei archäologische Funde konnten dies bislang bestätigen. Nördlich dieses Gebietes, etwa an der Stelle, an der heute der Richard-Strauss-Brunnen sein Wasser plätschern lässt, stand einst eine Nikolauskirche, wohl aus dem 12. Jahrhundert, die möglicherweise auf die Dorfkirche

Das Sendlinger Tor ermöglicht den schnellen Übergang zwischen zwei Welten – ganz in der Nähe der großen Einkaufsmeilen Münchens finden sich hier traditionelle, kleine Geschäfte mit ausgesuchter Ware.

von Altheim zurückging, dann aber im 16. Jahrhundert zugunsten des Jesuitenkollegs und der Michaelskirche abgebrochen wurde. Wenn dem so ist, dann betreten wir hier die Keimzelle Münchens, den ältesten besiedelten Boden der Stadt.[93]

Ein Hag ist also ein bewirtschaftetes Stück Land, das mit einem Zaun oder einer Hecke umgeben ist, um es vom freien Umland abzugrenzen. Die Idee der Grenze ist der Schlüssel zu diesem Begriff, denn der Hag trennt das vom Menschen bestellte Land vom wilden Land, das es umgibt. Diese Grenze ist für die Menschen ein magischer Ort, denn außerhalb der Umgrenzung herrschen Naturgeister, vor denen es sich zu schützen gilt. Diese Wesen können nur bis zum Zaun gelangen. Wer sich im Inneren des Hags befindet, ist auf der sicheren Seite, wer sich außerhalb befindet, ist diesen Kräften schutzlos ausgeliefert.

In nahezu allen Kulturen treffen wir auf Naturgeister dieser Art. Antike Schreiber berichten von einem keltischen Dusius, einer Gestalt, die an den griechischen Pan oder den römischen Gott Silvanus erinnert. Dabei handelt es sich ganz ähnlich wie bei den mediterranen Pendants weniger um eine Einzelgottheit, sondern als *dusii* trieben sie wie die Satyrn und Faune ihr Wesen – sehr zum Missfallen der Kirchenväter, die sie als die Ordnung Gottes bedrohende, chaotische Elemente und Dämonen stigmatisierten. Die Dusie am Hag ist die Hageduse, die *hagzussa* oder *hazissa*, die später zu *hecse* und zur Hexe wird. Ein anderes Wort für Frauen, die

entweder selbst zur Gattung der Dusien gehören oder wenigstens unter dem Bann eines solchen Dusius stehen, ist entsprechend auch die *zurite*, die Zaunreiterin. Sie ist es, die auf der Grenze, die innen und außen voneinander trennt, ihr Unwesen treibt.

An solch einer Grenze zwischen Chaos und Kosmos, zwischen Natur und Kultur, zwischen Wildnis und Zivilisation ist das Hackenviertel gegründet worden. Daher trägt es den Geist des Grenzgängertums in sich.

Wer heute das Hackenviertel vom Sendlinger Tor kommend über die Kreuzstraße betritt, fühlt sich wie in eine andere Welt versetzt. Wenige Schritte von den Einkaufsmeilen der Großstadt herrscht hier noch eine Atmosphäre wie in der guten alten Zeit. Keine Ladenketten, sondern alteingesessene Einzelhandelsgeschäfte mit individuellen Angeboten prägen das Straßenbild. Da gibt es Idas Milchladen, Suryas Hexenladen, einen Laden für Zauberzubehör, ein Blumenlädchen, ein Schmuckatelier, einen Antiquitätenhändler, einen Schuster. Tatsächlich ist es bis heute das Viertel in der Innenstadt, das trotz seiner zentralen Lage den Charme des alten Münchens am besten bewahrt hat.

ALLERHEILIGENKIRCHE AM KREUZ | Als der Friedhof von Sankt Peter im Zuge der Stadterweiterung durch Ludwig den Bayern zu klein wurde, beschloss man, im Südwesten der Stadt einen neuen mit eigener Friedhofskirche zu bauen. Kein geringerer als Jörg von Halsbach, der Erbauer der Frauenkirche, machte sich 1480 ans Werk, und bereits fünf Jahre später hatte er die Allerheiligenkirche am Kreuz, kurz die »Kreuzkirche«, vollendet. Man hatte eine Lage nahe der damaligen Stadtmauer gewählt. Die gesamte Kirche besteht aus unverputztem Backstein, und ihr Turm ist mit seinen 66 Metern ein Wahrzeichen des Viertels.

Die Kirche ist entgegen der damaligen Gepflogenheiten nicht geostet, sondern nach Süden ausgerichtet. Ein Kuriosum, denn bis ins 19. Jahrhundert hinein galt die unumstößliche Regel, dass insbesondere auch Friedhofskirchen nach Osten ausgerichtet sein müssten, denn von dort werde die Wiederkunft Christi erwartet.

Neben der Frauenkirche wurde Jörg von Halsbach auch mit dem Bau der Allerheiligenkirche am Kreuz bedacht. Ungewöhnlich für damalige Konventionen ist die südliche Ausrichtung der Kreuzkirche.

Sehr wahrscheinlich hat dies mit der Lage des Friedhofs zu tun. An der Ostseite der Kirche ist noch ein mittlerweile zugemauerter Eingang zu erkennen. Durch diesen wurden die Toten hineingetragen, bei offenem Sarg wurde in der Kirche die Messe gelesen, dann wurden sie durch das gegenüberliegende Portal im Westen auf den Friedhof gebracht.

In den Zeiten von Pest und Cholera wurde die Kreuzkirche zur Segensstätte für die Bevölkerung des Viertels, und seit Anfang des 16. Jahrhunderts wurde insbesondere der heilige Sebastian als Pestheiliger verehrt. Doch schon Ende desselben Jahrhunderts nahm der Zulauf ab, als man im Rosental eine eigene Sebastianskirche errichtete. Ende des 18. Jahrhunderts wurde der Friedhof aufgelassen. Die Gebeine kamen auf den neuen »Allgemeinen Friedhof« bei Sankt Stephan vor dem Sendlinger Tor, den heutigen Alten Südfriedhof.

Anfang des 19. Jahrhunderts sollte die Kirche sogar abgerissen werden, doch der fromme Sinn der Münchner Bürger rettete sie. Sie wurde zur Schulkirche der Kreuzschule. Damals schloss man auch die beiden Seitenportale und gestaltete das Nordportal zum Eingang um.

Das Epitaph auf der Linken enthält ein interessantes Detail: Es handelt sich um einen Grabstein, den »Andreas Weiß auf Königsacker«, ein großer Wohltäter des ehemals an die Kreuzkirche anstoßenden Stadtbruderhauses 1665 für sich und seine Hausfrau Euphrosyne anfertigen ließ. Der Wohltäter ist in der sogenannten altspanischen Tracht unter dem Kreuz kniend dargestellt, während der Tod den Bogen spannt und mit dem Pfeil auf sein Herz zielt. Zu lesen ist: »Weil du für mich gestorben und hast so teuer mir den Himmelslohn erworben, begehr ich nun zu Dir. Mit deinem Pfeil', o Tod, darfst Du mich nicht erlangen – dieweil meinem Gott und Leben soll empfangen.«

Die Darstellung des Todes mit Pfeil und Bogen verweist auf die Zeit des Dreißigjährigen Kriegs, der nicht nur Mord und Totschlag über die Menschen gebracht, sondern oft genug den Schwarzen Tod im Schlepptau hatte. Die Pest nannte man damals auch die »anfliegende Krankheit«, weil sie einen aus dem Nichts heraus treffen konnte, wie ein Pfeil.

Den Schutzpatron der Kreuzkirche treffen wir wenige Schritte die Kreuzstraße aufwärts. Dort blickt die Skulptur des Heiligen von der nordwestlichen Hausecke auf die Kreuzung in der typischen Darstellung als halbnackter, an einen Baumstamm gefesselter und von Pfeilen durchbohrter Jüngling. Wegen seiner Beziehung zu Pfeilen wurde er gerade in Pestzeiten in der Not angerufen. Die Legende berichtet, er wäre Hauptmann der Prätorianergarde am Hofe Kaiser Diokletians gewesen und zum christlichen Glauben übergetreten. Da er dies verheimlichte, konnte er so seinen in den Gefängnissen Roms eingekerkerten Leidensgenossen beistehen. Er sprach ihnen Mut zu, bewirkte Wunder und beeindruckte auf diese Weise immer mehr Römer, die sich daraufhin ebenfalls zu Christus bekannten. Als der Kaiser davon Wind bekam, ließ er ihn an einen Baum binden und von nubischen Bogenschützen erschießen. Weil man ihn für tot hielt, wurde er am Hinrichtungsort liegengelassen, aber die Pfeile hatten ihn nicht getötet. Die Witwe des Märtyrers Kastulus nahm sich daraufhin seiner an und pflegte ihn wieder gesund. Doch kaum war er genesen, trat

er erneut vor den Kaiser und bezichtigte diesen wegen der Christenverfolgung der Grausamkeit. Damit hatte Sebastian sein endgültiges Todesurteil unterschrieben, denn ungerührt ließ Diokletian ihn auf dem Palatin in Rom zu Tode peitschen und seine Leiche in die Cloaca Maxima werfen. Dort wurde er von einer frommen Christin herausgefischt und schließlich an der Via Appia in den Katakomben bestattet.

Über das sogenannte Kreuz im Hackenviertel wacht auch eine Muttergottes in Gestalt der Himmelskönigin.

MARIA AM BIRNBAUM | Wo Kreuzstraße, Josephspitalstraße, Brunnstraße und Damenstiftstraße aufeinandertreffen, liegt das Herz des Hackenviertels, der Dreh- und Angelpunkt und dessen geheimes Kraftzentrum. Die besonderen Hauszeichen ringsherum verleihen diesem Platz seinen ganz besonderen Reiz. Da ist nicht nur der heilige Sebastian in der nordwestlichen Ecke, sondern auch die Himmelskönigin im Norden. Wenn es ein Hauszeichen an der gegenüberliegenden Ecke gab, ist es mit der Zerstörung des Hauses in den Bombennächten verloren gegangen. Dafür besticht das südöstliche durch seine besondere Üppigkeit: Maria im Birnbaum. Um 1900 entstanden, zeigt diese wunderschöne Darstellung die Muttergottes mit dem Jesuskind im Arm inmitten eines blühenden Baumes, der als Birnbaum gedeutet wird. Vorbild ist wohl die beliebte Darstellung der Maria im Paradiesgärtlein, vor allen Dingen in einem Rosenhag. Spannend, wie das Grundthema des Viertels, der Hag, wieder aufgenommen wird, hier im von der christlichen Mariensymbolik inspirierten Bild des *hortus conclusus*: »Ein verschlossener Garten ist meine Schwester Braut, ein verschlossener Garten, ein versiegelter Quell« (Hohes Lied, 4,12). Das Bild des von einer Mauer oder einem Weidenzaun

Die Darstellung der Maria im Birnbaum spiegelt das Grundthema des Hackenviertels wider – den Hag.

umgebenen Gartens ist zentral für die Marienmystik des 15. Jahrhunderts. Innerhalb dieser Einfriedung hat ein Stück Paradies Platz unter der Ägide der Jungfrau Maria, umgeben von Singvögeln, anderen ihr heiligen Pflanzen wie der Lilie, dem Veilchen und der Erdbeere. Später wird aus dem Zaun schließlich die Rosenhecke.[94]

Der Rosengarten ist überdies ein Symbol in der Alchemie. Ein bedeutendes Werk dieser Geheimkunst aus dem 16. Jahrhundert trägt den Titel *Rosarium Philosophorum*, der Philosophen Rosengarten, in dem in zahlreichen kryptischen Abbildungen die Herstellung des Steins der Weisen dargestellt wird. Der Rosengarten wird zum heiligen Bezirk, in dem die Heilige Hochzeit stattfindet, die Vereinigung der Gegensätze als Voraussetzung für das Große Werk der Alchemie. Christliche und okkulte Symbolik verschmelzen hier.

Die Rose ist, wie wir schon in der Frauenkirche gesehen haben, ein altes Symbol vorchristlicher Muttergöttinnen, das auf Maria als Muttergottes übertragen wurde. Die Birne wiederum mit ihren weißen Blüten, die ebenso wie die Rose fünf Blütenblätter aufweisen, ist ebenfalls ein Symbol für die Jungfrau Maria. Die roten Staubbeutel wurden als Sinnbild des für die Menschheit vergossenen Bluts Christi gesehen. Zugleich ist sie eine uralte weibliche Kultpflanze, die bei vielen Völkern große Verehrung genoss. So war die Birne nicht nur das Attribut der griechischen Göttinnen Hera und Aphrodite. In der Gotik, als sich das Schönheitsideal für Frauen der Birnenform deutlich annäherte, fand der Volksmund recht eindeutige Namen für das Obst: »Jungfernschenkel«, »Wadelbirne«, »Liebesbirne« und weitaus frivolere Bezeichnungen.[95] Im Volksglauben heißt es, dass man an der reichen Ernte eines Birnbaums ablesen könne, dass viele Mädchen geboren werden.

HUNDSKUGEL | Wenn man der Brunnstraße Richtung Sendlinger Tor folgt, schlägt sie bald einen Haken nach links und wird zur Hackenstraße. An der Ecke zur Hotterstraße befindet sich das Gasthaus »Hundskugel«, das nach eigener Bekundung bis in das 15. Jahrhundert zurückreicht. Doch als »Hundskugel« wurde im Mittelalter kein einzelnes Haus bezeichnet. Die gesamte Hackenstraße von hier bis zum Beginn der Brunnstraße trug diesen rätselhaften Namen. Einen Hinweis auf des Rätsels Lösung gibt uns das Hauszeichen an der Hausnummer 10. Dort ist ein Relief zu sehen, auf dem sechs Hunde mit einer Kugel spielen.

Einer Sage nach wälzte ein Rudel Hunde vorzeiten eine große, schwere Kugel durch das Neuhauser Tor in die Stadt. Sie trieben die Kugel spielend vor sich her durch die Gassen bis zu diesem Haus. Dann verschwanden sie. Das Ganze klingt zunächst reichlich konstruiert, als ob man aus der Not eine Geschichte erfunden habe, um sich den seltsamen Namen zu erklären. Tatsächlich aber steckt mehr dahinter, als auf den ersten Blick zu vermuten ist. Zunächst einmal muss man festhalten, dass das heutige Bild einen Vorgänger hatte, auf dem eine Kegelbahn im Grünen abgebildet war, auf der sich Hunde tummelten und mit Kegeln und Kugeln spielten. Darunter war zu lesen: »*Bis diese neun Kugeln umschieben die Hund', / Können wir heilen noch manche Stund'. / Hundsfottbad armer Leut.*« In der Tat befand sich hier im Mittelalter eines der Münchner Badehäuser, und zwar das der armen Leute: »*Im Mittelalter*«, so Joseph Maria Mayer in seinem Münchner Stadtbuch, »*war nämlich der Ausdruck ›Hundsfott‹ nicht ein Schimpfwort wie heut zu Tage, sondern man bezeichnete mit diesem Worte überhaupt die armen Leute. Das Bild und obiger Spruch war also offenbar ein empfehlendes Aushängschild für die Leute, eine Reclame, um bei diesem Bader fleißig zuzusprechen.*«[96] Der Bader war nämlich nicht nur der Betreiber eines Badehauses, sondern erfüllte zugleich auch die Funktion eines Arztes. Eine andere Erklärung versucht sich darin, aus »Hundskugel« eine »Hundskuchl« zu machen, also eine Küche für das Kochen von Hundefutter, doch kennt man solche Einrichtungen eher aus adeligen Kreisen, und im Hackenviertel war man doch sehr weit von diesem entfernt. Oder waren mit den Hunden die armen Hunde gemeint, also die Menschen, denen eine Hinrichtung bevorstand und die hier noch ein letztes Bad und ein letztes Mahl zu sich nahmen, bevor sie zu »Hundefutter« wurden? So makaber dies klingt: Tatsächlich waren Hunde häufig auf den Galgenbergen der Stadt anzutreffen, weil die Kadaver der Gehängten üblicherweise so lange hängen blieben, bis sie von selbst herabfielen – für die Streuner eine willkommene Abwechslung im Speiseplan.

Doch eine solch schauderhafte Erklärung ist vielleicht gar nicht nötig, obwohl die Hunde als Tiere des Totenreichs möglicherweise eine entscheidende Rolle bei der Vergabe dieses Namens gespielt haben. Helmut Stahleder erzählt von Hundstritten auf gebrannten Ziegelsteinen, wie sie beispielsweise bei Ausgrabungen in Landshut gefunden wurden.[97] Solche Abdrücke von Hundepfoten hätten tatsächlich eine gewisse Ähnlichkeit mit Kugeln und wurden an Häusern über der Türe angebracht, um böse Geister zu bannen. Befand sich ein solcher Stein auch über dem Hundsfutbad in München? Leitet sich der Name »Hundsfut« ursprünglich von »Hundepfote« ab?

Vielleicht steckt aber noch etwas ganz anderes dahinter. Für den modernen Menschen sind Hunde der Inbegriff von Treue und Anhänglichkeit, manche sehen in ihnen vor allen Dingen wachsame Tiere, die bereit sind, Haus und Hof zu verteidigen – Hüter der Grenzen, und zwar nicht nur im Diesseits, sondern auch im Jenseits. Da gibt es zum Beispiel den Höllenhund Kerberos, einen dreiköpfigen Riesenhund, der die Aufgabe hatte, die Pforten des Hades zu bewachen. Er hatte dafür zu sorgen, dass die Toten nicht auf die Welt zurückkamen und dass kein Sterblicher die Unterwelt unbefugt betrat. Auch die Germanen kannten einen solchen Hüter der Schwelle, den Höllenhund Gram, den Hund der Totengöttin Hel.

In diesem Zusammenhang sollten wir uns die Sage von den spielenden Hunden noch einmal genauer ansehen. Sie kamen durch das Neuhauser Tor in die Stadt, dem heutigen Karlstor, durch das man die Stadt Richtung Westen verließ. Der Westen wiederum steht, wie wir bereits im Kapitel über die Frauenkirche ausgeführt haben, für die Himmelsrichtung, in der das Totenreich zu suchen ist, weil dort die Sonne, das Licht des Lebens, versinkt. Die Hunde der Unterwelt kommen daher nicht umsonst ausgerechnet durch dieses Tor, das überhaupt einige Geheimnisse birgt, wie wir noch sehen werden. Interessanterweise sind links und rechts des Karlstors in den Ziergittern der Fenster der Flügelbauten Darstellungen von Hunden versteckt. Sie gehen auf die Umbauten Gabriel von Seidls zurück, der das Stachus-Rondell Ende des 19. Jahrhunderts komplett umbaute. Spielte der berühmte Architekt auf die alte Münchner Sage an? Fest steht,

dass sich Seidl in der Mythologie gut auskannte, was er an den zahlreichen Gebäuden, die er in München und anderswo hinterließ, hinreichend unter Beweis stellte. Hunde verlieren in der christlichen Mythologie ihren heiligen Charakter und werden zu Bundesgenossen des Teufels und der Schwarzmagier, auch wenn sie nach wie vor in zahlreichen Märchen als Hüter verborgener Schätze auftauchen.

Die Bedeutung der Hundskugel hat schon die unterschiedlichsten Erklärungsversuche heraufbeschworen – und trägt damit nicht unerheblich zur Mystik des Hackenviertels bei.

Das Bild von Hunden, die eine Kugel durch ein Tor treiben – es kommt auch in einem völlig anderen Zusammenhang vor: auf der Tarotkarte XVIII »Der Mond«. In den Karten aus dem 17. Jahrhundert sind auf diesem Blatt zwei Hunde zu erkennen, die eine große silberne Kugel anheulen und dabei ein Tor bewachen. Gibt es einen Zusammenhang zwischen dieser Vorstellung und der Münchner Stadtsage?

Vieles davon mag in das Reich der Fantasie verwiesen werden, und Ausflüge dorthin gestattet der bis heute nicht schlüssig geklärte Name der Hundskugel allemal. Doch aus dem Blickwinkel des Mystischen ist es nicht entscheidend, ob ein Erklärungsversuch hieb- und stichfest ist. Über die symbolischen Bilder öffnet sich uns der Zugang zu der ganz besonderen Kraft des Hackenviertels, wo das Überschreiten von Grenzen immer wieder zum Thema wird.

HERZOGSPITALKIRCHE | Wenn die Grenze zwischen dem Möglichen und dem Unmöglichen überschritten wird, wenn die Gesetze der Natur außer Kraft gesetzt sind, wenn etwas geschieht, was unser Vorstellungsvermögen übersteigt und dem gesunden Menschenverstand ebenso widerspricht wie den Regeln der Vernunft, und wenn etwas uns in ehr-

Die Herzogspitalkirche beherbergt eine Marienstatue, der schon oft leuchtende Augen mit heilsamer Wirkung nachgesagt wurde.

fürchtiges Erstaunen dabei versetzt, dann sprechen wir von einem Wunder.

Es war ein eiskalter Wintertag im Januar des Jahres 1690. Ganz München fror. Ansonsten lief in der kurfürstlichen Stadt alles wie gewohnt. Auch im Spital in der Röhrenspeckergasse, der heutigen Herzogspitalstraße, gegenüber dem Gregorianischen Seminar. Es wurde von Herzog Albrecht V. im 16. Jahrhundert errichtet zur Verpflegung der Senioren unter seinen Hofbediensteten. In der Kirche wurde gerade Gottesdienst gefeiert. Gebete wurden gemurmelt, die Blicke andachtsvoll gesenkt oder doch sehnsuchtsvoll auf die Marienstatue gerichtet, jene Schmerzensmutter, 1650 vom Bildhauer Thomas Bader geschnitzt, eingehüllt in ihren weiten, dick bestickten Mantel, das sternengekrönte Haupt melancholisch zur Seite geneigt, ihre Hände ergreifen den Dolch, der tief in ihr Herz gestoßen ist. Ein düsteres, fast unheimliches Bildnis. Und dann geschieht es. Haben sich die Augen der Muttergottes tatsächlich bewegt? Leuchten tatsächlich ihre Augäpfel aus dem dunklen Gesicht weiß auf und sind ihre Pupillen auf die anwesenden Betenden gerichtet? Unruhe im Gebetsraum kommt auf, denn nicht nur einer macht diese Beobachtung, sondern alle. Man blickt sich gegenseitig an und weiß: Sie alle sind gerade Zeugen eines Wunders geworden! In Windeseile verbreitet sich die Kunde von der »Augenwende« in der Herzogspitalkirche, bis zum Kurfürsten höchstpersönlich. Immer wieder wollen seither Menschen beobachtet haben, dass die Madonna ihre Augen bewegte, woraufhin spontane Heilungen eintraten oder Hilfe in größter Not kam. Der prominenteste Verehrer der wundertätigen Schmerzensmutter war Kurfürst Maximilian III. Joseph. Als er im Sterben lag, ließ er sich die Statue in einer feierlichen Prozession an sein Bett bringen, in der Hoffnung, allein der Anblick würde ihn von seinem Leiden heilen. Zuvor hatte sein Leibarzt ihn bereits Oblaten mit kleinen Abbildern der Madonna bedruckt verschlucken lassen. Nichts davon half. Der Kurfürst starb am 30. Dezember des Jahres 1777 an den Blattern.

Wer heute die Wundermadonna besuchen will, der wird sich vielleicht durch den schmucklosen Nachkriegsbau, der das einstige Kloster der Servitinnen ersetzte, ernüchtert fühlen. Die Spitalkirche Sankt Elisabeth ist durch ein schmiedeeisernes Portal zu erreichen, der Eingang liegt fast ein wenig versteckt im Hinterhof. Etwas Verschwiegenes geht von ihr aus, so als ob sie das Geheimnis in ihrem Inneren vor allzu aufdringlichen Blicken gerne schützen wollte. Wer nicht weiß, was ihn hier erwartet, würde wahrscheinlich vorbeiflanieren oder zumindest zweifeln, ob der Zutritt überhaupt gestattet ist. Wer dann den nüchternen Kirchenbau betritt mit den schlichten Reihen der Kirchenbänke aus dunklem, abgegriffenen Holz, muss sich nach rechts wenden, denn dort in einer vergitterten Nische steht sie immer noch, die Wundermadonna. Nichts Spektakuläres ist an ihr zu entdecken, kein Gold, kein Silber, kein kostbarer Tabernakel, nur ein paar Kerzen und stets frische Blumen. Erst wenn wir uns für ein paar Augenblicke setzen und die Atmosphäre auf uns wirken lassen, können wir spüren: Die Aura des Wundervollen ist noch da. Und wer sich die Zeit nimmt und in stiller Meditation den Blick auf das Gnadenbild richtet, der erlebt es vielleicht mit eigenen Augen, das Wunder der Augenwende …

In der Michaelskirche wird im ersten Seitenaltar rechts eine Kopie der Muttergottes aus der Herzogspitalkirche gezeigt, ganz in überhöhenden Silber- und Goldglanz gehüllt. Doch wer nicht das Wunderbare, sondern das Wunder selbst sucht, der muss sich hierher zurückziehen, in die stille Andacht von Sankt Elisabeth.

GEHEIMNISVOLLES KREUZVIERTEL

Der Name des Kreuzviertels leitet sich von der ehemaligen Kreuzgasse ab, nicht zu verwechseln mit der heutigen Kreuzstraße im Hackenviertel. Die Kreuzgasse existiert nicht mehr, sondern ging in Pacellistraße und Promenadeplatz auf. Vielleicht standen Feldkreuze, die noch vor der Eingliederung des Gebiets in die Stadt hier zu finden waren, für die Bezeichnung Pate. Das Viertel wird im Süden eingefasst vom westlichen Teil der großen horizontalen Achse Münchens, der alten Salzhandelsstraße, heute Kaufinger und Neuhauser Straße, und im Osten von Wein- und Theatinerstraße. Sein Bogen spannt sich vom Karlstor zum Odeonsplatz. Schon immer hatte dieses Viertel ein besonderes soziales Gepräge. Während sich im Angerviertel die Märkte mit ihrer ländlichen Atmosphäre konzentrierten, im Hackenviertel die Handwerker ihre Dienste anboten und sich im Graggenauer Viertel die Herrschenden einrichteten, entwickelte sich das Kreuzviertel zur Nobeladresse der Stadt, wo sich später vor allen Dingen der Adel wohlfühlte. Die hohe Dichte an Palais spricht noch heute eine deutliche Sprache. Nicht nur deshalb war dieses Viertel immer schon das mit der geringsten Bevölkerungsdichte. Bevor sich hier die Vertreter der oberen Zehntausend niederließen, war es so etwas wie das geistliche Zentrum der Stadt, denn hier reihte sich ein ausgedehnter Klosterbezirk an den anderen, angefangen von den Jesuiten bis zu den Theatinern. Die ersten waren die Augustiner, die schon vor der Stadterweiterung ihr Kloster vor das alte Westtor der Heinrichstadt gesetzt hatten. Nach ihnen wurde das Viertel zuerst auch unter dem Namen »Eremitenviertel« geführt. Später verschwanden über 50 Bürgerhäuser, als sich Herzog Wilhelm V. Ende des 16. Jahrhunderts seine eigene Palastanlage errichten ließ. Diese wurde in den Bombennächten des Zweiten Weltkriegs völlig zerstört – bis auf den Renaissanceturm an der Pacellistraße. Heute befinden sich auf dem Areal der »Neuen Maxburg« moderne Verwaltungsgebäude im Stil der 1950er Jahre und zahlreiche Geschäfte und Cafés. Im 19. Jahrhundert büßte das Kreuzviertel seine Bedeutung als Mittelpunkt spiritueller Macht und auch als Adelsquartier immer mehr ein. Nach und nach wurde es zum Zentrum einer neuen Elite: der Finanzmacht. Noch heute ist es das Bankenviertel der Stadt. Besonders wenn nach Geschäftsschluss die Lichter in den Büros und Läden ausgehen, ist es in den Straßen und Gassen des Kreuzviertels recht still und verlassen … Vielleicht deshalb ist dieses Viertel besonders reich gesegnet an Geistergeschichten und Schauermärchen.

Das Kreuzviertel schläft seinen Dornröschenschlaf. Und wer mit wachen Augen durch seine Straßen geht, wird entdecken, dass es das geheimnis-

vollste aller Viertel ist, und das im Wortsinne – voller Geheimnisse. Hier finden wir seltsame Gebäude mit rätselhaften Symbolen, kommen geheimen Gesellschaften auf die Spur und werden in den ewigen Kampf des Guten gegen das Böse verwickelt. Das Kreuzviertel ist faszinierend, aber es lässt uns auch ratlos zurück. Es gibt uns das Gefühl, dass es noch lange nicht alle seine Geheimnisse preisgegeben hat …

Wer in der Neuhauser Straße vor dem Kaufhaus Hirmer auf den Boden blickt, wird die Markierung des ehemaligen Westtors der Heinrichstadt, den sogenannten »Schönen Turm«, in der Pflasterung entdecken.

DER SCHÖNE TURM | Dort, wo die Kaufingerstraße in die Neuhauser Straße übergeht und damit den Wechsel von der inneren zur äußeren Stadt markiert, blickt von der Ecke eines Kaufhauses ein Mann auf die vorbeihastenden Besucher der Fußgängerzone herab. Er hält in der Hand einen runden Hut und trägt einen Turm auf seinen Schultern. Bevor wir das Rätsel um diese Gestalt lösen, wenden wir uns ein paar Schritte in Richtung Marienplatz. Nach wenigen Metern ist in der Pflasterung eine Markierung zu entdecken: In dunklen Steinen wird ein nahezu quadratischer Grundriss eines Gebäudes nachgezeichnet. Eine Plakette an der

Hauswand daneben gibt Auskunft: Es handelt sich um das ehemalige Westtor der Heinrichstadt. Dieses Tor nannte man später auch den »Schönen Turm«, weil er über und über mit vielfarbigen Malereien versehen war, die Szenen aus der Geschichte Münchens und Bayerns zeigten. Im Jahr 1807 wurde er abgebrochen, weil er, wie man an diesem Grundriss leicht erkennen kann, als Durchlass zu schmal geworden war.

Der Name »Schöner Turm« kaschiert die an sich eher tragische Bedeutung, die dieses Tor besaß, das als Oberes Tor die westliche Entsprechung des östlichen Unteren Tores war, dessen Stelle wir schon als den Turm des Alten Rathauses kennen. Denn dieser Durchgang war für viele unglückliche Seelen die letzte Station auf ihrem Weg zu den Hinrichtungsstellen, die sich im Westen vor den Toren Münchens befanden. Aus diesem Grund war oben in seinem Dach ein Glöckchen angebracht, das sogenannte Armesünderglöcklein, das erklang, wenn der Delinquent seinen letzten Gang vom Marienplatz, wo meist das Urteil gesprochen wurde, zum Galgenberg oder der Hauptstätte antrat, also dorthin, wo gehenkt oder enthauptet wurde.

Entsprechend wird überliefert, dass es rund um den Turm nicht ganz geheuer war. Nachts wurden die Bewohner der umliegenden Häuser durch einen lauten Tumult aus dem Schlaf gerissen. Es klang, als ob ein ganzes Kriegsheer mit Ross und Reiter, bewaffnet bis an die Zähne, dass es nur so klirrte und schepperte, durch die Straßen zöge. Doch wenn die Bewohner dann an die Fenster stürzten und auf die Gasse blickten, sahen sie – nichts! Ein Heer von Geistern zog durch das Tor aus der Stadt hinaus. Irgendwann verlor sich der Lärm dann in der Ferne, und der Spuk war vorbei.[98]

Es ging das Gerücht, dass es sich um Kaiser Ludwig den Bayern handelte, der mit seinen treuen Mannen die Stadt verließe, um auf die berühmte Kaiserwiese bei Puch nahe Fürstenfeld zu ziehen, wo ihn auf Bärenjagd der Schlag traf und er sein Leben verlor, noch bevor er seine letzte Schlacht gegen den Rivalen Karl IV. kämpfen konnte.

Andere wiederum sagen, dass es sich um die Seelen fälschlicherweise Hingerichteter handele, die nun ihr Unwesen trieben und Sühne für ihren ungerechten Tod einforderten. Wenn dem so ist, dann muss auch der glücklose Goldschmied dort spuken, dessen Bildnis wir bereits an der Ecke des Kaufhauses gesehen haben.

DIE SAGE VOM UNSELIGEN GOLDSCHMIED | Dieser Goldschmied hatte zu einer Zeit, nicht lange nach der Regentschaft Kaiser Ludwigs, seine Werkstatt in einem Haus, das rechts an den Schönen Turm angrenzte. Er war ein honoriger Mann und wegen seiner Kunstfertigkeit weithin berühmt. Einst kam ein vornehmer Herr zu ihm und bat ihn, die

Kopie eines kostbaren Schmuckstücks anzufertigen. Sogleich machte sich der Goldschmied an die Arbeit, stieg in seine Werkstatt hinauf und legte sich alle Werkzeuge zurecht. Weil es aber Sommer war, öffnete er das Oberlicht seines Fensters, um frische Luft hineinzulassen. Nach einer Weile rief ihn seine Frau zum Essen. Er verließ die Werkstatt, nicht ohne sorgfältig die Türe abzuschließen. Als er später wiederkam, durchfuhr ihn ein großer Schreck: Das Schmuckstück war von der Werkbank verschwunden! So sehr er auch suchte, dabei blieb es.

Verzweifelt wandte er sich an seinen Auftraggeber. Dem kam die Geschichte seltsam vor, und er schleifte den armen Goldschmied vor den Richter. Weil aber keinerlei Anzeichen für einen Einbruch zu entdecken waren, kam dieser zu dem Schluss, der Goldschmied selbst wolle durch diese List von einem Diebstahl ablenken. Er habe das Geschmeide wohl heimlich beiseite und aus der Stadt geschafft. Da mochte der arme Mann seine

Der Goldschmied am Schönen Turm mahnt vorschnelle Verurteilungen an – seine Unschuld erwies sich der Sage nach erst durch das Armesünderglöcklein.

Unschuld beteuern, wie er nur wollte – niemand glaubte ihm. So wurde er für schuldig befunden und zum Tode verurteilt. Der Schuldspruch geschah auf dem Marktplatz, dann wurde er, wie so viele Delinquenten vor ihm, durch das Obere Tor und damit auch an seiner Werkstatt vorbeigeführt, während das Armesünderglöcklein läutete, von dem es heißt, dass er es einst selbst angefertigt hatte. Nun schlug es ihm seine letzte Stunde. Da richtete er im Vorbeigehen seinen Blick hinauf zum Turm und rief: »Meine Stimme wird bald verstummen und niemand hat mir geglaubt. Aber so wahr ihr hier des Glöckchens Klang vernehmt, wird eines Tages meine Unschuld an den Tag kommen. Dann aber wird es für mich und auch für euch zu spät sein.« Wenig später wurde er hingerichtet.

Einige Zeit darauf mussten Reparaturarbeiten am Turm vorgenommen werden. Ein Handwerker kletterte hinauf und wollte sich gerade um den Zustand des Erkers kümmern, in dem besagtes Glöckchen aufgehängt war, als er unter selbigem das Nest einer Dohle entdeckte – und mitten in dem Nest lag das gestohlen geglaubte Schmuckstück. Nun war klar, was geschehen sein musste: Angezogen vom in der Sonne glitzernden Kleinod war der Vogel durch das halb geöffnete Fenster hineingeflogen und hatte den Schmuck entwendet. So kam es, wie der Goldschmied bei seinem letzten Gang vorausgesehen hatte: Seine Unschuld sollte durch die Glocke bewiesen werden.

WO IN MÜNCHEN DAS LETZTE STÜNDLEIN SCHLUG | Die Stelle, an der wir nun stehen, gibt uns unter dem Eindruck dieser düsteren Geschichte mehrere Gedanken mit auf den Weg. Zum einen ist da die Tragik des Goldschmieds, dem Anfang des 20. Jahrhunderts ein Denkmal gesetzt wurde, zum anderen stehen wir hier am ehemals westlichen Ende der Stadt Heinrichs des Löwen und erinnern uns: Die große Kraftlinie Münchens zieht sich vom Unteren Tor, dem jetzigen Turm des Alten Rathauses, an der Südseite des Marienplatzes entlang über die Kaufingerstraße bis hierher. Aus dem Osten kommen die Händler mit dem Salz und allen anderen Waren, um schließlich hier die Stadt nach Westen hin zu verlassen, in Richtung Sonnenuntergang. Symbolisch gesehen ist der Westen, wie wir schon bei unseren Betrachtungen zur Frauenkirche gesehen haben, die Richtung des Todes, denn dort erlischt das Licht des Tages.

Es ist nur passend, dass sich die Hinrichtungsstätten genau in dieser Richtung befinden. Bis zum Jahr 1254 diente der Marktplatz selbst als Schauplatz, und auch später noch wurde die eine oder andere öffentliche Hinrichtung dort vorgenommen. Doch ziemlich bald verlegte man den Ort dieses grausamen Schauspiels vor die Tore der Stadt, genauer gesagt vor das Neuhauser Tor. Als die Stadt immer weiter wuchs und der Platz für die

Schaulustigen nicht mehr ausreichen wollte, rückte man schließlich noch weiter in den Westen und stadtauswärts, und zwar dorthin, wo sich heute der Starnberger Flügel des Hauptbahnhofs befindet. Noch heute überkommt sensible Menschen in der über der Richtstätte errichteten Halle ein ungutes Gefühl, manche sprechen von regelrechten Schauern, die über ihre Rücken jagen, wenn sie sich dort aufhalten. Nicht umsonst wirkt der ganze Bahnhof bis heute unwirtlich und verbreitet zu keiner Tages- und schon gar keiner Nachtzeit das Empfinden, dort willkommen zu sein. Schließlich wurde auch dieser Platz zu eng, und so zog man wieder westwärts, immer Richtung Sonnenuntergang, in die Maxvorstadt hinein. Gerüchte halten sich hartnäckig, dass dort, wo noch im 19. Jahrhundert der Henker sein Beil schwang, heute der Augustinerkeller steht. Dem ist sicherlich nicht so, wie Martin Arz bemerkt, denn die Geschichte der Gaststätte reicht bis in das Jahr 1812 zurück, die letzte Hinrichtung ist aber für das Jahr 1861 bezeugt.[99] Die Hinrichtungsstätte muss sich also weiter westlich auf dem sogenannten Marsfeld befinden haben, wo heute moderne Bürogebäude stehen. Während auf dem Marsfeld hauptsächlich Köpfe rollten, befand sich der Galgenberg weiter südlich an der Schwanthalerhöhe, auf der anderen Seite der Hackerbrücke, etwa dort, wo die Straße von der Brücke auf die Landsberger Straße trifft. Eine besonders scheußliche Stelle, denn dort wurden in einer der düsteren Phasen der Geschichte Münchens vermeintliche Hexen grausam zu Tode gebracht und verbrannt.

DAS KARLSTOR AM STACHUS | Wenn wir heute der Neuhauser Straße als Verlängerung der Kaufingerstraße folgen bis zum Neuhauser Tor und über den Stachus hinaus, gelangen wir zu einer modernen Entsprechung jener Lebensader, die immer schon von Westen nach Osten quer durch München verlief: den unzähligen Schienensträngen, die vom Kopf des Hauptbahnhofs stets zunächst nach Westen führen. Der Grundgedanke der starken Linie, auf der München gegründet wurde und der die Stadt ihre Lebenskraft verdankt, wird hier konsequent weiter- und hinaus in die Welt geführt.
Der Karlsplatz wird von den Münchnern Stachus genannt, und auch das Karlstor ist für viele nach wie vor das Neuhauser Tor, wie es vor seiner Umbenennung im Jahr 1792 noch hieß. Der Grund: Der Namensgeber Kurfürst Karl Theodor war bei den Münchnern nicht sonderlich beliebt. Dies beruhte auf Gegenseitigkeit, denn Karl Theodor bezog die Residenz in München nicht freiwillig, als er 1777 die Nachfolge des kinderlos an den Pocken gestorbenen Kurfürsten Maximilian III. Joseph antreten musste. Karl Theodor, Mitglied der pfälzischen Linie der Wittelsbacher, war in seinem Mannheim recht glücklich gewesen, konnte er dort doch

Das Karlstor hat sich namentlich offiziell immer noch nicht vollständig etabliert. Zu tief sitzt die Schmach über Kurfürst Karl Theodor, der die Münchner Residenz 1777 weder freiwillig noch frohen Mutes bezog.

ganz im Sinne eines aufgeklärten, aber monarchisch selbstbewussten Landesherrn agieren. Sein Name ist eng verbunden mit der kulturellen und wirtschaftlichen Blüte Mannheims, der »goldenen Ära« von Wissenschaft und Kunst. Doch mit dem Tod des letzten bayerischen Wittelsbachers griff ein Erbverbrüderungsvertrag, der besagte, dass er im Falle des Ablebens des bayerischen Kurfürsten seinen Sitz in die bayerische Landeshauptstadt zu verlegen hätte. Es heißt, dass er in dem Augenblick, als ihn die Nachricht vom Tod seines bayerischen Verwandten erreichte, gesagt haben soll: »*Jetzt sind die guten Tage vorbei.*«[100] Von Anfang an stehen die Bayern und Karl Theodor auf Kriegsfuß miteinander. Immer wieder versucht er, das ihm verhasste, in seinen Augen unkultivierte Land einzutauschen, so im Jahr 1785 gegen die österreichischen Niederlande. Doch während alle Tauschabsichten scheiterten, sank sein Ansehen bei der Bevölkerung ins Bodenlose. Protestierende Patriotengruppen wollten ihn sogar des Landes verweisen. Überhaupt greift ein starker Patriotismus gegen den sich absolutistisch und volksfern gebenden Monarchen um sich. Erst spät söhnt sich der Kurfürst mit seinen Untertanen aus. Viele Reformen, die er in Bayern durchführte, trugen erheblich zu einer Verbesserung der sozialen Lage bei. Er lässt die Stadtmauern abbrechen, gründet den Englischen Garten und öffnet die Hofbibliothek für alle. Doch die Schmach, die er den Bayern angetan hat, ist nicht vergessen, deshalb weigert sich der brave Münchner noch heute, das Neuhauser Tor bei seinem offiziellen Namen zu nennen. Und der Stachus ist und bleibt der Stachus.

Dieser Name rührt wahrscheinlich von einer Gaststätte her, die sich etwa dort befand, wo heute ein großes Kaufhaus die Sonnenstraße flankiert. Diese Wirtschaft gehörte einem Eustachius Föderl, und so ging man eben zum »Stachus«, und nicht zum Karlsplatz. Nach einer anderen Theorie ist der Name sogar noch älter und bezieht sich auf die »Stachelschützen«, also Bogenschützen, die einst vor den Toren der Stadt ihre Zielstätte hatten.[101]

Das Karlstor oder Neuhauser Tor war das große Zolltor nach Westen. Von diesem geht eine merkwürdige Sage um. In der Zöllnerstube neben dem Tor soll einst eine merkwürdige Figur zu sehen gewesen sein: ein Kopf mit drei Gesichtern, eines weiß, eines rot und eines schwarz. Manche sagen, dass sich in Vorzeiten an der Stelle des Tores ein heidnisches Heiligtum befunden habe, in dem dieser Götze angebetet worden war. Beim Umbau des Tores wurde das Häuschen zerstört, und der seltsame Kopf ging für immer verloren. Gisela Schinzel-Penth überliefert ein eigenartiges Münchner Lied, das sich möglicherweise auf die drei Gesichter dieses Götzen bezieht, vielleicht die Antlitze dreier Frauen: »*Die eine spinnt Seide, / die andere wickelt Weide, / die dritte sitzt am Brunnen, / hat ein Kindlein gfunnen.*«[102] Wenn etwas Wahres daran ist: Worum könnte es sich bei einem solchen dreigesichtigen Kultbild gehandelt haben? Vielleicht handelte es sich ja um eine Darstellung der drei Nornen, der drei germanischen Schicksalsgöttinnen. Auch diese sitzen an einem Brunnen zu Füßen der Weltesche Yggdrasil und spinnen das Schicksal der Menschen und Götter. Der Brunnen lässt natürlich an die bereits besprochene Frau Holle denken, die als Sagen- und Märchengestalt sicherlich das Erbe der Schicksalsgöttinnen angetreten hat. Vielleicht handelte es sich aber auch um ein Hekateion, eine Statue der Göttin Hekate, die oft an Wegkreuzungen aufgestellt wurde: Drei junge und schöne Frauen stehen Rücken an Rücken oder um eine Säule herum. Eine solche Statue wird in der Glyptothek gezeigt. Wegkreuzungen waren von jeher Orte mit besonderer magischer Kraft. So erweist sich Hekate als Göttin der Zauberei und als Hüterin der Schwelle und des Reichs der Nacht, wo sie an den Toren zwischen den Welten wachte. Ungeachtet ihres unheimlichen Charakters war sie besonders beim einfachen Volk beliebt, ihre Rituale wurden vor allem im Privaten abgehalten und im Schutze der Dunkelheit durchgeführt. Geopfert wurde ihr an Schwellen wie Hauseingängen, Wegkreuzungen und auf Friedhöfen. Eines der ihr zugeordneten Tiere ist eine schwarze Hündin.

Vielleicht verbirgt sich in dieser merkwürdigen Sage die Idee vom Neuhauser Tor als Westtor der Stadt, von dem aus man in den Sonnenuntergang und damit in das Reich der Toten reiste. Auch in der keltischen Tradition taucht der Dreikopf immer wieder auf, vor allen Dingen in Gallien, hier in einer bärtigen Variante. Es könnte sich dabei um einen alten Fruchtbarkeitsgott handeln, vielleicht Cernunnos.[103]

Noch eine weitere Möglichkeit gibt es. Von den Tempelrittern wird berichtet, sie hätten ein dreigesichtiges Götzenbild namens Baphomet angebetet. Das gaben sie zumindest unter der Folter der Templerprozesse ab 1307 immer wieder zu Protokoll. Bis heute ist nicht geklärt, ob es sich dabei nur um erpresste Geständnisse handelte, die dazu dienen sollten, den Templern unchristlichen Götzendienst nachzuweisen, oder ob ein wahrer Kern dahinter steckt. Tatsächlich wurde in der Templerfeste ein Kopf mit drei Gesichtern als Schlussstein eines Gewölbes gefunden. Doch die Darstellung eines Kopfes mit drei Gesichtern ist in der christlichen Ikonografie nichts Ungewöhnliches: Auf diese Weise wurde die Dreifaltigkeit aus Vater, Sohn und Heiligem Geist abgebildet – sie sind drei und doch eins. Diese Darstellung erinnert verblüffend an die gallischen Dreiköpfe. Baphomet bleibt also ein Phantom.[104]

Überhaupt gibt es keine Belege für die Anwesenheit des geheimnisvollen Ritterordens in München, auch wenn die Wahrscheinlichkeit sehr groß ist, dass sie auch hier eine Dependance besaßen. Einen schwachen, aber interessanten Hinweis liefert Helmuth Stahleder: Der Überlieferung nach soll sich in einer im Angerviertel aufgegangenen Straße ein Tempelherrenhaus befunden haben. Im Sandtner-Modell befindet sich an dieser Stelle ein großer Garten. Noch das Adressbuch von 1823 munkelt, dass »der Sage nach« dort das Haus der Templer gestanden habe.[105]

Aber wie es sich für einen ordentlichen Geheimbund gehört, gilt auch hier der Münchner Spruch »Nix g'wieß woas ma ned«. Damit sind wir wieder am Karlstor angelangt, denn dieser weise Satz kam einst aus dem Mund des Finessesepperl, dem »Postillon d'Amour« der guten alten Zeit, der in seinem Körbchen die heimlichen Liebesbriefe von einem Haus zum anderen brachte, immer dann, wenn er gefragt wurde, wohin des Wegs er denn gerade mit seiner geheimen Post wäre. Zusammen mit drei weiteren Altmünchner Originalen ist er in den inneren vier Ecken des Karlstors mit einer kleinen Büste verewigt.

DIE MICHAELSKIRCHE | Die Kirche Sankt Michael in der Neuhauser Straße ist nicht nur ein ganz besonderer städtebaulicher Akzent, sondern markiert auch eine historische Wendezeit in der Stadt.

1517 läutete Martin Luther mit seinen 95 Thesen die Reformation ein, und ein Riss ging durch die Kirche. Bald standen sich in Protestanten und Katholiken erbitterte Feinde gegenüber, und nach und nach entschied sich die Landesfürsten, auf welcher Seite des Glaubens sie künftig zu stehen gedachten. Auch Bayern blieb von den reformatorischen Bestrebun-

gen nicht verschont, und als 1579 mit Wilhelm V. ein strenger Katholik die Herrschaft über Bayern antrat, hatte die Reformation einen streitbaren Gegner auf den Plan gerufen, dessen unermüdlicher Einsatz für den wahren Glauben ihm schließlich den Beinamen »der Fromme« einbrachte.
Wilhelm erklärte den Katholizismus zur allgemein verbindlichen Religion in seinem Herzogtum und gestaltete Bayern nach und nach zum Herzen der Gegenreformation um, in dem Lutheraner, Täufer und andere Abweichler aufs Härteste bekämpft wurden. Um den Glauben in der Bevölkerung zu stärken, suchte der Herzog moralische Unterstützung und wandte sich an den noch jungen Orden der Jesuiten.
Erst im Jahre 1534 gründete Ignatius von Loyola die Gemeinschaft der Gesellschaft Jesu, die Societas Jesu, abgekürzt SJ. Diese befolgte nicht nur die Gelübde der Armut, der Ehelosigkeit und des Gehorsams, sondern verpflichtete sich darüber hinaus zur unbedingten Papsttreue. Als Besonderheit verzichteten die Jesuiten, wie sie bald genannt wurden, auf ein örtlich gebundenes Klosterleben, verfügten dafür über eine umso straffere Organisation, die auf größte Disziplin baute. Ihre Mission: durch Bildung in der Bevölkerung ein Bollwerk des katholischen Glaubens zu errichten und ihre Macht als Beichtväter, Erzieher und Berater an Fürstenhöfen auszubauen. So auch in München. Die Macht der Jesuiten bei Hofe nahm zu, sie unterrichteten die Fürstensöhne der Wittelsbacher, brachten sie von Anfang an auf Linie. Als Beichtväter kannten sie jedes Geheimnis und genossen zahlreiche Privilegien.
Wilhelm zögerte also nicht lange und stellte ihnen weitere Lehrstühle in Ingolstadt und München zur Verfügung. Damit festigte er den Einfluss des bereits durch seinen Großvater Wilhelm IV. in Bayern etablierten Ordens. Neben dem von seinem Vater Albrecht V. 1559 errichteten Jesuitengymnasium ließ er dem Orden 1583 mitten in der Stadt eine Kirche erbauen, wie sie die Welt noch nicht gesehen hatte: die Michaelskirche, bis heute die größte Renaissancekirche nördlich der Alpen mit einem monumentalen Tonnengewölbe, das nur durch den Petersdom in Rom übertroffen wird. In der Gruft dieser Stein gewordenen Manifestation des katholischen Glaubens sollten er und seine Frau Renata sowie künftige Herrscher der Wittelsbacher ihre letzte Ruhe finden, darunter sein Sohn Maximilian I. und nicht zuletzt Bayerns Märchenkönig Ludwig II.
Wilhelm weihte die Kirche keinem Geringeren als dem Erzengel Michael, an dessen Namenstag, dem 29. September, er selbst geboren wurde. Und so erleben wir an der zur Fußgängerseite ausgerichteten Fassade in einem vergoldeten Erker den Erzengel, wie er den Teufel mit seinem vom Kreuz gekrönten Stab in die Tiefe stürzt, wie es in der Offenbarung, Kapitel 12, Vers 7 bis 12, zu lesen ist:

»Und es entbrannte ein Kampf im Himmel: Michael und seine Engel kämpften gegen den Drachen. Und der Drache kämpfte und seine Engel, und sie siegten nicht und ihre Stätte wurde nicht mehr gefunden im Himmel. Und es wurde hinausgeworfen der große Drache, die alte Schlange, die da heißt: Teufel und Satan, der die ganze Welt verführt, und er wurde auf die Erde geworfen, und seine Engel wurden mit ihm dahin geworfen. Und ich hörte eine große Stimme, die sprach im Himmel: Nun ist das Heil und die Kraft und das Reich unseres Gottes geworden und die Macht seines Christus; denn der Verkläger unserer Brüder ist verworfen, der sie verklagte Tag und Nacht vor unserm Gott. Und sie haben ihn überwunden durch des Lammes Blut und durch das Wort ihres Zeugnisses und haben ihr Leben nicht geliebt bis hin zum Tod. Darum freut euch, ihr Himmel und die darin wohnen! Weh aber der Erde und dem Meer! Denn der Teufel kommt zu euch hinab und hat einen großen Zorn und weiß, dass er wenig Zeit hat.«

Wir befinden uns also mitten im Kampf des Guten gegen das Böse. Und für Wilhelm konnte das Böse nur eines bedeuten: den Abfall vom rechten Glauben, dem Katholizismus. Dabei sollten ihm die Jesuiten helfen, denn sie verstanden sich nicht nur darauf, die Menschen zu belehren, sondern sie auch emotional von der Wahrheit zu überzeugen. Dazu setzten sie groß angelegte öffentliche Festspiele ein, so auch am Tag der Einweihung der Michaelskirche. 900 Darsteller kamen zum Einsatz, um in dem acht Stunden dauernden Spektakel den Triumph des Erzengels über Luzifer zu feiern.

Sankt Michael an der Südkante des Kreuzviertels ist der erste großartige städtebauliche Akzent westlich des Marienplatzes. Angesichts ihrer Größe zusammen mit dem angrenzenden Jesuitenkolleg im Verhältnis zum damaligen Stadtgebiet muss es seinerzeit wie ein monumentales Zeichen für den spirituellen Führungsanspruch Münchens in den religiösen Wirren des 16. Jahrhunderts gewirkt haben. Noch heute beeindruckt diese Kirche, nicht nur, weil sie wegweisend für die Architektur von Renaissancekirchen und den barocken Kirchenbau in Süddeutschland überhaupt war, sondern auch weil von ihr eine mystische Kraft ausstrahlt, die uns in Berührung mit der Macht des Glaubens bringt. Während der Frauenkirche und auch dem Alten Peter eine fast schon natürliche Heiligkeit innewohnt, die ihrer besonderen Lage und ihrer tief in der Vergangenheit der Stadt verwurzelten Geschichte zu verdanken ist, erweist sich die Michaelskirche als Manifestation des Willens.

Wilhelm V. gab die Michaelskirche im Zuge der Reformation als Manifestation des katholischen Glaubens in Auftrag. Gerade zur damaligen Zeit muss sie aufgrund ihrer Größe ein Monument in den Wirren der Glaubenskonflikte dargestellt haben.

Beeindruckend: Der Erzengel Michael bezwingt an der Fassade der Michaelskirche den Satan und stößt ihn auf die Erde hinab, ein Werk von Hubert Gerhard.

Das beginnt schon mit der Lage der Kirche selbst. Während man in den mittelalterlichen Kirchen Wert darauf legte, den Altar in Ostrichtung aufzustellen, sodass der Gläubige beim Betreten der Kirche und beim Beten sein Gesicht in die Himmelsrichtung wendet, aus der das Licht der aufgehenden Sonne als Sinnbild für die Auferstehung Christi scheint, ist die Michaelskirche von Süden nach Norden ausgerichtet. Dies lag einerseits sicherlich an städtebaulichen Gegebenheiten, die keinen großen Spielraum in der Ausrichtung zuließen, entsprach aber andererseits vermutlich auch dem Wunsch des Bauherrn Wilhelm V., ein Gebäude zu errichten, das ein sichtbares Dokument seiner tiefen Frömmigkeit war. Folgerichtig zeigt die Schauseite der Kirche im Süden auf die Hauptschlagader der Stadt, hier die Neuhauser Straße, sodass jeder Vorbeigehende die Botschaft des Gebäudes »lesen« konnte, vom strahlenden Licht der Sonne erhellt.

Zugleich wird die das gesamte Bauwerk dominierende Symbolik von Licht und Dunkel, Tag und Nacht, Gut und Böse noch einmal drastisch untermalt, die so eng mit dem Titelheiligen, dem Erzengel Michael, verbunden ist. Wendet sich der Gläubige also im Gebet Richtung Norden, setzt er sich bewusst der Dunkelheit entgegen, denn aus dieser Richtung strahlt die Sonne nie. Es ist die lichtlose Richtung, aus der Dämonen kommen. Doch wen erblickt er dort? Den Erzengel selbst im Kampf gegen das Böse.[106] So wird die Kirche auch in ihrer Ausrichtung zum Symbol einer Zeit, in der sich der »wahre« Glaube in finsterer Stunde wähnte und ganz auf die Macht des Guten vertraute.

Doch bleiben wir für einen Augenblick noch an der Schauseite der Kirche und stimmen uns darauf ein, was uns im Inneren erwartet. Drei Geschosse werden von einem hochaufragenden Giebel überragt, auf dessen obersten Dreieckspunkt sich alles zuspitzt. Dort in luftiger Höhe, gleich unter dem alles überragenden Kreuz, grüßt aus einer Nische Christus als Retter der Welt. Ganz unten hingegen, und damit uns als Betrachter sehr viel näher, tritt aus einer mit Gold verkleideten Nische der Erzengel Michael im Kampf gegen Satan hervor. Dazwischen gewissermaßen die Ahnentafel des Bauherrn: Wilhelms Vorfahren, von den Agilolfingern ganz oben bis zu den Wittelsbachern darunter nebst einigen deutschen Kaisern. Wilhelm selbst ist deutlich in der untersten Reihe als dritter von rechts am Modell der Kirche zu erkennen. Sie alle unterstehen Christus und folgen dem heiligen Michael, dem himmlischen Herzog, als Gefolgsleute in den Kampf gegen das Böse.

Beachtenswert sind die beiden »Obelisken« links und rechts, im Westen und im Osten, jeweils gekrönt von einer goldenen Kugel. Sie bilden zusammen mit dem Kreuz auf dem Scheitelpunkt des Giebels ein nahezu gleichseitiges Dreieck. Obelisken waren schon bei den Ägyptern Symbole der Sonnenstrahlen auf ihrem Weg vom Himmel zur Erde, allerdings tragen sie im Gegensatz zu den Exemplaren auf der Michaelskirche in der Regel eine kleine Pyramide als Spitze. Hier sind es eher stark in die Höhe gezogene Pyramiden, sie gleichen sich jedoch in der symbolischen Aussage. Die Goldkugel selbst steht für die Sonne, von der aus die Strahlen des Lichts ihren Weg auf die Erde finden. Die vier Kanten an der Basis des Obelisken zeigen die vier Weltrichtungen an, getragen wird er von vier Kugeln an den Ecken. Dieses Symbol finden wir wiederum häufig im Zusammenhang mit einer ganz anderen Tradition: der alchemistischen Künste. Dabei stehen die vier Kugeln für die vier Elemente der Materie, und die Goldkugel auf der Spitze für den Stein der Weisen, mit dessen Hilfe man Gold herstellen wollte. Umgekehrt ist in diesem Symbol auch die Schöpfung selbst verkörpert: Aus dem Ureinen (Gott) entfaltet sich die Welt, aufgebaut aus den Elementen Feuer, Wasser, Luft und Erde. Der alchemistische Prozess veredelt nicht nur niedere Elemente, sondern den

Menschen selbst, denn er lässt ihn aus dem Bann der Materie in die Freiheit des Geists aufsteigen.

Wie kommt es zu dieser Symbolik an der Fassade der Michaelskirche? Einerseits kann man natürlich erklären, dass hier das Licht Gottes in die Finsternis scheint, wie es am Anfang des Johannes-Evangeliums heißt. Damit wäre erneut der Kampf des Lichts gegen die Mächte des Bösen angedeutet. Andererseits verweist es auf die geheime Leidenschaft Wilhelms für die hermetischen Künste, und das nicht ohne Grund. Als großer Gönner der Künste und angetrieben von dem Ehrgeiz, sich als herausragender Baumeister zu betätigen, mehrte er nicht nur seinen Ruhm, sondern auch seine Schulden. So kam es, dass Wilhelm im Jahr 1590 sich sogar den Goldmacher Marco Bragadino an den Hof holte, damit dieser ihm dabei helfe, seine durch unfassbar kostspielige Bauvorhaben leergefegten Kassen wieder aufzufüllen. Wie wir wissen, ging dieses Vorhaben gründlich schief. Marco Bragadino wurde als Betrüger entlarvt und auf dem Marienplatz 1591 hingerichtet. Doch das hielt den Fürsten offenbar nicht davon ab, auch weiterhin an die Goldmacherei zu glauben.

Von außen mag die Michaelskirche fast den Anschein eines pompösen Bürgerhauses erwecken. Doch wenn wir das Gebäude betreten, öffnet sich hinter der streng gegliederten Fassade ganz unvermutet – nichts als Licht und Weite, die uns mit ganzer Macht in sich aufnimmt. Keine Säulen stellen sich dem Eintretenden entgegen, lenken die Aufmerksamkeit nach oben und lassen den Blick in der Höhe verloren gehen. Alles strebt nach vorn in Richtung des Allerheiligsten, das sich lichtdurchflutet hinter dem Halbrund eines gewaltigen Portals abzeichnet. Trotz der ungeheuren Größe, die sich über unseren Köpfen aufspannt, fühlt sich der Raum einfach und klar an. Hier geht man nicht verloren, sondern wird auf das Wesentliche gestoßen, und das liegt vor uns.

Bevor wir den Weg durch den Mittelgang wählen und uns mit Blick auf das Gemälde auf dem Hochaltar auf das große Himmelstor zubewegen, begegnet uns ein Engel. Er steht hinter einem großen Weihwasserbecken, seine Füße berühren kaum den Boden, als ob er soeben dorthin geschwebt sei, seine Fingerspitzen ertasten behutsam den dunklen Beckenrand. Sein Blick scheint fest und doch auf nichts gerichtet.

Wer nun dem Engel von Angesicht zu Angesicht entgegentritt, merkt, dass sein Blick nicht ins Leere gerichtet ist, sondern auf denjenigen, der ihm nun gegenübersteht. Vielleicht spüren wir den Impuls, den Kreis zwischen ihm und uns zu schließen, indem wir mit ähnlicher Geste den Rand des Weihwasserbeckens berühren, und sei es auch nur für einen flüchtigen Augenblick. Es kann gut sein, dass wir das Gefühl bekommen, von Engelsflügeln nach oben getragen zu werden, während der Blick des

Engels durch uns hindurch und doch mitten in unsere Seele blickt. Es gibt kaum einen intensiveren Kraftpunkt.

Der bronzene Weihwasserengel wurde zwischen 1593 und 1596 von Hubert Gerhard geschaffen. Er sollte ursprünglich vor den Stufen des Chors aufgestellt werden, vor dem dort geplanten Grabmal des Kirchenstifters Wilhelm V. Dieses Grabmal wurde jedoch nie fertiggestellt.

Der Weg durch den Mittelgang folgt einer starken Kraftlinie, die uns nach der Begegnung mit dem Engel fast wie von selbst nach vorn zieht. Wenn wir dabei von Zeit zu Zeit die Augen schließen, merken wir, dass sich die Weite um uns herum auf unsere Seele überträgt. Alles zentriert sich auf uns selbst, auf unser Dasein, während wir unseren Weg gehen, aufgehoben in der Ewigkeit des Göttlichen. So machtvoll ist dieses Gebäude in seiner Größe, und doch so schlicht in seiner Aussage, dass sich ein Empfinden von Leichtigkeit einstellt, während wir uns dem Altar nähern.

Schließlich kommen wir im Querhaus an. Vor uns, umrahmt vom lichtdurchfluteten Halbrund, erhebt sich der Hochaltar, nicht wie ein Abschluss des Chors, sondern wie ein Portal, über dessen Schwelle wir gehen, um »in eine neue Wirklichkeit« zu gelangen.[107] Hinter dem Altartisch eine verhängte Pforte, davor das von einem Elfenbeinkreuz gekrönte Tabernakel, so als wolle der Gekreuzigte mit seinen ausgestreckten Armen das Geheimnis dahinter schützen und sagen: »Dort hinein kommt ihr nur durch mich.« Im Johannes-Evangelium (14,6) heißt es entsprechend: »Ich bin der Weg und die Wahrheit und das Leben; niemand kommt zum Vater denn durch mich.« Auch im Tempel Salomons trennte ein Vorhang das Allerheiligste vom übrigen Tempel, ein geheimer Raum, in dem die Bundeslade mit den Steintafeln der Zehn Gebote verwahrt und der als Wohnung Gottes angesehen wurde. Dieser Vorhang war es, den in der Stunde seines Todes Jesus von oben bis unten entzweiriss und so das Göttliche sichtbar machte. Was auch immer hinter diesem Vorhang verborgen ist, bleibt ein Geheimnis, das sich dem Betrachter nur noch in der Innenschau offenbaren kann. Am besten, wir suchen uns einen Platz in den vorderen Bänken, vielleicht hebt sich uns im Geiste der eine oder andere Schleier in unserem eigenen Leben …

Während uns die Türe hinter dem Tabernakel in ein inneres Geheimnis führt, öffnet sich mit dem Altarbild ein Fenster in eine andere, künftige Welt. Apokalypse, die Enthüllung, die Offenbarung – die letzten Schleier werden zur Seite gezogen. Es herrscht Krieg im Himmel. Satan, die alte Schlange, erhebt sich gegen Gott. Doch der Erzengel Michael und seine Engel besiegen Satan und stürzen ihn aus den Höhen des Himmels in die Tiefe. Das Bild ist aufwühlend und dramatisch, erzählt es doch vom Sieg des Lichts über die Finsternis. In eine Glorie aus Licht getaucht stößt

Michael Luzifer, den gefallenen Engel mit den zerfledderten Flügeln und den Krallenhänden, mit seinem Stab hinab, zusammen mit seinen in düstere Wolken gehüllten Heerscharen. Flammen züngeln von unten herauf. Über allem schließlich tritt Christus aus einer Nische hervor und hebt seine segnende Hand.

Geheimnis und Offenbarung, das ist das Mysterium der Michaelskirche. Es gibt eine Sage, die davon erzählt, dass in den Mauern der Kirche ein Schatz versteckt sei. Im Jahr 1773 wurde der Jesuitenorden von Papst Clemens XIV. aufgehoben, und alle Ordensmitglieder mussten das Kollegium verlassen. Doch bevor sie abzogen, ließen sie einen Maurer ihre Kostbarkeiten an einer bestimmten Stelle in der Kirche oder den angrenzenden Gebäuden einmauern. Der Maurer, den sie damit beauftragt hatten, gab an, man habe ihn mitten in der Nacht aufgesucht und ihm die Augen verbunden. Dann habe man ihn durch ein Gebäude geführt, auf und ab, hin und her, bis er völlig die Orientierung verloren habe. An der Stelle aber, an dem sie ihm die Augenbinden abgenommen hatten, damit er dort mehrere Kisten einmauern konnte, fiel ihm eine lose Bodenplatte auf, an der er sich stieß. Später sei er in das Kloster zurückgekehrt und habe tatsächlich die Bodenplatte entdeckt. Doch er habe bis zuletzt geschwiegen, denn die Jesuitenbrüder hätten ihm ein Gelübde auferlegt, das er auch angesichts des Todes nicht brechen wolle. So nahm er sein Geheimnis mit ins Grab, und der sagenhafte Schatz wurde bis heute nicht entdeckt.[108]

DER MÄRCHENKÖNIG UND SEINE GUGLMÄNNER | Ein Geheimnis ganz anderer Art birgt die Kirche gleich rechts neben dem Altarraum. Eine rechteckige Öffnung im Boden gibt den Blick auf eine Treppe frei, die geradewegs in das Souterrain führt, genauer gesagt in die unter dem Altarraum angelegte Krypta, die Fürstengruft. Auf vier schlichten Säulen spannt sich ein Gewölbe, unter dem sich die verstorbene Prominenz des Hauses Wittelsbach ein bemerkenswertes Stelldichein gibt: Wilhelm V. und seine Frau Renata fanden hier ebenso ihre letzte Ruhe wie sein Sohn Kurfürst Maximilian I. und dessen Gemahlinnen. Als später die Gruft in der Theatinerkirche zum neuen Grab der Wittelsbacher erklärt wurde, bettete man vornehmlich die Mitglieder des Pfälzer Zweigs der Familie hier zur letzten Ruhe. Doch der eigentliche Höhepunkt und Ziel vieler wallfahrender Königstreuen ist der besonders geschmückte Sarg von König Ludwig II. Er steht an der Südwand der Krypta, genau so, dass sein Blick durch die kreisrunde Öffnung in der Mitte der vier Säulen auf den Hochaltar im darüber liegenden Chorraum fallen kann. Eine Art »Seelenloch« also, das sind Löcher in Urnen oder Decksteinen steinzeitlicher

Grabanlagen, damit die Seele des Verstorbenen entweichen und ungehindert ihre Reise in das Jenseits aufnehmen konnte. Die Pforte ins Himmelreich bekommt hier noch einmal eine ganz andere Dimension. Ursprünglich war dieser besondere Platz wohl für Wilhelm und Renata vorgesehen. Nun nimmt ihn der berühmteste Sohn des Hauses Wittelsbach ein.

Der Weihwasserengel wurde Ende des 16. Jahrhunderts von Hubert Gerhard geschaffen. Ursprünglich war er für das Grabmal Wilhelm V. gedacht, das jedoch nie fertiggestellt wurde.

Doch liegt der populäre Märchenkönig wirklich in seinem Sarg? Im Mai 2000 gelang es dem Bund der Guglmänner, heimlich Aufnahmen von der Unterseite des Sarkophags zu machen. Die Bilder zeigen ein merkwürdiges, mit Lehm verkleistertes Loch im Boden und eine schlampige Lötnaht – als ob jemand in aller Eile gehandelt hätte und seine Spuren nicht mehr ordentlich verwischen konnte. Dies ließe nur einen Schluss zu, so die im Geheimen und ansonsten unerkannt unter unheimlichen Kapuzen operierenden Königstreuen: Der Sarg des am 13. Juni 1886 Verstorbenen ist gewaltsam geöffnet und der Leichnam des Königs entwendet worden. Doch warum sollte die Totenruhe Ludwigs auf derart brachiale Weise gestört worden sein?

Die Guglmänner kennen die Antwort: »*Es war Mord!*«, so ihr einheitliches Bekenntnis zu den mysteriösen Umständen um den Tod des Märchen-

Die Krypta versammelt einen großen Teil der verstorbenen Wittelsbacher Prominenz. Insbesondere um die Überreste (und deren oft hinterfragte Existenz in der Krypta) des Märchenkönigs ranken sich einige Verschwörungstheorien.

königs im Starnberger See. Nachdem Ludwig II. für geisteskrank erklärt, entmündigt und am 9. Juni im Schloss Berg festgesetzt worden war, wurde er vier Tage später tot im See gefunden, zusammen mit dem Gutachter und Irrenarzt von Gudden. »Selbstmord«, ließ man eilfertig verkünden. Der Gutachter sei entweder vom König im Kampf ertränkt worden oder beim Versuch, ihn zu retten, selbst ums Leben gekommen. Doch davon wollen die Royalisten nichts wissen: Ludwig sei hinterrücks erschossen worden, und zwar im Auftrag der Preußen, der bayerischen Regierung – und des eigenen Königshauses! Und diese heimtückische Tat galt es zu vertuschen. Es heißt, dass ein Kriegskamerad Hitlers den Führer darum gebeten habe, den Sarg des Königs zu öffnen, um dessen gewaltsamen Tod nachzuweisen. Um dieser Exhumierung zuvorzukommen, hätten die Wittelsbacher in einer Nacht-und-Nebel-Aktion das Heft selbst in die Hand genommen und die Leiche selbst entwendet.

Wo Ludwig nach Ansicht dieser Theorie heute seine letzte Ruhe findet, ist nicht ganz eindeutig. Manche sagen, seine sterblichen Überreste seien in die Kirchenwand des Klosters Ettal oder Schäftlarn eingemauert worden oder auf dem Heiligen Berg der Bayern, im Kloster Andechs. Tatsächlich befindet sich dort in einer Seitenkapelle ein seltsames Monument, das von einigen als heimliches Grabdenkmal für Ludwig gehalten wird. Und in der dortigen Friedhofskapelle ist eine Tafel angebracht, auf der steht: »Ludwig II. 1845–1886«. Wozu?

Historiker freilich weisen jegliche Spekulationen dieser Art weit von sich. Für einen Mord, so die gängige Meinung der Wissenschaft, gäbe es gar kein Motiv. Die Lötnähte seien von Anfang an an dem Sarkophag gewesen, und das Loch sei leicht als Ergebnis von Zersetzungsprozessen zu erklären, die durch das Leichenwasser im Zinnsarg entstanden seien, weil die Kalkschicht, auf die der Tote gelegt worden sei, nicht ausgereicht hätte, um die austretende Körperflüssigkeit des korpulenten Königs aufzusaugen. »*Unfug*«, erwidern die Guglmänner und fordern eine Öffnung des Sargs, zumindest aber eine gründliche Durchleuchtung. Dies aber lehnen die Wittelsbacher bis heute kategorisch ab: Die Ruhe des Toten solle nicht gestört werden. So wird die Wahrheit um den Tod des Märchenkönigs wohl noch lange auf sich warten lassen …[109]

Bezeugt ist folgende Geschichte zur Beerdigung des Königs: Als man seinen Sarg in die Gruft hinabtrug, verdüsterte sich der Himmel über der Michaelskirche. Um genau 15 Uhr 10 fuhr ein Blitz auf die Kirche herab, durch dessen Wucht einige Mitglieder der Trauergesellschaft gegen die Mauern geschleudert wurden. Dieser Blitz und der anschließende Donnerschlag galten damals vielen Menschen als Zorn des Himmels über den Tod des Monarchen, vielleicht sogar als Hinweis auf dessen gewaltsames Ende von ruchloser Hand.[110]

»Ein ewiges Rätsel will ich bleiben mir und anderen …«, so sah sich Ludwig II. selbst. Auch im Tod ist er sich in dieser Hinsicht treu geblieben. In seinen märchenhaften Schlössern von Neuschwanstein, Linderhof und Herrenchiemsee aber lebt er in den Herzen vieler Menschen weiter.

Am 19. Juni 1889 wird König Ludwig II. in einer feierlichen Prozession zu Grabe getragen. Vor dem Sarg schreiten ganz in Schwarz gehüllte Gestalten einher. Sie tragen zwei gekreuzte brennende Fackeln, einer das Bildnis des heiligen Georg, dem Schutzpatron der Wittelsbacher. Ihre Gesichter sind von einer Gugel verhüllt, einer schwarzen, spitz zulaufenden Kapuze, hinter deren schmalen Sehschlitzen die Augen unbekannter königstreuer Bürger aufblitzen. Niemand kennt ihre Identität oder die Anzahl ihrer Mitglieder, und keiner weiß, wo sie sich versammeln – und das bis zum heutigen Tag. Die Bruderschaft, die auf der Grundlage ritterlicher Ideale zusammenkommt, ist in sieben Stufen organisiert, vom »Novizen« bis zum »Nautonier« (Steuermann), der höchsten Stufe. Doch dem Bund kann man nicht beitreten – man wird dazu berufen. Erst mit der dritten Stufe, dem »Chevalier« (Ritter) erhält das Mitglied die berüchtigte schwarze Kapuze.

Die Guglmänner sehen sich selbst »als Mahner und Warner …, wo das Andenken unseres geliebten Königs nicht die gebührende Achtung findet.«[111] Ihre Geschichte reicht nach eigener Darstellung bis ins 12. Jahrhundert zurück. Aus Trauer über den plötzlichen Tod Kaiser Friedrich Barbarossas im Jahr 1190, der auf einem Kreuzzug im Fluss Saleph ertrinkt, hüllen sich die Ritter in schwarze Mäntel und bedecken ihr Haupt mit einer schwarzen Kapuze, um den Leichenzug zu begleiten. Auf diese Begräbnisbruderschaft führt der Geheimbund sein Erscheinen zurück. Als die Pest Europa heimsuchte, traten die schaurigen Gestalten als Mahner der Sterblichkeit auf, gemäß ihrem Wahlspruch: »Media in vita in morte sumus!« – Mitten im Leben sind wir vom Tod umgeben. Später setzte sich die Gepflogenheit durch, dass die Guglmänner bei den Beisetzungszeremonien vor dem Sarg eines verstorbenen bayerischen Fürsten einherschreiten.

Heute sieht sich der mysteriöse Geheimbund vor allem als Anwalt für den in ihren Augen ermordeten König Ludwig II. und gedenkt »nicht zu ruhen, bis die Todesumstände vollkommen aufgeklärt sind«. Dazu nutzen sie immer wieder spektakuläre Auftritte, tauchen unvermittelt in der Münchner Fußgängerzone auf, am Schloss Nymphenburg oder am Starnberger See, um für die Wahrheit zu demonstrieren, insbesondere dann, wenn sie das Andenken ihres Königs gefährdet sehen, zum Beispiel als im Jahr 2010 auf der Fassadenverhängung der gerade in Restaurierung befindlichen Michaelskirche eine Autowerbung prangt, »das Götzenbild der Moderne«, oder im Jahr 1998 vor den Kammerspielen zur Premiere eines Theaterstücks über den König, das in den Augen der Guglmänner eine Blasphemie darstellte.

Lebt in den Guglmännern eine von Ludwig II. selbst ins Leben gerufene Geheimorganisation fort, wie sie von Alfons Schweiggert[112] beschrieben wird? Ab 1869 soll der König am Aufbau eines Geheimdienstes gearbeitet haben, dem er den Namen »Coalition« gab und die den Geheimdienst des Zaren zum Vorbild hatte. Die Männer der Coalition hatten den Auftrag, den Monarchen vor einer drohenden Entmachtung zu schützen, etwaige Verschwörungen gegen ihn aufzudecken und zu verhindern. Doch seine Aufgaben nahm dieser Geheimbund wohl nie wirklich wahr, trat auch nie sonderlich in Erscheinung, und bereits 1880 war von ihm keine Rede mehr.

AM PROMENADEPLATZ | Erst 1805 erhielt der Promenadeplatz seinen heutigen Namen. Umrahmt von Gründerzeithäusern, Adelspalais und flankiert vom Bayerischen Hof, der nobelsten Herberge der Stadt, kann man sich gut vorstellen, dass dieser Platz im Herzen des Kreuzviertels schon immer ein teures Pflaster gewesen ist. Tatsächlich befanden sich bis Ende des 18. Jahrhunderts hier die Salzstadel, in denen das weiße Gold, das München groß und reich gemacht hatte, gehortet wurde. Entsprechend betucht war man hier. Nach einem kurzen Intermezzo als

Paradeplatz erhielt der Platz schließlich seine parkähnliche, zum Flanieren einladende Gestalt mit den Statuen bedeutender Persönlichkeiten, darunter der berühmteste Komponist der Renaissance, Orlando di Lasso, dessen Denkmal vis-à-vis des Hotels von der Fangemeinde eines anderen berühmten Musikers okkupiert wird und zu einem anrührend kitschigen Gedenkort an den 2009 verstorbenen Michael Jackson umfunktioniert wurde. Noch etwas weiter östlich, dort wo der Platz in die Maffeistraße übergeht, ragt eine riesige silberne Gestalt in den weißblauen Himmel hinauf, die sich gänzlich von den übrigen Monumentalplastiken unterscheidet: das 2005 errichtete Denkmal für den Begründer des modernen Bayern, Maximilian Joseph Graf von Montgelas.

Das Montgelas-Denkmal ehrt den Begründer des modernen Bayerns – Maximilian Joseph Graf von Montgelas beseitigte unter anderem viele Privilegien des Adels und konstituierte die Gleichstellung von Katholiken und Protestanten.

Montgelas wurde 1759 in München geboren und sollte im Laufe seines Lebens die Geschicke seiner Heimat mehr als nur einmal entscheidend prägen. Getragen vom Geist der Aufklärung trug er dazu bei, dass aus Bayern ein moderner Staat wurde. Viele seiner Initiativen gelten noch heute als Meilensteine in der Politik. Er schuf den Vorläufer der bayerischen Verfassung, in dem bereits die Gleichheit aller Untertanen festgelegt war und viele Adelsprivilegien abgeschafft wurden. Durch die Gleichstellung von Katholiken und Protestanten beendete er die Anfeindungen dieser beiden religiösen Lager, und mit der Einführung der allgemeinen Schulpflicht schuf er die Basis für eine grundlegende Bildung für alle. Er straffte die Verwaltung und führte ein Beamtentum ein, bei dem die Posten nicht mehr durch Beziehungen vergeben wurden, sondern allein aufgrund einer nachweislichen Qualifikation. Natürlich muss auch erwähnt werden, dass er es war, der die Säkularisation vorantrieb, in deren Zuge Klöster leergefegt und enteignet wurden, nicht zuletzt, um über den Verkauf der Schätze die Staatskasse zu sanieren. Montgelas, Minister unter dem ersten König von Bayern, Max I. Joseph, vereinte so viel Macht auf sich wie kaum ein anderer Staatsdiener vor ihm. Erst wurde er Außenminister, dann auch noch Finanz- und Innenminister. Woher schöpfte dieser Mann die Kraft für diese Verantwortung? Was trieb ihn an?

Eine Antwort auf diese Frage findet sich möglicherweise in seinen jungen Jahren, denn als Zwanzigjähriger trat er einem Geheimbund bei, der noch heute die Herzen von Verschwörungstheoretikern höher schlagen lässt: den Illuminaten. Damals war er Hofrat im Dienst des bayerischen Kurfürsten Maximilian III. Diesen Posten behielt er auch bei, als Kurfürst Karl Theodor in München seine Zelte aufschlagen musste.

Wer waren diese Illuminaten? Sie wurden am 1. Mai 1776 von Adam Weishaupt, Professor für Kirchenrecht und Philosophie an der Universität Ingolstadt, zusammen mit zwei seiner Studenten zunächst als Bund der Perfektibilisten (von lateinisch *perfectibilis*: zur Vervollkommnung befähigt) gegründet. Weishaupt, angesteckt von den Ideen der Aufklärung, ärgerte es, dass an der Universität der Geist der Lehre fast komplett von ehemaligen Jesuiten bestimmt wurde, deren Orden 1773 aufgelöst worden war. Der intellektuelle Club der Illuminaten fand bald immer mehr Anhänger, die sich den Kampf gegen den Obskurantismus auf die Fahnen geschrieben hatten. Nicht nur die Frömmelei der Jesuiten war ihnen ein Dorn im Auge. Weishaupt war Freimaurer und beobachtete, wie sich ein mystisch-spiritualistischer Geist, getragen von den esoterischen Ideen der Rosenkreuzer, in den Reihen der Brüder breitmachte. Auch hier wollte er ein Zeichen gegen den Aberglauben setzen. 1778 endlich wurde der Bund der Perfektibilisten in Illuminati umgewandelt. Illuminat bedeutet »Erleuchteter«, gemeint ist damit derjenige, der sich ausschließlich vom »Licht der Vernunft« leiten lässt. In diesem Sinne waren die Illuminaten ein radikal-aufklärerisches Bündnis: Verstand und Vernunft stehen über allem. Ihr Hauptziel: Die Abschaffung der Herrschaft von Menschen über Menschen durch Aufklärung und sittliche Verbesserung. Im Gegensatz zu Gewaltorgien der Französischen Revolution verfolgte man hier eine andere Strategie. Man wollte sich unbemerkt in das politische Geschehen einmischen, wichtige Posten besetzen und so von oben nach unten die Gedanken von Freiheit, Gleichheit und Brüderlichkeit verwirklichen – ohne Blutvergießen. Erkennungszeichen war die Eule der Minerva, der römischen Göttin der Weisheit. 1780 trat Adolph Freiherr von Knigge in den Orden ein. Dieser war hochrangiger Freimaurer und brachte ein Faible für Mystizismus mit – sehr zum Missfallen Weishaupts. Aber der Einfluss des Freiherrn wuchs, und bald wurde der Illuminatenorden ganz ähnlich einer Freimaurerloge organisiert. Es kam zu Streitigkeiten, in deren Verlauf Knigge drohte, die Geheimnisse der Illuminaten an die Jesuiten und die Rosenkreuzer zu verraten. Während dieser Streitigkeiten hatte der Orden die Aufmerksamkeit der bayerischen Obrigkeit auf sich gezogen. Ein Geheimorden, der aufklärerisch gesinnt ist und die überkommene feudale Ordnung aufheben will – das war zu viel für die Herrschenden. Am 22. Juni 1784 verbot Kurfürst Karl Theodor alle »Communitäten, Gesellschaften und Verbindungen«, die ohne seine »landesväterliche Bestätigung« gegründet worden waren.

Ein großer Agitator an der Seite des Kurfürsten war der Jesuit Ignaz Franck, Hofprediger und Beichtvater von Karl Theodor. Unter Karl Theodor nimmt die Zensur stark zu, Franck hatte in dieser Hinsicht wohl großen Einfluss auf den Kurfürsten. Er zählt zu den unerbittlichen Verfolgern von Kritik am Fürsten und den staatlichen Einrichtungen. Natürlich war der Illuminatenorden Franck ein Dorn im Auge, stand dieser doch für den Zeitgeist der beginnenden Aufklärung im Gegensatz zu den bewahrenden Kräften des Absolutismus. Kaum ein Jahr später wurden in einem Edikt explizit die Illuminaten und die Freimaurer verboten, und Papst Pius erklärte die Mitgliedschaft im Illuminatenorden als unvereinbar mit dem katholischen Glauben. Sicher war die Gefahr, die von den Illuminaten ausging, nicht ganz unbegründet, doch Franck brach eine regelrechte Hetzkampagne vom Zaun und schürte die Paranoia seines Fürsten. Durch Denunziation wurden zahlreiche Mitglieder ausgeliefert. Diese wurden nicht einem ordentlichen Gericht überlassen, sondern einer »Spezialkommission im gelben Zimmer« der Residenz vorgeführt. Einige verschwanden, so heißt es, einfach für immer von der Bildfläche.

War der Orden nun zerschlagen? Zumindest verliert sich jede Spur. 1787 folgte ungeachtet dessen ein weiteres Verbotsedikt, ohne dass der Orden nochmals in Erscheinung getreten war. Es stellte die Anwerbung von Nachwuchs für Illuminaten unter Todesstrafe. Die Sorge der Obrigkeit, der Orden könne im Geheimen noch bestehen, löste die Illuminatenhysterie aus – und schuf einen Mythos, der sich bis heute hält.

Montgelas, so die offizielle Variante, hatte sich schon 1785 von den Illuminaten distanziert und war ausgetreten. Weil er aber das Misstrauen Karl Theodors auf sich gezogen hatte, der von großer Angst beseelt war, eine Geheimverschwörung sei gegen ihn im Gange, bat er 1787 um seine Entlassung und verließ München mit seinem vom absolutistischen Selbstverständnis geprägten Klima, in dem die Gedanken der Aufklärung, denen er immer noch anhing, kaum eine Chance zur Entfaltung hatten, ja sogar als

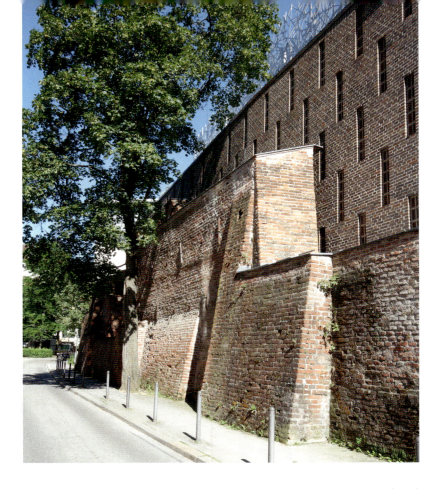

Die Bedeutung des Verlieses im Jungfernturm ist noch heute ungeklärt. Den Namen des Turms kann man allerdings leicht vom angrenzenden Friedhof der Frauenkirche ableiten.

gefährlich eingestuft wurden. So trat er vorübergehend in den Dienst des Wittelsbacher Herzogs von Pfalz-Zweibrücken, Karl II. August.

Karl Theodors Nachfolger, Max I. Joseph, der spätere König, holte Montgelas 1799 wieder nach München zurück. Von den Illuminaten ist in seinem Zusammenhang keine Rede mehr. Doch wenn wir uns seinen Lebenslauf ansehen, so hat der Superminister nahezu alle Ziele erreicht, die er sich noch als Illuminat auf die Fahnen geschrieben hatte. Ob dies dem fortgesetzten Einfluss eines Ordens, der im Untergrund weiterwirkte, zuzuschreiben ist? Wir wissen es nicht. Es wird sein Geheimnis bleiben.

DER JUNGFERNTURM | Nicht nur seine unsensible Art, mit dem bayerischen Erbe umzugehen, hat Kurfürst Karl Theodor jede Menge Sympathiepunkte gekostet. Auch seine rigide Politik gegen jede Form von Opposition machte ihn zu einem der unbeliebtesten Fürsten seiner Zeit. Während er auf der einen Seite ganz im Sinne der Aufklärung die Künste und die Wissenschaften förderte und seinen Untertanen immer mehr Freiheiten einräumte, wuchs in ihm auf der anderen Seite umso beständiger die Furcht vor dem Verlust der Macht. Wie wir schon am Beispiel des Illuminatenverbots gesehen haben, schuf er aufgrund seiner Angst vor Verschwörungen in den Reihen seiner Beamten ein Klima von Paranoia und Misstrauen. Widerspruch wurde nicht gerne gesehen, dazu musste man nicht einmal Illuminat sein.

Daher ist es verständlich, dass man sich alle möglichen unschönen Geschichten über ihn erzählte. So hieß es, er verfüge über eine Geheimpolizei, die in einem gespenstischen Einspänner unterwegs sei und Dissidenten und andere, die durch abfällige Bemerkungen gegen Obrigkeit und Religion auffällig geworden waren, einkassierte. Die Delinquenten wurden in das gefürchtete »Gelbe Zimmer« in der Residenz gebracht, wo sie von einem geheimen Ausschuss verhört und verurteilt wurden, um dann an einen besonders schaurigen Ort im Kreuzviertel gebracht zu werden – den Jungfernturm. Wer in diesem verschwand, so hieß es, der kehre nicht mehr zurück.

Der Jungfernturm ist der einzige oberirdisch erhaltene Rest der zweiten Stadtmauerbefestigung und war ein Geschützturm von wuchtigen Ausmaßen. Als einziger Turm in der Stadtmauer wurde er über den Zwinger gebaut, das heißt über den Zwischenraum, der zwischen der inneren und der äußeren Stadtmauer freigelassen worden war. Von diesem Turm ist noch die stadtseitige Rückwand übrig, zu finden in der Jungfernturmstraße in der nordwestlichen Ecke des Kreuzviertels.

Der Name dieses Befestigungswerkes beflügelte die Fantasie der Menschen, und in einer Zeit, in der man das Schlimmste zu befürchten hatte, entwickelte sich die Vorstellung, in diesem Turm sei die gefürchtete »Eiserne Jungfrau« aufgestellt, eine Statue, die der zum Tode Verurteilte küssen musste, bevor sich unter ihm eine Falltür öffnete, durch die er verschwand. Es heißt auch, besagte Jungfrau hätte mit Dornen gespickte Arme gehabt, die sich um den Delinquenten geklammert hätten, bis er qualvoll starb. Die Schreie der zum Tode Verdammten seien immer wieder zu hören gewesen.

Die Wahrheit über die Benennung des Turms verweist diese grausamen Schauermärchen in den Bereich der Fantasie, zumindest, was die Hinrichtungsweise angeht. Sein Name leitet sich von dem an seiner Rückseite angrenzenden, neu errichteten Friedhof der Frauenkirche ab, auch »Unser Frauen Gottesacker« genannt. Aufgrund seiner Lage färbte sich der Name auf den Turm ab.

Dennoch bleibt die Bedeutung des Turms ein Mysterium: Man fand Mitte des 18. Jahrhunderts tatsächlich eine Falltür, die in ein Verlies führte. Dort entdeckte man zwei vermoderte Leichen. Das war allerdings vor der Regentschaft des unbeliebten Karl Theodors.

MACHTVOLLES GRAGGENAUER VIERTEL

Das nordöstliche Graggenauer Viertel war schon immer der weltliche Mittelpunkt der Stadt, angefangen von der Herzogsburg, dem Alten Hof, bis hin zur Residenz der Fürsten und Könige Bayerns. Die Graggenau umfasst das Areal, das im Westen von der Wein- und Theatinerstraße vom Kreuzviertel getrennt wird und sich im Süden durch das Tal vom Angerviertel abgrenzt. Seine Grenze im Osten ist nicht immer leicht erkennbar, wurde das Viertel doch durch die Einbeziehung der Residenz und schließlich des Hofgartens stark erweitert und entsprechend der Verlauf der Stadtmauer angepasst. Während die größte Fläche von den Repräsentationsbauten der Wittelsbacher vereinnahmt wird, schlägt das geheime Herz der Graggenau »Am Platzl«.

Hier muss sich auch die namengebende Au befunden haben, also ein feuchtes, fruchtbares Stück Land im Einzugsbereich der Isar. Was aber sind »Graggen«? Nach einhelliger Meinung der Historiker verbergen sich dahinter auf gut bayerisch die »Kracken«, die Krähen oder Raben. Zwischen diesen beiden Vogelarten unterschied man damals nicht, sondern fasste unter dem Begriff einfach große, schwarze Vögel zusammen, die krächzende Laute von sich gaben. Die Graggenau ist also die Au der Krähen. Was zunächst wie eine landschaftliche Bezeichnung klingt, wie sie sich auch in der etwas weiter nördlichen Hirschau wiederfindet, dürfen wir uns aus dem Blickwinkel einer mystischen Betrachtungsweise erlauben, die Symbolik des Raben und der Krähe mit den Grundthemen des Viertels in Verbindung zu bringen.

Während in der christlichen Ikonografie dem Raben grundsätzlich etwas Gruseliges, ja sogar Teuflisches anhaftet, gilt er in vielen anderen Mythologien als Bote der Götter. Zwei Raben fliegen um das Haupt des Göttervaters Odin und berichten ihm, was an den vier Enden der Welt vor sich geht, das Vergangene ebenso wie das Gegenwärtige und das Zukünftige. Raben gelten als sehr intelligent, und man glaubte, sie könnten sprechen. So wundert es nicht, dass sich Athena, die griechische Göttin der Weisheit, Raben und Krähen als Lieblingstiere auserkor. Das schwarze Gefieder weckte natürlich auch Assoziationen mit Dunkelheit und Nacht, und sie wurden als Sendboten der Unterwelt betrachtet oder gar als Verkünder des Todes. Dass sie häufig über Galgenhügeln kreisten, weil sie sich dort an den aufgeknüpften Verurteilten gütlich taten, trug zu ihrem düsteren Image bei. Noch heute weisen in vielen Städten Namen, die sich auf diesen Vogel beziehen, auf ehemalige Hinrichtungsstätten hin, wie zum Beispiel das fälschlicherweise mit einem Pferd assoziierte »Rappeneck« an der Ecke von Sendlinger Straße und Färbergraben,

Der Wittelsbacher Brunnen mit den Personifikationen der vier bayerischen Hauptflüsse ist eine der ältesten und schönsten Brunnenanlagen in München.

das ursprünglich als Rabeneck auf die allererste Hinrichtungsstätte Münchens hinweist, etwa dort, wo sich heute die Luxuswohnungen und die Einkaufspassagen der Hofstatt befinden.[113] Auch die germanischen Walküren nahmen gerne die Gestalt von Krähen an, wenn sie sich auf das Schlachtfeld stürzten. Der Rabe ist also ein zwiespältiges Wesen.[114] Einerseits steht er für Weisheit, andererseits ist er Sinnbild für Unglück und Tod. Diese Überlieferung finden wir bereits in der Antike, in der es heißt, dass der Tod Alexanders des Großen von einem Raben verkündet wurde. Überhaupt galt der schwarze Vogel als Prophet des Untergangs, und so manche rabenschwarze Zukunft wurde von ihnen geweissagt. Einer Legende nach droht das Ende des englischen Königshauses, wenn die Raben den Tower of London verlassen, während der im Kyffhäuser schlafende Barbarossa sein Reich erneuern wird, wenn keine Raben mehr dort fliegen. Raben werden hier zum Sinnbild hoher Herrschaft – und damit passen sie wunderbar in das Graggenauer Viertel als Zentrum der Macht.

Etwas abseitiger scheint in Bezug auf die Graggenau der Umstand, dass der Rabe auch ein bedeutsames Symbol in der Alchemie war. Er wird oft auf einem Grab oder einem Totenschädel sitzend dargestellt. Dabei steht er für die erste Stufe des Großen Werks, Nigredo, das Schwarze, oder auch Caput Corvi, Rabenkopf, genannt. In diesem Schritt auf dem Weg zur Herstellung des Steins der Weisen wurde die Materie auf ihren Urzustand zurückgeführt, die Materia prima. Darunter verstand man einen eigenschaftslosen Urstoff, der als Ausgangsmaterial für alle weiteren Prozesse der Transmutation diente. Schwarz ist die Farbe der kosmischen Urnacht,

dem Zustand vor der Schöpfung, dem Chaos. Und wenn man bedenkt, dass gerade in der Residenz lange Zeit Goldmacher ein und ausgingen und so mancher Fürst den Geheimnissen der Alchemie alles andere als verschlossen gegenüberstand …

DIE RESIDENZ | Schon in der inneren Stadt war das Graggenauer Viertel durch den Alten Hof der Mittelpunkt der weltlichen Macht. Auch nach der Stadterweiterung sollte es dies bleiben, doch dadurch verlor die Burg ihre für die Herrscher vorteilhafte Randlage und befand sich nun mitten in der Stadt. Dies war nicht ganz ungefährlich, denn es herrschten tiefe Differenzen zwischen der Bürgerschaft und den Herzögen im ausgehenden 14. Jahrhundert. Im Grunde war Kaiser Ludwig selbst schuld am erstarkenden Selbstbewusstsein der Stadtbewohner, hatte er sie doch mit zahlreichen Privilegien ausgestattet, um sich ihrer Gunst zu versichern. München war gewaltig gewachsen, und die Einwohnerzahl überschritt bald die Zehntausend. Vor allen Dingen die aufstrebenden Handwerkszünfte drängten nach mehr Mitbestimmung im bis dahin von den Patriziern beherrschten Stadtrat. Diese innerstädtischen Querelen trafen auf die ungünstige dynastische Gemengelage bei den Wittelsbachern, die ihr Herzogtum in mehrere Teilherzogtümer aufgespalten hatten. In diesem Durcheinander aus Machtansprüchen waren Streitereien an der Tagesordnung, und auch in München kam es im Jahr 1377 zu massiven Unruhen, in deren Folge sich die Stadt auch gegen

Das Antiquarium in der Münchner Residenz wurde von Albrecht V. als Zeichen für das fürstliche Selbstverständnis gesetzt.

den Landesherrn auflehnte. Doch die Bürgerschaft zog den Kürzeren und musste sich 1384 unterwerfen. Als Wiedergutmachung musste die Stadt den »*Herren Herzögen (zu) erlauben ein vest in die statt ze pawen und ein aigen Tor … das sy aus und ain reitten*«[115]. Die »Neue Veste« wurde gebaut, und zwar auf dem Gelände eines älteren Burgstalles in der äußersten Nordostecke der zweiten Stadtbefestigung, deren Mauern in das Gebäude einbezogen wurden. Als deutliche Demonstration der Macht errichtete man einen massiven Wehrturm zur Stadt hin und umgab zusätzlich die gesamte Anlage mit einem breiten Wassergraben – die neue Burg war eine Wasserburg. Während der nun sogenannte Alte Hof weiterhin für repräsentative Aufgaben zur Verfügung stand, errichteten sich die Fürsten eine martialische Fluchtburg.

Dabei sollte es nicht bleiben. Bis ins Jahr 1570 wurde die Burg zu einem prächtigen Fürstensitz ausgebaut, nachdem der Alte Hof nach und nach ausgedient hatte, nicht nur aufgrund des mangelnden Raums, sondern auch, weil er einfach nicht mehr als zeitgemäß empfunden wurde. Die Renaissance hatte Einzug gehalten, und in diesem Stil wollte man sich verwirklichen. Mit Wilhelm IV. zog 1580 der gesamte Hofstaat in die Neue Veste und mit ihm alle zentralen Verwaltungsbehörden. Schon sein Vorgänger im Amt, Albrecht V., hatte mit dem Antiquarium neue Akzente fürstlichen Selbstverständnisses gesetzt: Der Saal gilt bis heute als größter Profanbau der Renaissance diesseits der Alpen und beherbergt eine stattliche Antikensammlung.

DER GROTTENHOF | Wilhelm V. steuerte als bedeutendsten Beitrag den Grottenhof mit seinen vier Trakten bei, die sich um einen rechteckigen »Geheimen Lustgarten« gruppieren. Im Zentrum die mannshohe Statue des Perseus, der den abgeschlagenen Kopf der Medusa in die Höhe reckt, während aus dem Halsstumpf das Wasser in ein Brunnenbecken rinnt. An der Ostseite fasziniert ein aus Steinen und Muscheln ornamentiertes Brunnenwerk, in dem sich allerlei Fabelwesen tummeln. Da halten lachende Nixen Brunnenschalen, und weibliche Fruchtbarkeitsdämoninnen tragen üppige Füllhörner vor sich her, während sie einen Rundbogen stützen, der sich über die Grotte mit der gewaltigen Marmorschale spannt. Über der Grotte selbst tänzelt ganz in Gold Merkur, der Götterbote.

Der geheime Garten kam in der Renaissance auf und diente im Gegensatz zu den auf Repräsentation ausgerichteten Hofgärten als privater Rückzugsraum. Dort konnte man sich »heimlich« treffen, weswegen diese Gärten immer auch den Charakter eines Liebesgartens hatten – eine Art *hortus conclusus* der Liebe. Dass zugleich die Grotte als Thema gewählt wurde, betont die erotische Komponente natürlich noch, denn die Höhle gilt von alters her als Sinnbild des Schoßes der Erde. Man denke an die berühmte Venushöhle aus der Tannhäusersage, die König Ludwig II. als Venusgrotte im Park seines Schlosses Linderhof inszenierte. Doch die Symbolik greift weitaus tiefer. Der geheime Garten ist auch deshalb geheim, weil er Geheimnisse offenbart. Alles im Grottenhof ist Symbol und verweist auf tiefere Zusammenhänge.

Die Grotte führt nicht nur in den Schoß von Mutter Erde, sondern ist der Zugang zu einer geheimen, magischen Welt, in der »*die Zeit ohne die auf- und untergehende Sonne aufgehoben scheint*«.[116] Ein mystischer Ort der Einweihung in geheime Lehren. Als solcher wurde er vor allen Dingen in der Symbolsprache der Alchemie verstanden. In den Eingeweiden der Erde finden die entscheidenden Prozesse statt, durch die unedle Metalle schließlich in Gold verwandelt werden. In einer Höhle im Berg befindet sich der Tempel des Wissens, der Schauplatz für das Große Werk, die Herstellung des Steins der Weisen.[117] Und immer wieder wird die Szene von Merkur überragt, dem Schutzherrn der nach ihm benannten hermetischen Kunst, der Alchemie. So auch hier im Grottenhof. Ausgerechnet Wilhelm V., der sonst so fromme Christenmensch mit einem Hang zur Bigotterie, frönte dem geheimen Laster der Goldmacherei. Damit stand er in der Zeit der Renaissance, die als Blütezeit des Okkultismus und anderer Geheimlehren gelten kann, nicht allein da. Wie wir schon an der von ihm in Auftrag gegebenen Michaelskirche gesehen haben, verstand er sich sehr wohl auf die geheime Symbolik dieser Künste und setzte sie unübersehbar ein – auch wenn ihr tieferer Sinn den meisten Menschen, heute wie damals, wohl verschlossen blieb.

Der Grottenhof zeigt auf eindrucksvolle Weise die geheimnisvolle Symbolik in der Residenz. An jeder Ecke finden sich Anspielungen auf Alchemie und Astrologie.

Merkur wird in der alchemistischen Tradition mit dem Vater der Alchemie, Hermes Trismegistos, dem »dreimal großen Hermes«, gleichgesetzt. Er ist die Schlüsselfigur des Großen Werks, sein Metall ist das Quecksilber – engl. *mercury* –, das jede Gestalt annehmen kann und daher die ideale Verkörperung der alchemistischen Transformationsprozesse darstellt. Als Botschafter zwischen den Welten ist er der Begleiter des Adepten auf seinem Weg in die Sphären des geheimen Wissens.

Merkur gegenüber, im Zentrum des Gartens, steht Perseus, das schreckliche Haupt der Medusa in die Höhe reckend. Auffällig ist die dem geflügelten Merkur ähnliche Pose: Eine Hand weist nach oben, die andere nach unten. Damit wird das hermetische Gesetz symbolisiert: Wie oben, so unten. Dieses ist in der sogenannten Tabula Smaragdina aus dem 6. Jahrhundert überliefert, dessen Urheber der mysteriöse Hermes Trismegistos selbst gewesen sein soll. Die ersten Zeilen dieses kryptischen Gedichts, das

zum wichtigsten Werk der geheimen Künste avancierte und jedem Alchemisten bekannt war, lauten:

»*Verum, sine mendacio, certum et verissimum.*
Quod est inferius, est sicut quod est superius, et quod est superius, est sicut quod est inferius, ad perpetranda miracula rei unius. / Et sicut omnes res fuerunt ab uno, meditatione unius: sic omnes res natae fuerunt ab hac una re, adaptione. / Pater ejus est Sol, mater ejus Luna; portavit illud ventus in ventre suo; nutrix ejus terra est.«

»*Wahr, ohne Zweifel, sicher und gewiss.*
Das, was unten ist, ist wie das, was oben ist, und das, was oben ist, ist wie das, was unten ist; ein Werk, das geschieht durch die Wunder eines Einzigen. Wie die Dinge alle von diesem Grundstoff durch ein einziges Verfahren entstanden sind. Sein Vater ist die Sonne, seine Mutter der Mond; der Wind hat ihn in seinem Bauch getragen, die Erde hat ihn ernährt.«[118]

Auch Perseus verbindet Himmel und Erde, oben und unten. Doch anstatt den Caduceus, den von zwei Schlangen umwundenen Heroldstab des Merkur – der Grottenhof-Merkur trägt sogar nur noch einen schnörkellosen Zauberstab –, schwingt er ein Schwert. Was hat es damit auf sich? Medusa ist eine der schrecklichen geflügelten Gorgonen mit den Schlangenhaaren. Jeder, der in ihre Augen blickt, erstarrt augenblicklich zu Stein. Perseus gelang es schließlich, der Medusa das Haupt abzuschlagen, indem er ihr nicht direkt in die Augen sah, sondern sie im Spiegelglanz seines Schilds, welcher ihm von Athena, der Göttin der Weisheit, überreicht worden war, betrachtete. Aus dem Blut der Medusa aber entsprang das geflügelte Pferd Pegasos.

Perseus erhebt stolz Medusas Kopf – ihrem versteinernden Blick wich er angeblich aus, indem er sie im Spiegelglanz seines Schilds betrachtete.

Als alchemistische Allegorie stellt der Kampf des Perseus gegen die drachenhafte Medusa den Sieg des Alchemisten dar, durch den er den Stein der Weisen erringt. Das Haupt der Medusa, dessen Blick auch weiterhin zu Stein verwandeln kann, ist ein Symbol für diesen Stein, dem die Macht zugeschrieben wird, unedles Metall in Gold verwandeln zu können. Die Spiegelfläche, mit der Perseus diesen Sieg erringt, ist ein Symbol für Merkur selbst, denn damals wurden Spiegel aus Quecksilber gefertigt. Pegasos, das geflügelte Pferd, das aus dem Tod der Medusa geboren wird, ist im Übrigen ein wunderbares Bild für die Synthese von Himmel und Erde.

Der Grottenhof ist ein besonders einprägsames Beispiel für den Hang zur geheimen Symbolik in der Residenz, dem Zentrum der Macht, doch ist es in diesem gewaltigen Stadtschloss beileibe nicht das einzige. Wer durch die Gänge, Flure und Säle wandelt, wird überall Anspielungen aus Astrologie, Alchemie und Magie finden. Allein die Steinzimmer, die von Maximilian I. eingerichtet wurden, verdienten ein eigenes Kapitel, ganz zu schweigen von den Kostbarkeiten der Schatzkammer.

MARCO BRAGADINO | Wir beschließen unseren Exkurs in die alchemistischen Geheimnisse des Grottenhofs mit der Geschichte des Alchemisten Marco Bragadino, denn so fromm es in der Residenz ansonsten auch zugegangen sein mochte, so manch seltsame Leidenschaft haben diese alten Mauern schon gesehen. Herzog Wilhelm begann seine Regierungszeit 1579 bereits mit einer enormen Schuldenlast, und wenn wir seine Bautätigkeit betrachten, wird klar, dass er nicht wesentlich dazu beitrug, diese zu verringern, im Gegenteil. Was also tun, um die herzoglichen Schatullen wieder aufzufüllen? Wilhelm erfährt von einem gewissen Marco Bragadino, einem in Zypern geborenen Alchemisten, der in Venedig für Furore gesorgt hatte, weil es ihm angeblich gelungen war, tatsächlich Gold herzustellen. Dass besagter Bragadino sich aufgrund seiner nicht eingehaltenen Versprechungen nicht überall Freunde gemacht hatte und er des Öfteren den Ort wechseln musste, um seinen Gläubigern zu entkommen, war dem Fürsten wahrscheinlich entgangen. Man sagte Bragadino aber auch ein besonders einnehmendes Wesen nach. Gut möglich also, dass der klamme Herzog sich von ihm um den Finger wickeln ließ. An einem goldenen Sommertag des Jahres 1590 kam Marco Bragadino angeritten, auf einem edlen Berberhengst, gekleidet in Samt und Seide. Nur die edelsten Köstlichkeiten ließ er sich auftischen. Konnte dieser Mann ein Betrüger sein? Offensichtlich schwamm er in Geld, ein untrügliches Zeichen, dass er genau das konnte, was der Herzog begehrte: Gold herstellen! Sogleich wurde ihm in einem Gewölbe der Residenz ein Labor eingerichtet. Bragadino lud den Fürsten ein, sich höchstpersönlich von seinen Fähigkeiten zu überzeugen. Er siedete Quecksilber in heißen Pfannen, rief dabei die Muttergottes an, schüttete allerlei Substanzen in verschiedene Tiegel, aus denen sogleich blaue und rote Flammen emporschossen. Offenkundig verstand sich der Goldmacher eher auf Chemie als Alchemie und wusste, wie man die Funken fliegen lassen konnte. In diesem Feuerwerk an Eindrücken war es ein Leichtes für ihn, zuvor vorbereiteten Goldstaub aus dem Ärmel zu schütteln und diesen am Ende als das Ergebnis eines gelungenen alchemistischen Werkes darzustellen. Wie auch immer er es anstellte, Wilhelm war überzeugt und überantwortete ihm seine letzten finanziellen Reserven, auf dass er diese so schnell wie möglich vermehre. Gerne nahm der Goldmacher das Geld des Fürsten – und verprasste es, während er seinen Gönner immer weiter vertröstete. Schließlich wuchs der Unmut am Hofe, und der »Goldmacher« wurde hinter dem Rücken des Herzogs verhaftet und wegen Betrugs zum Tode verurteilt. Am 24. März 1591 wurde Bragadino auf dem Münchner Marktplatz enthauptet. Ein Glück im Unglück, denn auf Betrug stand damals der Tod am Galgen, eine als äußerst entehrend geltende Strafe. Das Enthaupten jedoch ließ die Ehre des Delinquenten unangetastet. Dennoch wurde ein Galgen aufgerichtet, und zwar mit einem goldenen Strick. Damit wollte man andeuten, dass der vermeintliche Goldmacher eigentlich Selbigen verdient hätte. Doch das Pech klebte an Marco Bragadino selbst bei seiner Hinrichtung: Es heißt, erst beim dritten Schlag sei es dem Scharfrichter gelungen, den Kopf vom Rumpf zu trennen, er musste ihn regelrecht hinmetzeln, bevor dieser seine Seele aushauchte. Blut spritzte über die Umstehenden, die sich eigentlich ein sauberes Spektakel erhofft hatten und dazu von nah und fern gekommen waren. Fast hätte die aufgebrachte Menge den Henker wegen der Pfuscherei vom Schafott gezerrt und gelyncht. Dennoch schien der »Magier« den Menschen nicht ganz geheuer gewesen zu sein, denn mit ihm wurden seine beiden schwarzen Hunde getötet, die man für seine dämonischen Begleiter hielt. Welche Lehre zog nun Wilhelm aus der Affäre? Ehrlich gesagt: keine. Zwar war ein Betrüger zur Strecke gebracht, aber an der Alchemie hielt Wilhelm nach wie vor fest. In einem Reisebericht aus dem Jahr 1611 berichtet ein Augenzeuge, dass dieser in Schleißheim ein Alchemistenlabor hatte einrichten lassen. Über der Eingangstüre war zu lesen: »*Calcino, sublimo, gero, coagulo, fixo, / Haec est ars tota a stultis remota.*«[119] Die ersten fünf lateinischen Wörter verweisen auf bestimmte Prozesse des Großen Werks, die zweite Zeile lautet übersetzt: »*Das ist die ganze Kunst, ausgeübt fern von allen törichten Menschen!*«

Da war Herzog Wilhelm aber schon längst Privatier. 1594 dankte er zugunsten seines Sohnes Maximilian I. ab. Der war noch katholischer als sein Vater, deutlich stärker um seine politische Macht bemüht und zog lieber in den Krieg gegen den Dämon des Protestantismus, als Kirchen und Paläste zu bauen. Vor allen Dingen aber gelang es ihm, durch seine enorme Sparsamkeit den Staatshaushalt nicht nur zu sanieren, sondern seinem Nachfolger sogar einen Schatz von über 1,5 Millionen Gulden zu vermachen. Nicht unerwähnt soll bleiben, dass Maximilian im Jahr 1611 ein Landgebot erließ »wider die Aberglauben, Zauberei, Hexerei und andere sträfliche Teufelskünste«, in dessen 15. Artikel auch die »Alchemisterei und Kunst, Gold aus etwas andern, das nicht Gold, und Silber aus nicht Silber zu machen« verboten wurde. Vielleicht hatte der Sohn beim Verfassen dieses Gesetzes die ungünstigen Folgen der Leidenschaft seines Vaters im Kopf gehabt.

VIER LÖWEN VOR DER RESIDENZ | Allerdings hat auch Maximilian bauliche Spuren an der Residenz hinterlassen. Nicht zuletzt ihm verdanken wir, dass die ursprünglich vereinzelten Gebäude zu einem einzigen Komplex zusammenwuchsen. So schuf er die Schauseite des Stadtschlosses, wie sie noch heute die Residenzstraße dominiert. Während sein Vater sich noch ganz im Geiste der Renaissance mit Fabelwesen und Göttern der Antike umgab, setzte er deutliche Zeichen für den katholischen Glauben. Als glühender Marienverehrer sorgte er dafür, dass die Jungfrau Maria im Mittelpunkt steht: In der Mitte der Fassade zwischen den beiden Portalen zum quadratischen Kaiserhof und zum lang gezogenen Kapellenhof blickt sie überlebensgroß als Himmelskönigin auf die Pas-

santen herab, unter ihr flackert geheimnisvoll in einer bronzenen Laterne ein ewiges Licht. Darunter die Inschrift: *Patrona Boiariae*. Maximilian ließ diese Urmutter aller *Patronae Bavariae* 1616, gewissermaßen am Vorabend des Dreißigjährigen Kriegs, dort anbringen. Weiter heißt es dort: »*Sub tuum praesidium confugimus, sub quo secure laetique degimus*«, »*Unter Deinen Schutz fliehen wir, in dem wir froh und sicher leben*«. Damit war das Programm der Marienverehrung festgeschrieben. Auf die Symbolik der Himmelskönigin sind wir bereits im Zusammenhang mit der Mariensäule ausführlich eingegangen.

Wer sich ein paar Augenblicke Zeit nimmt, kann zu Füßen der Muttergottes ein eigenartiges Schauspiel beobachten. Immer wieder reiben Passanten an einer der Nasen jener Fratzen, die den unteren Abschluss von vier Wappenschildern bilden, auf die prächtige Löwen ihre Pranke gelegt haben. Die Fratzen, sogenannte Maskarons, sind schon ganz blank po-

Maximilian I., Sohn von Herzog Wilhelm, ehrte als Marienverehrer diese direkt am Kaiserhof: Die Patronae Bavariae blickt überlebensgroß von oben auf die vorbeigehenden Passanten herab.

Die Frauengestalten nahe den Marmorportalen stellen eine Allegorie auf die vier Kardinaltugenden dar, also Klugheit, Gerechtigkeit, Tapferkeit und Mäßigung.

liert, was darauf schließen lässt, dass dieser eigenartige Brauch schon eine Weile Usus ist.

Was genau versprechen sich die Menschen von diesem Ritual, das sich wunderbar im Vorbeiflanieren praktizieren lässt? Fragt man einen der Passanten, wird man in der Regel zu hören bekommen, dass dies Glück bringe. Aber wie ist es dazu gekommen?

Eine Geschichte aus der Zeit König Ludwigs I. gibt Aufschluss. Als am 5. Oktober 1846 eine gewisse Lola Montez im Bayerischen Hof am Promenadeplatz abstieg, ahnte noch niemand, dass der König über seine Leidenschaft für dieses »Frauenzimmer« stolpern und zwei Jahre später abdanken würde. Lola Montez hieß eigentlich Elizabeth Rosanna Gilbert und kam entgegen der Klangfarbe ihres Namens nicht aus Spanien, sondern aus Irland. Über Umwege gelangte sie nach München, um dort für ein Engagement als Tänzerin an der Hofbühne vorzusprechen. Der Intendant lehnte ab, doch Lola gab sich nicht geschlagen. Sie machte sich die wohlbekannte Schwäche des Königs für das weibliche Geschlecht bei einer Audienz zunutze und überzeugte ihn, wie es heißt, mit den Waffen einer Frau. Von da an war die irische Tänzerin in aller Munde – und das nicht zu ihrem Vorteil. Wegen ihres launischen und anmaßenden Verhaltens zog sie sich den Hass sowohl der Bevölkerung als auch der bayerischen Regierung zu. Von Etikette und Höflichkeit hielt sie nicht viel. Sie rauchte Zigarren auf offener Straße, poussierte mit hübschen Studenten und protzte dabei mit den Juwelen, die ihr der Monarch geschenkt hatte. Nicht einmal in Gegenwart des Königs nahm sie sich zusammen: Während alle anderen sich artig erhoben, wenn der kunstsinnige König seine Loge in der Oper betrat, blieb sie sitzen. Sie schrie die Leute an, verteilte Ohrfeigen oder Hiebe mit der Reitpeitsche. Ferner wurde ihr – nicht ganz zu Unrecht – unterstellt, sie beeinflusse Ludwigs Politik. Der aber hielt ihr die Treue, mehr noch: Er stattete sie mit einer Apanage von fast der doppelten, später vierfachen Höhe eines Ministergehalts aus. Dann der Gipfel: Im Februar 1847 bürgert er sie in Bayern ein und adelt sie zur Gräfin. Das empörte Kabinett tritt geschlossen zurück. Vor Lolas Palais in der Barer Straße 7 kommt es zu Tumulten, die Volksseele kocht, es fliegen Steine gegen die Fenster. Und was tut die Gnädigste? Sie betritt den Balkon, schlürft Champagner und prostet der Menge zu. Erst die Schweren Reiter können die Demonstration endgültig auflösen.

Im Vorfeld der Märzunruhen des Jahres 1848 richtete sich der Aufstand der Münchner nicht nur wie in anderen deutschen Ländern gegen die überkommene Ordnung, sondern ganz gezielt gegen die Person Lola Montez. Schließlich kann auch Ludwig I. sie nicht mehr schützen. Sie flieht am 11. Februar aus der Stadt, und Ludwig I. dankt am 20. März 1848 ab.

Just in jener Zeit spielt die Geschichte unserer »Glückslöwen«. Auch die Münchner Studentenschaft forderte, dass Ludwig I. dieser ungehörigen Liaison endlich ein Ende bereiten sollte. Im Jahr 1848 schrieb ein Student eine Schmähschrift auf die Tänzerin und befestigte sie an der Pforte der Residenz. Der König war erbost über diese Frechheit und setzte eine Belohnung auf die Ergreifung der unbekannten Täter aus, denn er glaubte, dass es sich um mehrere handelte. Der Student, in seinem Stolz gekränkt, weil ihm diese Tat nicht allein zugetraut worden war, ging nachts zur Residenz und hängte ein weiteres Pamphlet auf: »Unbekannte Täter? Natürlich – es waren derer vier: ich, die Tinte, die Feder und das Papier!« Diesmal aber wurde er erwischt. Doch den König amüsierte dessen Dreistigkeit – und er erließ dem Übeltäter die Strafe, schenkte ihm sogar noch die auf seinen Kopf ausgesetzte Belohnung, denn immerhin habe er ja selbst zu seiner Ergreifung beigetragen! Beim Hinausgehen strich der überglückliche Student über die Nasen der Maskarons, und seither heißt es, übertrage sich sein Glück auf alle, die es ihm gleichtun würden.

Bei genauerer Betrachtung der Schilder, die von den vier Löwen gehalten werden, entdecken wir Allegorien auf die vier Kardinaltugenden, die ein idealer Herrscher in sich zu vereinigen hatte und die schon von Cicero in dieser Form formuliert worden waren. Von links nach rechts sind dies: Prudentia, Iustitia, Fortitudo und Temperantia – Klugheit, Gerechtigkeit, Tapferkeit und Mäßigung.

Links und rechts von den mächtigen Marmorportalen zu den Höfen, genau über dem jeweiligen Löwen, finden wir eine Frauengestalt, die ebenfalls als Allegorie auf die entsprechende Tugend gestaltet ist. Auf dem Prudentia zugeordneten Schild sehen wir ein Schiff auf aufgewühlter See, aber es hat einen Kompass und orientiert sich an einem Stern. Die Allegorie der Prudentia am Portal darüber trägt diesen Stern auf ihrer Brust, in der rechten Hand hält sie das Schiffsruder, in der linken ein Buch, in dem sie konzentriert liest. Mit kluger Umsicht und Wissen versteht es der Herrscher, die Geschicke seines Volkes zu lenken, so die Botschaft. Das Justitia zugeordnete Schild zeigt ein strahlendes Sonnengesicht, auch die Figur am Portal wiederholt dieses Symbol als Medaillon auf ihrer Brust, während sie in der Linken einen Lorbeerkranz hochhält und mit der Rechten ein Rutenbündel umklammert, in dem eine Axt steckt – die römische Fascis, das Amtssymbol der höchsten Machthaber des Römischen Reichs und Ausdruck ihrer Macht, die Todesstrafe zu verhängen. Die Sonne als Symbol der Gerechtigkeit geht zurück auf die antike Vorstellung von der Sonne, die alles sieht und vor der daher keine Wahrheit verborgen werden kann. Aus diesem Grunde schworen schon die alten Griechen bei Helios, der göttlichen Personifikation des Tagesgestirns. Das Schild der Fortitudo zeigt einen Felsen in der Brandung, ein Bild, das für sich selbst spricht, wenn wir wissen, dass es Stärke verkörpern soll. Die mit Eichenlaub gekrönte Allegorie links vom Portal zum Kapellenhof stützt entsprechend ihre rechte Hand auf einen Felsblock, während sie zusätzlich mit links eine Keule schultert. Das Schild des letzten Löwen zeigt eine Uhr mit Gewichten, die Figur darüber, Temperantia, hält dieselbe Uhr in ihrer Hand und zeigt mit der anderen zusätzlich darauf, während sie den Betrachter mahnend anblickt. Die Uhr misst die Zeit, erinnert an die Vergänglichkeit des Lebens und daran, seine Zeit sinnvoll zu nutzen. Es heißt aber auch, dass jedes Ding seine Zeit braucht und wir uns der Zeit fügen müssen. Mäßigung, so die Botschaft, besteht darin, nichts zu übereilen, sondern alles zu seiner Zeit zu tun.

Auf dieser Basis bekommt das Berühren der Löwen noch eine ganz andere Bedeutung: Wir »laden« uns nicht einfach nur mit Glück »auf«, sondern wir holen uns eine Portion der jeweiligen Kardinaltugend ab! Möglicherweise ist dies der eigentliche Hintergrund für dieses Ritual, das immer noch eifrig von vielen vollzogen wird, die hier vorbeikommen. Was dies bestätigt, allerdings nur wenige wissen: Nur wer alle vier Fratzen berührt, darf hoffen, für den Rest des Tages mit Tugend und Glück gesegnet zu sein. Obwohl die Löwen als Wächter der Residenz keine schlechte Figur machen, waren sie ursprünglich gar nicht dafür vorgesehen. Sie sollten eigentlich das Monumentalgrab Wilhelms V. in der Michaelskirche bewachen. Da dieses aus Kostengründen nie errichtet wurde, wurden die Bronzen von seinem sparsamen Sohn Maximilian I. über ganz München verteilt – eine Art Zweitverwertung also. Seit 1616 stehen sie nun dort und lassen sich ungeachtet ihrer grimmigen Mienen bereitwillig von den Vorübergehenden streicheln …

DER HOFGARTEN | Wer sich durch das Portal auf der Ostseite des Odeonsplatzes und auf der Nordseite der Residenz bewegt, der steht mit einem Male in einem der bedeutendsten Renaissance-Gärten nördlich der Alpen. Im Westen und Norden umrahmt von malerischen Arkaden, drängt sich im Osten der kolossale Bau der Staatskanzlei ins Bild, die um das einstige Armeemuseum gebaut wurde und sich in ihrer Größe mit dem Weißen Haus in Washington messen kann, während im Süden die klassizistische Front des Festsaalbaus der Residenz beeindruckt, ein Werk Leo von Klenzes unter der Schirmherrschaft König Ludwigs I.

Der Dianatempel im Zentrum des Hofgartens ist das augenfälligste Element des Parks. Der Hofgarten als solcher geht auf Maximilian I. zurück.

Der Hofgarten selbst geht auf Maximilian I. zurück. Dabei ist die streng geometrische Gestaltung in den Jahrhunderten seiner Existenz nur nach dem jeweiligen Zeitgeschmack überformt worden, hat sich aber im Wesentlichen immer erhalten. Zeitweise mit Bäumen bepflanzt, dann zu einem Obst- und Gemüsegarten umfunktioniert, dann für die Bevölkerung zur Erbauung freigegeben, wurde die Anlage nach den erheblichen Zerstörungen im Zweiten Weltkrieg wieder in eine Form gebracht, die der ursprünglichen Idee sehr nahekommt.

Das augenfälligste Element des Parks ist der Tempel in seiner Mitte, gekrönt von einer Figur, die gemeinhin als Diana identifiziert wird. Nach ihr wird der Hofgartentempel auch gerne Dianatempel genannt. Möglicherweise stand die Idee einer Diana bei der Schöpfung dieser Bronzefigur aus dem ausgehenden 16. Jahrhundert Pate, aber die Insignien weisen sie deutlich als eine Allegorie Bayerns aus, als Tellus Bavarica, die bayeri-

Die Elemente der Diana-Figur weisen diese als Staatsallegorie Bayerns aus – zum Beispiel der Reichsapfel als Zeichen staatlicher Macht oder die Ähren als Widmung an den fruchtbaren bayerischen Boden.

sche Erde. Über den rechten Arm geworfen trägt sie eine Hirschhaut und weist damit auf die wildreichen Wälder Bayerns hin. Zu ihren Füßen ein Salzfass, eine Würdigung des weißen Goldes, das Bayern und insbesondere München groß gemacht hat, und eine Fischreuse, die auf die fischreichen Gewässer des Landes anspielt. Lässig in der linken Hand die fast zu einem Kranz gewundenen Ähren, die dem fruchtbaren bayerischen Boden gewidmet sind. In der rechten Hand erhebt sie zusätzlich den Reichsapfel als Zeichen der Macht. Auch die vier Putten, welche die »Diana« in ihre Mitte nehmen, tragen Symbole: ein Füllhorn, ein Kirchenmodell, einen Kurfürstenhut und einen Eichenzweig.

Die Göttin in der Mitte der vier Putten: die Anordnung ergibt einen sogenannten Quincunx, die übliche Darstellung der Fünf etwa auf einem Würfel oder auf Dominosteinen. Diese Anordnung wiederholt sich im Großen in der gesamten Anlage des Hofgartens: in der Mitte der Tempel, umgeben von den vier Brunnenschalen. Wen wundert es, dass die Quincunx als altes alchemistisches Symbol für die Quinta Essentia steht, die Quintessenz? Letztlich eine andere Bezeichnung für den Stein der Weisen, der als fünftes Element aus der Transformation der vier Elemente Feuer, Wasser, Luft und Erde entsteht. Wenn wir die »Diana« nun genauer betrachten, entdecken wir die vier Elemente verschlüsselt in ihren Attributen: der Hirsch ist ein altes Feuersymbol, weil sein Geweih mit den Strahlen der Sonne verglichen wird und wie die Flammen nach oben strebt; die Fischreuse ist natürlicherweise ein Wassersymbol, ebenso wie das Salzfass für die Erde steht; die Ähren sind ein Sinnbild für die Luft, weil das Getreidefeld die Luft sichtbar macht, wenn sich das erntereife Korn sanft im Winde biegt. Und der Kurapfel? Er ist eine nachträgliche Ergänzung, denn die Figur war ursprünglich gar nicht vorgesehen, den Tempel zu krönen, sondern sollte die zentrale Gestalt einer Brunnenanlage in Form einer Grotte bilden, passend zu den okkulten Symbolen, von denen sie umgeben ist. Doch der Brunnen, noch von Wilhelm V. geplant und durchgeführt, fiel wohl den Umbaumaßnahmen der damaligen Zeit zum Opfer. Was zuvor als idyllische und geheimnisvolle Landschaftsallegorie gedacht war und durchaus an die Göttin Diana erinnern sollte, erhielt nun unter Maximilian I. den Charakter einer feierlichen Staatsallegorie und musste entsprechend ausstaffiert werden: Weil er im Jahr 1623 die Kurwürde erlangte, verpasste man der Bavaria den Kurapfel, wobei man nicht zimperlich die gesamte Hand absägte, den Apfel mit einer Mutterschraube aufmontierte und in veränderter Haltung wieder anlötete.[120] Merkwürdig ist der Helm, den die »Bavaria« auf dem Kopf trägt; nicht nur, dass er eigenartig unproportioniert wirkt, auf seiner Spitze sitzt ein kleines Fabelwesen, das sich bei näherem Hinsehen als geflügelter Drache herausstellt …

Betrachten wir den Tempel genauer, so entdecken wir weitere symbolische Zusammenhänge. Der Pavillon hat zwölf Seiten, vier davon sind geschlossen, acht sind als offene Rundbogenarkaden gestaltet und geben den Blick auf die Wegachsen des Gartens frei. Die Zahl ist ohne Zweifel eine Anspielung auf die zwölf Zeichen des Tierkreises, die ebenso wie die vier Elemente zur symbolischen Grundausstattung des alchemistischen Gedankenguts zählen. Die vier geschlossenen Wände, an deren Innenseiten vier Miniaturgrotten mit einer Brunnenschale angebracht sind, bewacht von Delphinen aus Muscheln, können wieder als Symbole für die vier Elemente der festen Materie gedeutet werden, während die acht offenen Wände ein Hinweis auf die sieben Stufen des alchemistischen Prozesses sein können, plus der achten und letzten Stufe, dem Stein der Weisen selbst. Eine sehr aufschlussreiche Darstellung gibt es in dem Werk *Cabala, Speculum Artis Et Naturae In Alchymia* des Stephan Michelspacher aus der Mitte des 17. Jahrhunderts. Dort finden wir nicht nur die sieben Stufen des Großen Werks sowie das bereits bekannte Bild von der Grotte als geheimnisvollem Ort der Transmutation, sondern auch den Tempel im Zentrum des Geschehens, ganz ähnlich dem Pavillon im Hofgarten, umrahmt vom Tierkreis und den vier Elementen – fast eine mystische Legende zum Plan des Gartens.

Selbst das Muster der Wege und der sich daraus ergebenden Grünflächen spielt mit denselben Zahlen: zwölf Rechtecke rahmen vier Rechtecke, die wiederum von den Diagonalen in insgesamt acht Dreiecke zerschnitten werden. Acht Wege führen vom Tempel aus in alle Himmelsrichtungen, ein achteckiger Stern auf dem Boden des Pavillons nimmt den Gedanken dieser Windrose im Kleinen auf und markiert den Mittelpunkt der gesamten Anlage.

Eine weitere Assoziation entsteht, wenn wir die vier Brunnen in unsere symbolische Betrachtung einfließen lassen. Es ist ein Abbild des Paradiesgartens selbst, von dem es heißt, dass von seiner Mitte vier Flüsse ausgingen (2. Moses, 10–14). Der Hofgartentempel aber wird zum Mittelpunkt eines Gartens Eden, in dem die Ordnung Gottes noch vollkommen war und keine Sünde die perfekte Geometrie störte. So haben die Münchner ein kleines Stück Paradies mitten in der Stadt.

Der Hofgarten mit seinem Tempel gilt als einer der bedeutendsten Kraftplätze der Stadt. Ein »*Zauberpark*«, so der Kraftortexperte Fritz Fenzl, aufgrund seiner besonderen geometrischen Gestalt »*energetisch genial und damit wissend magisch aufgeladen*«. Tatsächlich gibt es kaum einen anderen Ort in München, an dem die Kraft einer Landschaft durch die Macht der Geometrie so spürbar gebündelt wurde.[121] So schlicht die Gestaltung auch auf den ersten Blick scheinen mag – ein paar Wege, ein paar Rabatten, ein schmucker Pavillon in der Mitte –, so kraftvoll ist die Anlage in ihrer Gesamtkonzeption. Fenzl weiter: »*Der Diana-Tempel steht auf einer mächtigen Drachenlinie, verbindet mit der Urkraft des Weiblichen, der Erdkraft eben*« und kürt den Pavillon zu einem Zentrum der Transformation. Ob wir diesem Gedanken folgen oder nicht: Der Hofgarten ist tatsächlich mehr als einfach nur eine hübsche Parkanlage und ein kunsthistorisches Kleinod. Er war als Symbol des Großen Werks konzipiert und ist ein wunderbares Beispiel, wie ein Kraftort entsteht, wenn Menschen Landschaft nach symbolischen Prinzipien gestalten. Wer sich in das Zentrum des Tempels stellt und für eine Weile die Augen schließt, der kann spüren, wie sich hier Himmel und Erde begegnen, oben und unten eins werden. Ein machtvolles Gefühl, das empfindsame Seelen schwindelig werden lässt. Vielleicht wird uns dann für einen Augenblick bewusst, wie hier im Graggenauer Viertel, dem Zentrum der Macht, Kräfte gebündelt wurden, um mit Faust sagen zu können: »… daß ich erkenne, was die Welt im Innersten zusammenhält«. Und wie die Geschichte des Dr. Faustus lehrt, kennt die Macht, die wir erlangen, wenn es uns gelingt, dem Kosmos seine Geheimnisse zu entreißen, Licht – und Schatten.

AM PLATZL | Wenn wir von der Residenz kommend den Max-Joseph-Platz vor der einem griechischen Tempel gleichenden Staatsoper kreuzen, vorbei am väterlich winkenden Max I. Joseph, dem ersten König der Bayern, und dann die Maximilianstraße überqueren, gelangen wir in das »eigentliche« Graggenauer Viertel. In der Falkenturmstraße etwa spüren wir gleich deutlich die atmosphärische Veränderung. Wir befinden uns wieder »in der Stadt«, tauchen aus Glanz und Gloria wieder in die Schatten der Gassen mit ihrem eigenen Leben fernab von Prunk und Protz. Tatsächlich gibt es hinter dem »Platzl« Straßen und Ecken, in die sich selbst Münchner kaum je verirren. Manche Gasse, wie das Verbindungsstück zwischen Herrn- und Stollbergstraße, erweckt sogar den Eindruck einer dörflichen Idylle – verschwiegen, heimelig, heimlich, zuweilen geheimnistuerisch, wenn man die Zeichen an den Häusern deutet, die auf Geheimbünde wie die Freimaurer hinweisen, oder wenn man die mystische Ornamentik der Burschenschaftshäuser studiert, wie das seltsame Haus des Corps Germania in der Stollbergstraße. Dieser Teil des Graggenauer Viertels verschließt sich uns auf ganz eigenartige Weise. Es ist, als ob man als Fremder in ein Dorf kommt und gerade noch sieht, wie sich hinter den Vorhängen etwas bewegt, während überall die Türen ins Schloss fallen.

Welcher Gegensatz tut sich dann vor unseren Augen auf, wenn wir das eigentliche Herz des Viertels betreten – das »Platzl«. Hier »steppt der Bär«, wie man umgangssprachlich sagen würde, denn hier steht die Kathedrale münchnerischer Gemütlichkeit, der Inbegriff dessen, was der Nicht-Bayer

Das Platzl im Graggenauer Viertel beherbergt das Hofbräuhaus, besonders für Besucher eines der markanten Wahrzeichen Münchens.

Die unterschiedlichen Varianten des Grünen Manns (hier am Hofbräuhaus) galten oft als Anspielungen auf heidnische Gottheiten. Aufgrund seiner Verbreitung in den unterschiedlichsten Regionen lässt sich der Grüne Mann aber nicht einer Bedeutung fest zuordnen.

mit Bayern verbindet: das Hofbräuhaus. Das ganze Ensemble ist in den letzten Jahren ordentlich herausgeputzt worden und hat sein schmuddeliges Image vergangener Tage längst verloren. Dazu beigetragen hat der heimliche Herrscher des Platzl, Alfons Schuhbeck, der Fernsehkoch mit Starallüren, der hier an jeder Ecke zu finden ist, sei es mit Eiskrem, Gewürzen oder den traditionsreichen Südtiroler Stuben.

Hier im Herzen der Graggenau hat sich jene »Krähenau« befunden, die dem Viertel seinen Namen gegeben hat. Noch bis Anfang des 19. Jahrhunderts wurde die kleine dreieckige Straßenerweiterung einfach Graggenau genannt.

Im Mittelalter lag es inmitten eines Handwerkerviertels, das sich im Laufe der Zeit zu einem Wohnviertel für Hofbedienstete wandelte. Einer der Prominentesten war ein Star seiner Zeit, der flämische Komponist Orlando di Lasso. Er stand auf der Gehaltsliste Herzog Albrechts V. und später auch seines Sohnes Wilhelm V. Seinen Wohnsitz hatte der »Fürst der Musiker«, wie ihn seine Bewunderer gerne nannten, dort, wo sich heute die prächtige Fassade des nach ihm benannten »Orlando-Hauses« am Nordende des Platzes erhebt.

Doch wen es als Tourist hierher verschlägt, der wird weniger dieses Schmuckstück des Historismus im Auge haben als vielmehr den weltberühmten Bierpalast aufsuchen, dem eines der bekanntesten Schunkellieder gewidmet ist, das selbst aus der Kehle eines bierlaunigen Japaners noch irgendwie echt klingt: »In München steht ein Hofbräuhaus – oans, zwoa, gsuffa!« Auf der Suche nach mystischen Orten sollte man sich von dem Getümmel jedoch nicht abschrecken lassen, denn auch hier gibt es das eine oder andere Erstaunliche zu entdecken. Das beginnt schon am Hofbräuhaus selbst. Wer vom Bierdurst getrieben vom Platz in die heiligen Hallen des Rauschs stürmt, der wird ihn kaum bemerken: An der rechten Seite lächelt ein ganz aus Blätterwerk bestehendes Gesicht auf die Trunksüchtigen herab. Es ist die Darstellung eines Grünen Mannes, wie er in Europa von der Antike bis in die Neuzeit weit verbreitet ist, an sakralen Gebäuden wie Kirchen und Klöstern, aber auch an Bürgerhäusern, Palästen und ganz profanen Stätten wie dem Hofbräuhaus.

Wer ist dieses Wesen, und was hat es hier zu suchen? Der Begriff »Grüner Mann« für diese seltsamen, aus Blättern bestehenden Masken ist noch gar nicht so alt und wurde Anfang des 20. Jahrhunderts in England geprägt, wo diesem Phänomen besonders viel Aufmerksamkeit geschenkt wurde. In einigen Darstellungen wachsen dem Grünen Mann Blätterranken aus Mund, Nase und Augen. Manchmal sieht er dabei recht gequält aus, dann wieder scheint er zu grinsen. Handelt es sich um Anspielungen auf alte heidnische Gottheiten, vielleicht auf den keltischen Waldgott Cernunnos? Oder haben sie etwas mit Robin Hood zu tun, dem rebellischen Helden, der sich in den Wäldern von Sherwood versteckte? Oder gibt es Zusammenhänge mit Gawain und dem Grünen Ritter aus der Artus-Epik? Einige Traditionen in England, aber auch in Bulgarien und in den Alpenregionen kennen ein solch blättriges Wesen, wie zum Beispiel der Egetmann-Umzug in Tirol. Allerdings sträubt sich der Grüne Mann, der allerorten auftaucht, gegen eine einheitliche Deutung, und wahrscheinlich ist das der Grund für seine Beliebtheit. »*In evolutionary terms, Green Men form an extraordinary successful species. For centuries, they have survived by colonizing new niches and adapting to changing conditions, and … they are still at it.*«[122] Rund um das Platzl findet man einige besonders beeindruckende Exemplare von ihm. Da sind die kolossalen Fratzen am Orlandohaus, die wunderschönen Blättermasken über dem Eingang der Apotheke Am Eck zur Falkenturmstraße und einige besonders schöne wenige Schritte vom Platzl entfernt an der Fassade des Hotels Mandarin Oriental. Sie alle sind, ebenso wie unser Grüner Mann am Hofbräuhaus, Werke des ausgehenden 19. Jahrhunderts.

Das alte Weiße Hofbräuhaus wurde 1887 abgerissen und durch den heutigen Bau im Stil der Neorenaissance ersetzt, mit der weltberühmten Schwemme, der weitläufigen Schankwirtschaft, unter deren Gewölben sich Tisch an Tisch und Bank an Bank reihen. Hier geht es am Tag und auch nachts zu »wie am Stachus«, wie der Münchner sagt. Es wird gegessen, musiziert, gelacht und vor allen Dingen literweise Bier getrunken. Kann man sich einen größeren Gegensatz zwischen dem sonst so gesitteten, katholischen München von damals und der berauschten Atmosphäre in der Schwemme vorstellen? Es gehört zu den Kuriosa der Stadt, dass sie immer wieder Orte aufweist, an denen man Sittsamkeit und Vernunft quasi an der Garderobe abgeben darf. Man denke nur an den alljährlichen Wahnsinn der »Wiesn«, dem Münchner Oktoberfest.

Dabei geht diese Institution, wie der Name Hofbräuhaus schon verrät, auf eine fürstliche Initiative zurück, und zwar von keinem geringeren als Wilhelm V., neben seinem Sohn Maximilian wohl der frommste aller Fürsten, den das Land erlebt hat. 1598 ließ er das Hofbräuhaus errichten, allerdings noch nicht am Platzl, sondern als Teil des Alten Hofs. Zunächst ging es nur darum, die Wittelsbacher mit Bier zu versorgen, das man zuvor noch kostspielig aus der Hansestadt Einbeck importieren musste. Die Bierproduktion war ein voller Erfolg, und so vergrößerte man die Kapazitäten und zog 1607 ins neu errichtete Gebäude in der Graggenau, dem heutigen Platzl. Das Bier wurde bis 1828 in anderen Wirtshäusern ausgeschenkt. Erst König Ludwig I. erlaubte den Ausschank an Ort und Stelle, die Geburtsstunde des Hofbräuhauses, wie wir es heute kennen. Gebraut wird dort allerdings nicht mehr, sondern nur noch ausgeschenkt. Die dazugehörigen Brauereien wurden unter Prinzregent Luitpold 1896 nach Haidhausen verlegt, im 20. Jahrhundert dann endgültig vor die Tore der Stadt nach Riem.

Berühmt ist München für sein Bier, und es ist auch die Geburtsstadt eines Gebotes, auf das man in ganz Bayern stolz ist: das Reinheitsgebot, nach dem Bier nur aus den Zutaten Hopfen, Malz, Hefe und Wasser gebraut werden darf. Schon 1447 wurde dieses Gebot in München vom Stadtrat verhängt, und Herzog Albrecht IV., später »der Weise« genannt, machte es 1487 für München zur verbindlichen Norm. Aus heutiger Sicht wird dieses Gebot, das 1516 zum deutschen Reinheitsgebot erhoben wurde, als erste lebensmittelrechtliche Verordnung gepriesen – ein Fortschritt also. Doch da gibt es noch eine andere, weniger beachtete Seite der Medaille. Wenn man nach dem Grund für dieses Gebot forscht, muss man sich zunächst vergegenwärtigen, dass Bier nicht nur das meistgetrunkene alkoholische Getränk der Menschheit ist, sondern auch eines der ältesten, und dass es bis ins 15. Jahrhundert gut ohne Selbiges zubereitet werden konnte. In den Tagen vor der Einführung des Reinheitsgebots war Bier mehr als nur ein Erfrischungsgetränk. Es wurde kulturübergreifend genutzt, um sich in bestimmte Rauschzustände zu versetzen, in denen beispielsweise Schamanen ihre Visionen bekamen oder sich die Teilnehmer eines Rituals ihrer Gottheit näher fühlen konnten. Weil der Alkoholgehalt des Biers, wie es früher gebraut wurde, nicht ausreichte, um solche Zustände hervorzurufen, war es üblich, das Bier zu beleben, indem ihm weitere Substanzen beigemischt wurden, vor allen Dingen Zauberpflanzen wie zum Beispiel Bilsenkraut, Alraune oder Tollkirsche. Die psychoaktiven Inhaltsstoffe lösten sich im Alkohol und konnten so vom Körper leich-

ter aufgenommen werden und schneller ihre Wirkung entfalten. »*So war das Bier in alten Zeiten nicht nur geschmacklich vollkommen vom heutigen Bier verschieden, auch seine Wirkungen und Anwendungen waren gänzlich anderer Art*«, schreibt der Ethnologe Christian Rätsch. »*Solches Bier wirkte bewusstseinserweiternd, stimulierend und sexuell anregend. Es schenkte den Menschen himmlische Visionen, köstliche Ekstasen und unerschütterliche Stärke, wenn es bei religiösen, öffentlichen und privaten Festen genossen wurde. Man trank auf die Ahnen und Götter und opferte es den Riesen, Kobolden und Nixen. Das Getränk war das Medium zwischen Mensch und Gott, es verband die sichtbare mit der unsichtbaren Welt. Das Bier wurde als Geschenk der Götter betrachtet und diesen auch geopfert, es wurde als wundertätige Medizin geschätzt und bei magischen Praktiken eingesetzt.*«[123]
So betrachtet ist das Bier, das wir heute am Feierabend zur Entspannung genießen, nur ein schwacher Abklatsch des einst so potenten magischen Tranks der Götter.

Nun kann man sich gut vorstellen, dass die vor allen Dingen in heidnischen Riten genutzten Vorzüge eines solchen Getränks von der Kirche, aber auch von der Obrigkeit im Allgemeinen, missbilligt wurden. Das, was sich in orgiastischen Zeremonien abspielte, war nach ihrer Vorstellung Teufelswerk und Anarchie. Es ist sicherlich kein Zufall, dass das Reinheitsgebot genau in der Zeit aufkam, in der die ersten großen Wellen der Hexenverfolgungen Europa erschütterten. Bier durfte fortan nur noch mit staatlicher Erlaubnis oder in Klöstern gebraut werden. Sein Alkoholgehalt wurde erhöht, damit die Rauschwirkung nicht ausblieb, wohl aber weitere unzuträgliche Nebeneffekte. Das Reinheitsgebot ist damit auch das erste Drogengesetz. Die strenge Reglementierung des Bierbrauens sorgte vor allen Dingen für eines: für Ruhe und Ordnung. Interessant ist an dieser Stelle, dass das einzige Kraut, das man noch als Zutat zuließ, der Hopfen ist. Denn diese Pflanze dämpft das erotische Verlangen und macht müde – »bierselig« eben, ideal für den Hausgebrauch in den sexualitätsfeindlichen Klöstern und ideal, um die Bevölkerung von allzu aufmüpfigen Exzessen abzuhalten.

Die Kunst des Bierbrauens wurde übrigens noch bis ins 15. Jahrhundert hinein auf eine Stufe mit der Alchemie gestellt.

Kehren wir unter diesen Gesichtspunkten zu unserem Grünen Mann am Hofbräuhaus zurück. Über welchen geheimen Witz mag das Blätterwesen wohl lachen? Über die Schar der torkelnden Bierseligen, die schon bald ihren Rausch ausschlafen werden? Wir wissen es nicht. Aber er erinnert uns daran, dass Bier einst die Pforten in das Reich der Naturwesen öffnete, Zugang zu einer mystischen Dimension des Daseins bot, die dem Biertrinker von heute sicherlich verschlossen bleiben wird.

PERSONENREGISTER

Albrecht III. 26

Albrecht IV. 206

Albrecht V. 118, 127, 158, 169, 188 f., 204

Alexander der Große 187

Andrea de Franceschi 126

Anna, hl. 112, 140

Asam, Cosmas Damian 142

Augustinus 106

Bader, Thomas 158

Balde, Jakob 50

Barbara, hl. 75

Beatrix von Bayern 128

Benno von Meißen, hl. 6, 39, 72, 98, 117 f.

Bernauer, Agnes 6, 72, 127–129

Bernhard von Breydenbach 93

Bernini, Gian Lorenzo 88

Berthold IV. 19

Bonifatius 82

Bragadino, Marco 7, 130, 174, 192 f., 221

Celtis, Conrad 70

Christoph der Starke 105

Christophorus, hl. 41, 112

Clemens XIV. 176

Diokletian 152 f.

Donatus von Arezzo 96, 98

Ferdinand Maria 140

Föderl, Eustachius   167
Franck, Ignaz   183
Franziskus, hl.   143
Friedrich I.   14–17, 30, 36, 65, 180, 187, 208, 217
Georg der Drachentöter, hl.   30, 33, 53, 58, 61–63, 114, 179
Gerhard, Hubert   172, 175, 177
Goethe, Johann Wolfgang von   89
Grasser, Erasmus   67–69, 88, 119
Gregor I.   82
Gudden, Bernhard von   178
Günther, Ignaz   100
Gustav II. Adolf   49
Halsbach, Jörg von   67, 91 f., 95, 103 f.,151
Hammerthaler, Ursula   139 f.
Hildegard von Bingen   54, 139, 217
Heinrich der Löwe   5, 10, 13–17, 19 f., 30, 32, 34 f., 37, 40, 74, 79, 118, 120 f., 132, 134, 164
Henriette Adelaide von Savoyen   140
Hitler, Adolf   178
Horemans, Peter Jakob   138
Ignatius von Loyola   169
Jackson, Michael   181
Jakobus   101, 143 f.
Karl der Große   13
Karl II. August   184
Karl IV.   162
Karl Theodor   165 f., 182–185
Kastulus, hl.   152
Katharina, hl.   75
Klenze, Leo von   199
Knigge, Adolph   182 f.
Knoll, Konrad   64
Klara von Assisi   145
Konrad von Freising   90
Ludwig der Kelheimer   132
Ludwig I.   132, 146, 197, 206
Ludwig II.   90, 121, 169, 176, 178–180, 190, 221
Ludwig IV.   123
Luitpold von Bayern   206
Luther, Martin   52, 118, 168
Marduk   33, 62

Margareta, hl. 75
Maria von Brabant 123
Maximilian I. Joseph 49, 169, 176, 182, 184, 192, 194 f., 198, 199, 201, 203
Maximilian II. Emanuel 54
Maximilian III. Joseph 159, 165, 182
Maximilian von Montgelas 181–184
Meister Eckhart 139
Michael, hl. 33, 173
Michl, Willy 25, 26
Montez, Lola 196 f.
Munditia 84 f.
Onuphrius der Große 5, 10, 38, 40–43, 217
Orlando di Lasso 181, 204
Otto von Freising 15
Paphnutius von Ägypten 40
Pius VI. 183
Pius XII. 50
Plutarch 38
Polack, Jan 115–117
Rasso, hl. 112
Renata von Lothringen 71, 169, 176 f.
Rottaler, Lukas 92
Rückel, Toni 143
Sandtner, Jakob 37, 143, 168
Schiller, Friedrich 36, 106
Schuhbeck, Alfons 204
Sebastian, hl. 152 f.
Seidl, Gabriel von 156 f.
Shakespeare, William 106
Sigismund von Bayern 91, 98–100, 105, 210
Sixtus IV. 91
Stephanus 144
Tassilo III. 13, 18
Theodo 13
Varro 38
Wallenstein 36 f., 49
Weigel der Ältere, Christoph 70, 218
Weishaupt, Adam 182 f.
Wibald von Corvey 20
Wilhelm IV. 59, 169, 189
Wilhelm V. 62, 71, 160, 169 f., 172, 175–177, 189 f., 192–195, 198, 201, 204, 206

SACHREGISTER

al-Aqsa-Moschee 93, 211

Allerheiligenkirche am Kreuz 7, 130, 151

Alte Akademie 79, 149, 170

Alter Hof 6, 47, 72, 74 f., 80, 90, 120, 122–127, 129, 133, 145, 186, 189

Altes Rathaus 30, 66, 67

Altheimer Eck 148

Angerviertel 7, 47, 130, 132–134, 136, 139, 141, 143, 145–148, 160, 168, 186, 220

Augustinerstraße 46

Barer Straße 197

Bayerisches Armeemuseum 199

Big Ben 92

Blumenstraße 134

Brunnstraße 148, 155

Burg Dankwarderode 32

Burgstraße 120, 127

Cloaca Maxima 153

Damenstiftstraße 148, 153

Deggendorf 24

Dienerstraße 61, 122

Dietramszell 146

Dreifaltigkeitsplatz 146

Eiffelturm 92

Englischer Garten 166

Ettal 42, 178

Ettaler Manndl 42

Falkenturmstraße   203, 205
Färbergraben   46, 148, 186
Faustürmchen   7, 130, 144, 147
Fischbrunnen   63, 64, 66
Frauenkirche   6, 30, 39, 46 f., 67, 72, 74–76, 78, 88, 90–99, 101–119, 136, 151, 154, 156, 164, 170, 184 f.
Goldenes Dachl   69
Graggenauer Viertel   7, 47, 130, 132 f., 160, 186–189, 191, 193, 195, 197 f., 201–203, 205, 207
Großhesselohe   24
Grünwald   12, 21, 105, 132
Hackenstraße   155
Hackenviertel   7, 47, 79, 92, 130, 132 f., 148, 150–153, 155 f., 160
Hackerbrücke   165
Haidhausen   206
Hammerthaler Hof   139
Hammerthaler Muttergottes   7, 130, 139–141
Harlaching   21, 24
Heilig-Geist-Kirche   7, 130, 136–139, 141, 143
Heilig-Geist-Spital   48, 134, 142
Herrenchiemsee   179
Herzogspitalkirche   7, 130, 158, 159
Herzogspitalstraße   158
Herzog-Wilhelm-Straße   158
Hinteres Schwabinger Tor   35, 47
Hofbräuhaus am Platzl   203–207
Hofburg   126
Hofgarten   7, 130, 199, 201 f.
Hofgraben   46, 74, 121
Hotel Bayerischer Hof   180
Hotterstraße   148, 155
Isartor   34, 132
Isarvorstadt   25
Jakobsweg   144, 146
Josephspitalstraße   153
Jungfernturmstraße   185
Kailash   74
Karlstor   7, 65, 130, 132, 155 f., 160, 164–168, 213
Kaufingerstraße   17, 46, 148, 161, 164 f.
Kap Finisterre   145
Kesselberg   26

Kloster Andechs 178
Kloster Schäftlarn 79
Kloster Tegernsee 139
Kloster Ettal 42, 178
Kreuzstraße 151–153, 160
Kreuzviertel 7, 47, 130, 132 f., 148, 160 f., 163, 165, 167, 169–171, 175, 177, 179 f., 183, 185 f.
Laber 42
Laim 16
Landsberger Straße 165
Lehel 25
Lorenzkirche 125 f.
Ludwigsbrücke 15, 34
Madonna dell'Orto 93
Maffeistraße 181
Mariahilfplatz 146
Marienhof 26, 46, 59, 80
Marienkirche 90, 97 f., 101 f.
Marienklause 24
Marienplatz 5, 13, 39–41, 44, 46, 48, 51, 53, 55, 57, 59, 61, 63, 65–67, 69, 71, 78, 120, 161 f., 174
Mariensäule 30, 48–50, 53–57, 195, 217
Marsfeld 165
Maximilianstraße 203
Max-Joseph-Platz 145, 203
Maxvorstadt 165
Meißner 65, 98
Meißner Dom 98
Menzing 13
Münchner Kindl 57, 79, 89
Münchner Residenz 166, 186, 188, 192–194, 197–199, 203
Münchner Stadtmuseum 58, 68, 71, 143 f., 147
Neues Rathaus 66 f., 78
Neuhauser Straße 76, 79, 140, 148, 160 f., 165, 168, 172
Neuhauser Tor siehe Karlstor
Nuestra Señora del Pilar 145
Oberes Tor 35, 36, 47, 162, 164
Oberföhring 12, 15, 132
Obermenzing 128
Odeonsplatz 132, 160
Ölberg 74, 93, 101–103

Ouroboros   27
Pacellistraße   160
Palatin   160
Petersbergl   16, 37, 47, 67, 74, 79, 81–85, 87, 121, 132, 135
Petersdom   87 f., 169
Peterskirche   39, 76, 78, 82, 84–88, 90, 121
Petersplatz   87
Pfisterstraße   46
Promenadeplatz   7, 47, 130, 160, 180, 196
Residenzstraße   194
Richard-Strauss-Brunnen   148
Rindermarkt   133 f.
Rosenstraße   46, 148
Rosental   46, 134, 152
Rossmarkt   134
Saleph   180
San Pietro in Montorio   87
Sankt Michael   168, 170
Sankt Peter   6, 16, 47, 72, 74–76, 79, 81, 83, 85, 87–90, 92, 151
Sankt-Jakobs-Platz   7, 130, 134, 143, 145 f.
Sankt Sebastian   152 f., 209
Sankt Stephan   144, 152
Santiago de Compostela   144 f.
Schäfflerstraße   46, 59, 74
Schäftlarn   16, 79, 178
Schloss Berg   178
Schloss Blutenburg   128
Schloss Linderhof   179, 190
Schloss Neuschwanstein   179
Schloss Nymphenburg   180
Schwabing   13, 17
Schwabinger Tor   35, 47, 132
Schwanthalerhöhe   165
Sendling   13, 17
Sendlinger Straße   17, 140, 186
Sendlinger Tor   35, 47, 132, 147, 149, 151 f., 155
Sinai   74
Sixtinische Kapelle   88
Sparkassenstraße   46, 74, 121
Staatsoper   145, 203
Stachus   7, 65, 130, 156, 165–167, 205, 220

Stollbergstraße 203

Sylvensteinspeicher 25

Talburgtor 35, 41, 42

Tempelberg 99

Tempietto di Bramante 87

Thalkirchen 21

Theatinerkirche 176

Theatinerstraße 160, 186

Theresienhöhe 160, 186

Unteres Tor 35, 36, 162, 164

Via Appia 153

Viktualienmarkt 7, 46 – 48, 74, 76, 78, 130, 133 f., 136, 138, 143, 145 f.

Walchensee 26 f.

Weinstraße 26

Wessobrunn 19

Westenriederstraße 134

Wildemann 42

Wilder Mann 42

Wurmeck 5, 29, 44, 57 f.

Zugspitze 12

ANMERKUNGEN

1 **Schattenhofer, Michael** | Wirtschaftsgeschichte Münchens: Von den Anfängen bis zur Gegenwart. München 2011, S. 16.
2 **Ebd.**
3 **Scholz, Freimut** | Die Gründung der Stadt München: Eine spektakuläre Geschichte auf dem Prüfstand. München 2007.
4 **Weithmann, Michael** | Burgen in München: Mittelalterliche Burgen und Mauern, Tore und Türme in München und im Münchner Umland. München 2006, S. 56.
5 **Brönnle, Stefan** | Die himmlische Stadt: Eine geomantische Sicht auf die historische Entwicklung der Städte, in: Hagia Chora, 2/1999, S. 11f.
6 **Humpert, Klaus, und Martin Schenk** | Entdeckung der mittelalterlichen Stadtplanung; mit CD-ROM. Stuttgart 2001.
7 **Scholz, Freimut** | Die Gründung der Stadt München. München 2007, S. 89.
8 **Schinzel-Penth, Gisela** | Sagen und Legenden von München. München 2010, S. 219 ff.
9 **Bauer, Richard** | Geschichte Münchens: Vom Mittelalter bis zur Gegenwart. München 2005, S. 9.
10 **Ertle, Uli, Michael Ruhland und Sandra Zistl** | Die Isar: Stadt, Mensch, Fluss. München 2010, S. 219 *(Süddeutsche Zeitung Edition)*.
11 **Ebd.**
12 **Mayer, Joseph Maria** | Münchener Stadtbuch: Geschichtliche Bilder aus dem alten München. Bd. 2. München 1868, S. 544.
13 **Blofeld, John** | Der Taoismus oder Die Suche nach Unsterblichkeit. München 1998, S. 27.
14 **Bechstein, Ludwig** | Ludwig-Bechstein-Märchen. Bd. 2: Neues deutsches Märchenbuch, hrsg. von Hans-Jörg Uther. München 1997, S. 19 *(Nach der Ausgabe von 1856, textkritisch revidiert)*.
15 **Zerling, Clemens** | Lexikon der Tiersymbolik: Mythologie. Religion. Psychologie. Klein Jasedow 2012, S. 262 ff.

16 **Trautmann, Franz** | Alt-Münchner Wahr- und Denkzeichen: Ein Volksbuch, darin für Hoch und Nieder viele bunte Kunde zu finden ist. München 2007, S. 31 *(Nachdruck der Ausgabe München 1864)*.

17 **Grimm, Jacob, und Wilhelm Grimm** | Deutsche Sagen. Bd. 2, hrsg. von Hans-Jörg Uther. München 1993, S. 467.

18 **Ebd.**, S. 468.

19 **Scholz, Freimut** | Die Gründung der Stadt München. München 2007.

20 **Endres, Franz C., und Annemarie Schimmel** | Das Mysterium der Zahl. München 1990, S. 209 ff.

21 **Ebd.**, S. 142 ff.

22 **Ebd.**, S. 120 ff.

23 **Eliade, Mircea** | Das Heilige und das Profane: Vom Wesen des Religiösen. Frankfurt am Main , S. 48.

24 **Humpert, Klaus, und Martin Schenk** | Entdeckung der mittelalterlichen Stadtplanung; mit CD-ROM. Stuttgart 2001, S. 172 ff.

25 Vgl. **Kozljanič, Robert Josef** | Der Geist eines Ortes. Band 1: Antike – Mittelalter. München 2004.

26 **Kozljanič, Robert Josef** | Der Geist eines Ortes, in: Mallien, Lara, und Johannes Heimrath (Hrsg.) | Genius Loci: Der Geist von Orten und Landschaften in Geomantie und Architektur. Klein Jasedow 2009, S. 18.

27 **Glötzner, Johannes** | Onuphrius: Patron der Stadt München und der Hermaphroditen. München 2008, S. 7 ff.

28 **Schattenhofer, Michael** | Die Mariensäule in München. München 1985, S. 6.

29 Zit. nach: **ebd.**, S. 10.

30 Zit. nach: **The Electronic Text Corpus of Sumerian Literature 4.07.2.**, unter: http://etcsl.orinst.ox.ac.uk/cgi-bin/etcsl.cgi?text=t.4.07.2&charenc=j# (abgerufen am 20.12.2012).

31 Vgl. dazu: **Warner, Marina** | Maria. Geburt, Triumph, Niedergang – Rückkehr eines Mythos? München 1982.

32 **Das Münchnerisch unser lieben Frawen Gesang** | Lied, 1637, zit. nach: http://de.wikipedia.org/wiki/Mariensäule_(München) (abgerufen am 20.12.2012).

33 Zit. nach: **Drostel, Janina** | Einhorn, Drache, Basilisk: Fabelhafte Fabelwesen. Ostfildern 2007. S. 9.

34 **Hildegard von Bingen** | Heilsame Schöpfung. Die natürliche Wirkkraft der Dinge – Physika (Werke, Band 5). Beuron 2012, S. 434.

35 **Schattenhofer, Michael** | Die Mariensäule in München. München 1985, S. 36.

36 **Schinzel-Penth, Gisela** | Sagen und Legenden von München. München 2010, S. 21.

37 **Jacobus von Voragine** | Legenda aurea: Heiligenlegenden. Zürich 1986, S. 158 ff.

38 **Panzer, Friedrich** | Beitrag zur Deutschen Mythologie. Band 1: Bayerische Sagen und Bräuche. München 1848, S. 228.

39 **Paetow, Karl** | Frau Holle – Volksmärchen und Sagen. Husum 1986, S. 7.
40 **Vgl. dazu: Habeck, Reinhard** | Texte, die es nicht geben dürfte: Mysteriöse Schriften und Botschaften aus aller Welt. Wien 2011, S. 168 ff.
41 **Zit. nach:** http://moriskentanz.twoday.net/stories/384245/ (abgerufen am 20.12.2012).
42 **Weigel, Christoph** | Abbildung und Beschreibung der gemeinnützlichen Hauptstände. Nördlingen 1987, S. 179 *(Faksimile-Neudruck der Ausgabe Regensburg 1698)*, unter: http://digital.slub-dresden.de/id28062171X (abgerufen am 20.12.2012).
43 **Endres, Franz C., und Annemarie Schimmel** | Das Mysterium der Zahl. München 1990, S. 172.
44 **Werner, Helmut** | Lexikon der Numerologie und Zahlenmystik. Köln o. J., S. 139.
45 **Habeck, Reinhard** | Texte, die es nicht geben dürfte. Wien 2011, S. 173.
46 **Ebd.**, S. 174.
47 **Vgl. dazu: Kutter, Erni** | Der Kult der drei Jungfrauen: Eine Kraftquelle weiblicher Spiritualität neu entdeckt. Norderstedt 2003.
48 **Endres, Franz C., und Annemarie Schimmel** | Das Mysterium der Zahl. München 1990, S. 72.
49 **Schuon, Frithjof** | Von der inneren Einheit der Religionen. Interlaken 1981.
50 **Sparrer, Insa, und Varga von Kibéd, Matthias** | Ganz im Gegenteil: Tetralemmaarbeit und andere Grundformen systemischer Strukturaufstellungen. Heidelberg 2005, S. 133 ff.
51 **Strauss, Peter F.** | Kraftort Großstadt: Die geomantische Qualität von Metropolen am Beispiel von München und New York, in: Hagia Chora, 2/1999, S. 15 f.
52 **Stahleder, Helmuth** | Haus- und Straßennamen der Münchner Altstadt. München 2009, S. 300 f.
53 **Steinlein, Gustav** | Die Baukunst Alt-Münchens: Eine städtebauliche Studie über die Münchener Bauweise von der Gründung der Stadt bis Ende des 16. JahrhundertS. München 1920, S. 23.
54 **Blofeld, John** | Der Taoismus oder Die Suche nach Unsterblichkeit. München 1998, S. 23.
55 **Weithmann, Michael** | Burgen in München. München 2006, S. 52 ff.
56 **Behrer, Christian** | Das unterirdische München: Stadtkernarchäologie in der bayerischen Landeshauptstadt. München 2001, S. 47 f.
57 **Vgl. Vennemann, Theo** | Sprachen, Götter, Gene: Zur Vorgeschichte Europas nördlich der Alpen. Vortrag, München 2007, unter: http://www.muenchner-wissenschaftstage.de/content/e160/e707/e728/e1108/filetitle/VVennemann_ger.pdf (abgerufen am 20.12.2012).
58 **Butlar, Tamara von, und Kurt Derungs** | Magisches München: Reisen zu mythischen Orten. Grenchen bei Solothurn 2012, S. 136.

59 **Haidn, Johannes, und Herbert Jung (Hrsg.)** | München – St. Peter: Stadt- und Kirchengeschichte(n) von den Anfängen bis in die Gegenwart. München 2008, S. 17.

60 **Gschlößl, Roland** | Die Bajuwaren: Gut katholisch auf alte heidnische Art, in: Bayerische Archäologie, 2/2012, S. 24 ff.

61 **Gschlößl, Roland** | Kirchen über Kultplätzen, in: Bayerische Archäologie, 2/2012, S. 32.

62 **Ström, Åke Viktor, und Haralds Biezais** | Germanische und Baltische Religion. Stuttgart 1975, S. 134 f.

63 **Behrer, Christian** | Das unterirdische München. München 2001, S. 64 ff.

64 **Reiser, Rudolf** | Begegnungen in München – Innenstadt. München 2010, S. 6.

65 **Reiser, Rudolf** | München, Spuren in die Römerzeit. München 1984, S. 58.

66 **Trautmann, Franz** | Alt-Münchner Wahr- und Denkzeichen. München 2007, S. 110.

67 **Ebd.**

68 **Crescenzio, Daniela** | Italienische Spaziergänge in München. Band 1: Florenz, Venedig, Rom. Unterhaching 2009, S. 77.

69 **Wimmer, Stefan Jakob** | München und der Orient. Lindenberg im Allgäu 2012, S. 40.

70 **Crescenzio, Daniela** | Italienische Spaziergänge in München. Band 1. Unterhaching 2009

71 **Endres, Franz C., und Annemarie Schimmel** | Das Mysterium der Zahl. München 1990, S. 197 ff.

72 **Wedemeyer, Inge von (Hrsg.)** | Die Goldenen Verse des Pythagoras: Lebensregeln zur Meditation. Heilbronn 2001, S. 46.

73 **Weidner, Christopher** | Die Gesetze des Feng Shui. München 1999, S. 196 f.

74 **Trautmann, Franz** | Alt-Münchner Wahr- und Denkzeichen. München 2007, S. 84 f.

75 **Ebd.**, S. 51 ff.

76 **Ebd.**, S. 37

77 **Kramer, Heinrich** | Der Hexenhammer: Malleus Maleficarum. München 2000, S. 183.

78 **Trautmann, Franz** | Alt-Münchner Wahr- und Denkzeichen. München 2007, S. 37.

79 **Fenzl, Fritz** | Der Teufelstritt: Magische Geschichten und Rundgänge zu Sagenorten in München. München 2007, S. 176.

80 **Fenzl, Fritz** | Münchner Kraftorte: Ein magischer Spaziergang. Rosenheim 2011, S. 75 ff.

81 **Trautmann, Franz** | Alt-Münchner Wahr- und Denkzeichen. München 2007, S. 125 f.

82 **Behrer, Christian** | Das unterirdische München. München 2001, S. 48.

83 **Weidner, Christopher** | Die Gesetze des Feng Shui. München 1999, S. 208.
84 **Frutiger, Adrian** | Der Mensch und seine Zeichen. Wiesbaden 1991, S. 43.
85 **Endres, Franz C., und Annemarie Schimmel** | Das Mysterium der Zahl. München 1990, S. 101 ff.
86 **Trautmann, Franz** | Alt-Münchner Wahr- und Denkzeichen. München 2007, S. 108.
87 **Weithmann, Michael** | Burgen in München. München 2006, S. 79.
88 **Zit. nach: Oelwein, Cornelia** | Auf den Spuren des Löwen in Bayern. Dachau 2004, S. 65.
89 **Zuber, Elfie** | Das Angerviertel. München 1999, S. 64.
90 **Zerling, Clemens** | Lexikon der Tiersymbolik. Klein Jasedow 2012, S. 311.
91 **Vgl. Knappich, Wilhelm** | Geschichte der Astrologie. Frankfurt 1998, S. 178.
92 **Zuber, Elfie** | Das Angerviertel. München 1999, S. 102.
93 **Weithmann, Michael** | Burgen in München. München 2006, S. 53.
94 **Schmidt, Heinrich, und Margarethe Schmidt** | Die vergessene Bildersprache christlicher Kunst: Ein Führer zum Verständnis der Tier-, Engel- und Mariensymbolik. München 2007, S. 246.
95 **Beuchert, Marianne** | Symbolik der Pflanzen: Von Akelei bis Zypresse. Frankfurt am Main 2001, S. 42.
96 **Mayer, Joseph Maria** | Münchener Stadtbuch. Band 2. München 1868, S. 542.
97 **Stahleder, Helmuth** | Haus- und Straßennamen der Münchner Altstadt. München 2009, S. 425.
98 **Schinzel-Penth, Gisela** | Sagen und Legenden von München. München 2010, S. 179 f.
99 **Arz, Martin** | Todsicheres München: Die spektakulärsten Kriminalfälle. München 2009, S. 34.
100 **Orlop, Nikolaus** | Alle Herrscher Bayerns: Herzöge, Kurfürsten, Könige; von Garibald I. bis Ludwig III. München 2006, S. 403.
101 **Stankiewitz, Karl** | Der Stachus: Wo München modern wurde. München 2006, S. 7.
102 **Schinzel-Penth, Gisela** | Sagen und Legenden von München. München 2010, S. 17.
103 **Green, Miranda** | Symbol and Image in Celtic Religious Art. London 1992, S. 171 ff.
104 **Terhart, Franjo** | Tempelritter. München 2003, S. 54 ff.
105 **Stahleder, Helmuth** | Haus- und Straßennamen der Münchner Altstadt. München 2009, S. 361.
106 **Vgl. auch ausführlich zur Symbolik der Fassade: Schade, Herbert** | Die Monumentalisierung des Gewissens und der Kampf zwischen Licht und Finsternis, in: Wagner, Carl (Hrsg.) | 400 Jahre St. Michael in München. München 1983, S. 23–80.

107 **Paal, Bernhard** | Gottesbild und Weltordnung: Die St. Michaelskirche in München. Regensburg 2001, S. 16.
108 **Trautmann, Franz** | Alt-Münchner Wahr- und Denkzeichen. München 2007, S. 96.
109 **Schweiggert, Alfons** | Ludwig II: Ein König zwischen Gerücht und Wahrheit. München 2011, S. 192 ff.
110 **Ebd.**, S. 198.
111 **Zit. nach:** http://www.guglmann.de (abgerufen am 20.12.2012).
112 **Schweiggert, Alfons** | Ludwig II. München 2011, S. 189 f.
113 **Martin, Anselm** | Über die ehemaligen Richtstätten der in München zur Todesstrafe Verurtheilten und ihre Volkssagen. München 1871, S. 8 ff.
114 **Zerling, Clemens** | Lexikon der Tiersymbolik. Klein Jasedow 2012, S. 168 ff.
115 **Zit. nach: Weithmann, Michael** | Burgen in München. München 2006, S. 81.
116 **Impelluso, Lucia** | Gärten, Parks und Labyrinthe. Berlin 2006, S. 144.
117 **Battistini, Matilde** | Astrologie, Magie und Alchemie. Berlin 2005, S. 317.
118 **Zit. nach: Ruska, Julius** | Tabula Smaragdina. Heidelberg 1926, S. 2; unter: http://juliusruska.digilibrary.de/q137/q137.pdf (abgerufen am 20.12.2012; Übersetzung von Christopher Weidner).
119 **Striedinger, Ivo** | Der Goldmacher Marco Bragadino: Archivkundliche Studie zur Kulturgeschichte des 16. Jahrhunderts. München 1928, S. 139.
120 **Busch-Frank, Sabine** | Hubert Gerhards »Bavaria« auf dem Hofgartentempel in München. München 2008, S. 16.
121 **Fenzl, Fritz** | Das magische München. München 2007, S. 45 f.
122 **MacDermott, Mercia** | Explore Green Men. Loughborough 2006, S. 8.
123 **Rätsch, Christian** | Urbock: Bier jenseits von Hopfen und Malz; von den Zaubertränken der Götter zu den berauschenden Bieren der Zukunft. Aarau 2009, S. 6 f.

Seine markante Gestalt, sein faszinierender Höhlen- und Sagenreichtum, ungewöhnliche Erscheinungen und Anomalien heben den Unterberg als besonderen Ort der Kraft hervor. Seine Quellen und Höhlen und bestimmte Orte auf der Hochfläche des „Wunderberges" spenden reine Heilenergien und Schutz und inspirieren die Besucher zu Kunst und Kult. In der tiefen, ganzheitlichen Begegnung mit dem Untersberg erschließen sich spektakuläre Phänomene und einzigartige Erfahrungen.

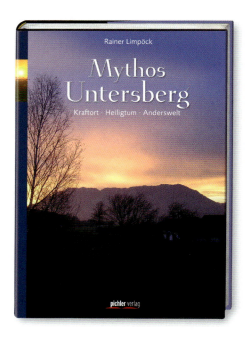

Rainer Limpöck
MYTHOS UNTERSBERG
Kraftort - Heiligtum - Anderswelt

192 Seiten, 17 x 24 cm
Hardcover mit Schutzumschlag
€ 24,99 · ISBN: 978-3-85431-577-3

Welches geheime Wissen wurde in der Architektur von Schloss- und Parkanlagen Wiens, in Kirchen und Kathedralen verschlüsselt? Wer hat sich die Geheimzeichen und -schriften ausgedacht? Wer hat die verborgenen Botschaften hinterlassen?

Gabriele Lukacs hat bereits mit ihren Mystery Tours durch Wien einen großen Personenkreis als Stadtführerin angesprochen und Einheimische wie Besucher der Stadt das Staunen gelehrt. Nun macht sie sich auf die Suche nach verborgenen Zeichen, Codes und Botschaften, die eine dunkle, geheimnisumwitterte Seite der Donaumetropole ans Licht bringen.

Gabriele Lukacs
WIEN - GEHEIMNISSE EINER STADT
Rätselhafte Zeichen . Verschlüsselte Botschaften

192 Seiten, 17 x 24 cm
Hardcover mit Schutzumschlag
€ 24,99 · ISBN: 978-3-85431-627-5

IMPRESSUM

© 2013 Pichler Verlag
in der Verlagsgruppe Styria GmbH & Co KG
Wien · Graz · Klagenfurt
www.styriabooks.de

Alle Rechte der Verbreitung, auch durch Film, Funk und Fernsehen, fotomechanische Wiedergabe, Tonträger jeder Art, auszugsweisen Nachdruck oder Einspeicherung und Rückgewinnung in Informationssystemen aller Art, sind vorbehalten.

Bücher aus der Verlagsgruppe Styria gibt es in jeder Buchhandlung und im Online-Shop

Lektorat: Susanne Rick, München
Satz und Layout: Simin Bazargani, Berlin
Druck und Bindung: Druckerei Theiss GmbH, St. Stefan im Lavanttal
7 6 5 4 3 2 1

ISBN 978-3-85431-631-2